# 中國學術思想 研究輯刊

初 編

林慶彰 主編

## 第13冊

### 孫覺《春秋經解》解經方法探究

劉德明 著

花木蘭文化出版社

國家圖書館出版品預行編目資料

孫覺《春秋經解》解經方法探究／劉德明 著 — 初版 — 台北縣
永和市：花木蘭文化出版社，2008〔民 97〕

目 2+232 面；19×26 公分

（中國學術思想研究輯刊 初編：第 13 冊）

ISBN：978-986-6657-85-6（精裝）

1.（宋）孫覺 2. 春秋（經書） 3. 學術思想 4. 研究與考訂

621.7 97016111

中國學術思想研究輯刊

初 編 第十三冊 ISBN：978-986-6657-85-6

## 孫覺《春秋經解》解經方法探究

| | | |
|---|---|---|
| 作 者 | 劉德明 | |
| 主 編 | 林慶彰 | |
| 總 編 輯 | 杜潔祥 | |
| 出 版 | 花木蘭文化出版社 | |
| 發 行 所 | 花木蘭文化出版社 | |
| 發 行 人 | 高小娟 | |
| 聯 絡 地 址 | 台北縣永和市中正路五九五號七樓之三 | |
| | 電話：02-2923-1455 ／傳真：02-2923-1452 | |
| 網 址 | http://www.huamulan.tw 信箱 sut81518@ms59.hinet.net | |
| 印 刷 | 普羅文化出版廣告事業 | |
| 封面設計 | 劉開工作室 | |
| 初 版 | 2008 年 9 月 | |
| 定 價 | 初編 28 冊（精裝）新台幣 46,000 元 | |

# 孫覺《春秋經解》解經方法探究

劉德明　著

作者簡介

劉德明，1968 年生，2004 年取得中央大學中文博士學位。現為中臺科技大學通識教育中心副
教授，對諸多事物有廣泛的好奇。專長為中國義理學及《春秋》學，曾發表關於《春秋》、孟子、
莊子、董仲舒、朱子、康有為、《四庫全書總目》等十餘篇經學、子學相關論文。

提　　要

　　本文主要透過研究孫覺之《春秋經解》一書，論述關於《春秋》的解讀問題。《春秋》是儒
學重要的核心典籍，但是其內容卻非常簡少。自孟子起，歷代儒者多視《春秋》為孔子最後一
本親定的典籍，並且認為其間有孔子隱含之「大義」。既有「大義」就必須透過解讀方能使其彰
顯於世。所以自三傳起，對《春秋》之詮解莫不以能探得孔子深藏於《春秋》中之「大義」為
主要目標。但一則《春秋》本文簡略，二則號稱源自孔子的《公羊》《穀梁》與《左傳》三傳亦
彼此攻擊，於是《春秋》隱微之大義更不容易知曉。自唐代啖助、趙匡與陸淳等人，想超脫三
傳陳說束縛，重新對《春秋》加以解讀。其固然開啟一種新的解讀之風，但亦不免有「憑私
臆決」與「穿鑿詭辯」之譏。這是因為啖助等人在力求突破三傳舊說時，在解經方法上沒有足
夠深刻的反省。《春秋》學在宋代經學中比重最高，名家輩出。孫覺之《春秋經解》從解經方法
的發展歷史來看，其不但繼承了啖、趙等學風，而且發展出更加完整的《春秋》解經學。其書
雖然流傳不廣，其聲名雖不著於世，但其成就則不應被世人所忽視。筆者僅就孫覺《春秋經解》
一書為例，考其版本，說明其解經方法，以期對宋代《春秋》學以至《春秋》解經方法，有更
深入的理解與研究。

# 目

# 次

# 第一章　導　論

　　在中國學術傳統中，「經書」自有其特殊的地位，許多學術活動是依循著解經而產生的。僅就四庫全書來看，分爲經史子集四部，其中經部即已繁浩難盡，但核心卻僅爲十三部經書，除此之外絕大部份的典籍都是圍繞著這十三本書籍而產生的論著。從這些對於「經」的注疏中，我們不但能看到解經者對經書的獨特立場，更能從其詮解的方式看到「經」中間所包蘊的問題。在這經解傳統中，《春秋》這部書的解經問題是非常特殊而有興味的。

　　清儒毛奇齡曾說：「《大易》、《春秋》，迷山霧海，自兩漢迄今歷二千餘年，皆臆猜卜度，如說夢話，何時得白？」〔註1〕可見在儒家經典中，《春秋》是被視爲最難理解的典籍之一，許多人都用自由猜測的方式來看《春秋》經的內容。而《春秋》之所以如此難解、其內容之所以人言人殊，主要的問題在於詮解《春秋》的方法學上存在著幾個難題。由歷史中對《春秋》內容漫長的討論裡，大約可以歸納出詮釋《春秋》在方法上最主要的三個問題：

　　一、《春秋》一書的作者與性質問題：《春秋》一書的內容若用素樸的眼光去看，很容易就將之視爲歷史書籍，因爲其內容主要爲魯隱公元年至魯哀公十四年之事，歷時二百四十二年。用現代的標準去看《春秋》，《春秋》是一本過於簡略的史書。尤其是相較於《左傳》有繁富記事內容，《春秋》不但在內容上相形見絀，而且所記簡直漫無章法。所以歷來詮解《春秋》的學者自覺或不自覺的都接受一個說法：《春秋》是經書，而非史書。《春秋》之所

---

〔註1〕　（清）毛奇齡：《西河集》（臺北：臺灣商務印書館，影印清高宗乾隆三十八　　　　　至四十七年寫文淵閣四庫全書本，1983年），卷18，〈與馮山公論論孟書〉，　　　　　頁14。

以會是經書，其實與其作者有相當大的關係。《春秋》的作者在歷史記錄上其實並那麼不明確，但一般將《春秋》視爲經書的儒者都相信《春秋》爲孔子所作。換言之，對《春秋》作者的認定與《春秋》的價值與定位，常是一個問題的兩面。所以任何要詮解《春秋》的學者，首要之務往往即是要對《春秋》的作者及書籍性質做出確切的說明。

二、三傳詮解《春秋》的可信度問題：儒者通常將《春秋》視之爲經，目爲孔子最後的一部作品。但《春秋》內容卻極爲簡略，簡直無從讀起。自孟子起，即認爲《春秋》中具含「褒貶大義」。問題是《春秋》書中並沒有任何直接關於「大義」的書寫，僅只有一條條看似歷史的記錄。於是自漢代起，《公羊》、《穀梁》與《左傳》三傳先後成書及出現，並極力爭取對《春秋》的解釋權。這其中當然夾雜現實利益的問題，但除此之外三傳均自認是要正確了解《春秋》的最重要而且唯一途徑。三傳說明自身最能詮解《春秋》的策略大略而言有兩種方式：一是說明自身的說法直接源自孔子，所以最能展現孔子著《春秋》的內在意圖。二是從《春秋》一書的內容中取得支持其說的依據。就三傳分別展現孔子著《春秋》的內在意圖來說，三傳之所以能夠詮解《春秋》是因爲他們都各自標明其說來自孔子口傳。這等於孔子這個作者，親自出面來說解自己在書中所隱含的內容大義。若這種說法得以確證，則其詮解《春秋》的權威性自不待言，正確無誤地詮解出《春秋》中所隱含的「大義」也不是什麼難事。但可惜的是，三傳對於自身的來源都沒有提出令人完全信服的證據，所以三傳在漢代時即不斷對彼此的傳承有許多的質疑，最後終究使得這種建立詮解權威的策略不容易令人信服。再從依據《春秋》內容的詮解策略來看，三傳用以詮解《春秋》內容的方式大致又分爲「以事解經」與「以義解經」兩種。其中《左傳》較偏重「以事解經」，《公羊》、《穀梁》則較偏重「以義解經」。這兩種不同的解經方式的差異雖不完全在同一層面，但兩方均認爲自己的解經方法才能眞正詮說出「《春秋》大義」。更令人感到困擾的是，《公羊》、《穀梁》的解經方法雖然類似，但其對《春秋》內容的理解卻又不盡相同，彼此又相互挑戰攻擊。所以在三傳之後詮解《春秋》的學者，自然必須說明其對三傳的態度爲何？是專信一傳之說？抑擇取三傳之長者從之？若專信一傳，則要完全依其所繼承的師說來詮解《春秋》，不可有一絲一毫的個人己見，因爲那是直承孔子之意。若要擇取三傳之長者從之，那麼要用什麼標準來選取？也就是要三傳之說中，擇取何者可從、何

者爲否，這個選擇、判斷標準的內容是什麼？又從何而來？

　　三、如何建立客觀詮解《春秋》的方法：若不接受三傳是對孔子書作《春秋》意圖直接記錄的說法，那麼孔子在著作《春秋》的時原始意圖便緲不可尋。後人想發掘孔子著作《春秋》的大義，就僅能從《春秋》一書來看。若三傳之說不可盡從，那麼當然要試圖建立起一套客觀的詮解《春秋》的方法學。由於《春秋》一書的內容並不多，所以要客觀詮解《春秋》至少要滿足兩個部分的要求：一、對《春秋》內部條例的歸納與說明。二、對《春秋》褒貶價值觀的說解。就對「《春秋》內部條例的歸納與說明」部分而言，其實由三傳起這即是詮解《春秋》者的共同方法，三傳均用以說解《春秋》，但是僅有極少的詮解者會認眞且全面的看待這種方法。也就是說多數的詮解者並不一定會仔細且全面的看待這種方式，並且將之視爲詮解《春秋》時不可動搖的內部理證。之會所以如此，可能有一個很重要的原因：從《春秋》本文中並不一定能清楚且明確的歸納出這些條例，甚至有學者根本懷疑《春秋》中這是否眞實存在這些條例！但對回歸《春秋》文本的詮解者而言，如何從《春秋》原文中歸納出某些字詞的特定使用方式，並且能對於不合這些使用方式的例外部份善加說明，便是詮解《春秋》時具有挑戰性並且很重要的工作。至於「對《春秋》褒貶價值觀的說解」更是詮解《春秋》者一個更爲核心的基礎。《春秋》中寓含褒貶大義，這幾乎是所有詮解《春秋》學者的共同預設。但《春秋》對那些人物是褒，那些又是貶呢？孔子是以何種價值觀來褒貶人物？這個問題對三傳而言並不重要，因爲就三傳自己的說法，二傳本身來自孔子，所以對爲何褒、爲何貶的問題是不需要回答的，因爲其說均依孔子之言所記。但這個問題對不依憑三傳的詮解者來說則是極需加以回應的，因爲若不能對此提出一個有根據且合理的說法，則其對《春秋》的理解將陷入直覺且個人式的說法，並不能擁有很好的說服力。

　　以上三個問題從理論上來說，都是詮解《春解》在方法上必須要回應的問題，而且彼此環環相扣。但是這並不代表在歷史中的儒者都會對這三個問題詳細的思索並提出解答。儒者往往因爲整個時代環境的學術氣氛而集中在回應其中的一或兩個問題。如《春秋》的作者問題，在一千多年來的《春秋》詮釋中，這個問題只曾被少數的學者認眞思考過，直到民國初年時才被顧頡剛等古史辨學者正式提出並成爲一個重要的問題。〔註2〕但是也因爲如此，顧

〔註 2〕王汎森：《古史辨運動的興起》（臺北：允晨文化實業，1987 年），頁 63～74。

頡剛等人反而沒有在第三個問題上有所著墨。

　　對於一本典籍內容的理解之前，在詮釋方法上的反省是必須的，尤其是對《春秋》這樣一部重要卻人言人殊的經典。因爲若沒能清楚的對於詮釋《春秋》方法問題做出清楚的反省，其詮釋內容往往容易像建築在沙灘上的城堡般容易消毀。本文的重心在於從歷來對《春秋》的討論中，抽繹出在解經方法中的諸多問題，並試圖展現儒者對這些問題的反省。當然，限於學力與篇幅，筆者自不可能詳盡的討論歷來對《春秋》的諸多注解。所以筆者採取以論題導向爲主的論述方式，從以上所提列的三個問題中藉由不同學者的看法，反省其間的問題，並由此觀察詮解《春秋》的限度與基礎。正如司馬遷對於孔子所以著《春秋》的原因爲「以爲見之空言，不如行事博深切明」。在中國解經傳統中少有儒者會離開經典文本，獨立的論述一套解經方法。儒者通常是在具體的解經行動中論述及呈顯出自身獨特的解經方法，所以對《春秋》解經方法的反省亦須透過實際詮解《春秋》的典籍，方能眞正探知其中的問題。基於這個緣故，筆者選擇了宋代儒者孫覺所著的《春秋經解》做爲主要研究對象，試圖從《春秋經解》對《春秋》的諸多解釋中，對比及反省詮解《春秋》在方法學上的諸多問題。筆者之所以選擇孫覺《春秋經解》爲作研究對象主要是基於兩個原因：一、宋儒對傳統諸經的許多注解有所不滿，宋初石介（1005～1045）說：「是非相擾、黑白相渝，學者茫然慌忽，如盲者求諸幽室之中。」〔註3〕所以產生了一連串對經典重新著解的風潮，其中尤以對《春秋》的解說爲然。在現實而言，對原來行諸久遠的傳統註疏不滿而重新建構新的注解的同時，自然會在解經方法有諸多反省。所以宋代初期對《春秋》重新詮解的典籍，自是研究《春秋》解經方法很好的材料。二、今人對宋朝初期《春秋》的重要注解，如孫復的《春秋尊王發微》及劉敞《春秋傳》等書多有深入研究，但對當時有享有盛名甚至日後對胡安國《春秋傳》影響深遠的孫覺《春秋經解》卻少有人提及。這不論是對宋朝《春秋》學的研究或《春秋》解經方法的反省來說都是一個缺憾。所以筆者選擇了以孫覺的《春秋經解》做爲主要的研究題材。

---

　　其中舉歐陽修、崔述等人爲例，說明在儒學史上實有儒者因爲信孔而對「經」的作者產生懷疑。

〔註3〕 （宋）石介：《徂徠集》（臺北：臺灣商務印書館，影印清高宗乾隆三十八至四十七年寫文淵閣四庫全書本，1983年），卷15，〈上孫少傅書〉，頁3。

　　任何一位《春秋》的詮解者並非單純的面對《春秋》本文而已，而是同時面對著《春秋》本身所涵蘊的問題及由漫長《春秋》解釋史中發展出或顯或隱的問題與困境，所以要深入了解與評估單一詮解者的貢獻，亦勢必先行了解其所面臨的背景問題與處境。

　　根據以上的論述，筆者擬分別在本書各章中分別論述的主題為：

　　第二章為孫覺詮解《春秋》的問題背景Ⅰ：本章主要討論兩個《春秋》學的基本問題為主：《春秋》一書的來源、性質與三傳解經的可信度。《春秋》來源眾說紛芸，本文試圖以歷來對此問題的諸多相關論述，說明《春秋》一書的獨特性質，及在詮解《春秋》時所必須承認的預設。至於三傳的可信度問題，則是透過三傳學者對其他二傳的批評，說明三傳權威的崩解其實是由「來源可疑」及「義例之說的興起」兩個內部原因。因為以上兩個問題，在歷史上並不是有次序的發生，所以本章在論述時並不以歷史的發展為軸線，而是從《春秋》的核心問題為論述起點。本章擬先討論《春秋》作者問題，縱使對這個問題的豐富討論在歷史上產生的最晚，但從解經方法的反省上卻是最核心的問題。此外要特別說明的是本章在引述漢代對《春秋》的解釋時，特意忽略董仲舒的《春秋繁露》一書，這個做法若從《春秋》的解釋歷史來看是難以接受的。因為不論是從對實際政治的影響或從《公羊》家的角度來看，《春秋繁露》都是十分重要的作品。但筆者之所以僅將焦點放在三傳，主要是因為從現存資料來看，三傳都是對《春秋》一書全面的解釋，而且其主要用意也在解釋《春秋》一書。從這個標準來看，《春秋繁露》反而不是專門對《春秋》的注解——至少不是一般所理解的注解。因為這個緣故，所以沒有特別對《春秋繁露》加以說解。這並不是說《春秋繁露》不重要，而是在性質上它與一般的注解差異太大，所以並沒有納入而予以討論。

　　第三章則為孫覺詮解《春秋》的問題背景Ⅱ：本章主要在論述三傳的權威受到懷疑後，如何在現實上發展出一套詮解《春秋》的方法。若三傳之說不可盡信，那麼要如何才能詮解《春秋》呢？唐代啖助、趙匡與陸淳三人所著《春秋集例纂例》等書，是對「回歸《春秋》原典」的這種新處境做出第一個完整的嘗試。在啖助等人的書中，主要在解決兩個解釋《春秋》的問題：一是要如何指出三傳詮解《春秋》錯誤之處。二是要如何提出可以平等看待三傳之說，並進而詮解出《春秋》大義的方法。啖助等人於是發展出三種解經方式：「以例傳《春秋》」、「以他經傳《春秋》」與「以理傳《春秋》」。其中

尤其是「以例傳《春秋》」更是啖助等人主要使用的方法，這從其書以「纂例」為名即可窺之一二。嚴格來說，這三種解經方法並非為啖助等人所獨創，在三傳之中即已用「例」來詮解《春秋》，杜預更有《春秋釋例》一書。但是啖助等人特別的是，他們將這三種解經方式提高到可以用以批評三傳的層次，而不僅是將其用作輔助性的說明而已。啖助等人的做法對詮解《春秋》的方法來說無疑的是有很大的推展，其帶來最主要也最成功的影響是打破了號稱口傳於孔子，能充分彰顯作者原意的三傳解經傳統。但是要進一步由《春秋》經文本來看《春秋》的解經方式，則是由宋儒所開展出來。啖助等人對《春秋》的詮釋與理解，常常被批評為「以己意解《春秋》」、有「臆斷之弊」。也就是說，啖助等人在對於《春秋》褒貶的價值根源的說明與建立其實是缺乏的。宋儒在啖助等人的影響下，對《春秋》研究風氣大盛，不論是從宋儒對諸經的註解或是對《春秋》研究史的角度來看，宋代的《春秋》學均是盛極一時。在這樣的發展脈絡中，較啖助等人更進一步，滿足方法上的兩個要求，而能真正且完整回應及建立客觀詮解《春秋》的方法，則是由宋代學者所發展並完成的《春秋》解經方法。其中孫覺的《春秋經解》則是最早、最完整卻不被重視的代表。

　　第四章在介紹孫覺的生平及《春秋經解》的各種版本。宋初的學者中，胡瑗（安定）對宋學發展有非常重要影響，其對《春秋》的詮解有《春秋口義》一書，但其後不傳。胡瑗的弟子中，詮解《春秋》最有名的兩位學者當為：程伊川及孫覺。伊川的《春秋傳》雖沒有完成，但在《春秋》學史上赫赫有名，連南宋的胡安國亦深受其影響。而胡安國的《春秋傳》則成為元、明兩代取士的定本，流風所及，影響不可謂不大。相對的，與伊川同時的孫覺所著《春秋經解》一書首尾具足，雖在成書時即受到相當大的重視，卻因後人能得見者不多，所以聲名不著。今讀其《春秋經解》一書，實為宋代《春秋》學之重要著作，值得加以深入研究。因《春秋經解》傳諸後世的本子極少，其中又有十三卷本與十五卷本等等的差異。所以在本章中，筆者對比了「舊鈔本」、「通志堂本」、「王鈔本」、「正誼齋本」、「四庫本」與「聚珍本」六個版本的《春秋經解》，澄清在歷史上的諸多令人困擾的說法，並介紹各本的特色，及本文所引用的底本。

　　第五章在說明孫覺對《春秋》內部條例的歸納與說明，也就是「以例解《春秋》」的部份。《春秋》書法自三傳起即成為客觀研究《春秋》的一個非

常重要的重點，其中筆者將「《春秋》書法」分為兩個層次論述：「書」及「如何書」。所謂「書」指的是孫覺認為孔子對《春秋》「書」與「不書」其實是有一特定標準：「違禮反常則書」，除此之外，幾乎不書。至於決定何者可以「書於《春秋》」後，第二個層次則是「如何書」。筆者歸納了孫覺幾種重要「《春秋》書例」的說法，更檢討孫覺對於「變例」的處理方式。由變例的討論中，發現以「《春秋》之例」解《春秋》時，其實更核心的問題應是對《春秋》褒貶標準的理解與基礎。

　　第六章則在處理孫覺詮解《春秋》時的褒貶基礎問題。一般認為孫覺之說主要依憑其師胡瑗及《穀梁》傳，最多再上加啖助、趙匡等人的說法。但在筆者的對比中發現，孫覺直接引述《穀梁》之說時，大部份都是在批評其說不當。至於對啖助、趙匡等胡瑗之說，雖有採擇，但亦不是全依其說。孫覺詮解《春秋》褒貶最核心的依據其實來自《易經》、《書經》、《詩經》、《論語》與《孟子》五書。其中又以《論語》與《孟子》最具特色。筆者以孫覺「反對諸侯殺大夫」與「對齊桓公的評價」兩個問題為例，論述孫覺以義解《春秋》的獨特的義理學基礎。

　　第七章結論則從學術史及《春秋》解經方法兩部份，綜述孫覺《春秋經解》的成就與價值，以期對孫覺的學術價值有一適當的評價。

　　各家在解讀《春秋》這部經典時，其實都有著不同的預先設定的立場，在彼此無法了解自身及同意他方的預設立場前，其爭議往往是沒有焦點或在不同層次的討論。本文最主要的重點不在於說解《春秋》是部怎樣的典籍，或這部典籍之實質內容究竟為何。而是試圖透過歷代許多學者對《春秋》不同的看法中，抽繹出其背後的立場。而透過這種方法學上的探討，最後或許得到一個怪異又普遍的結果：儒者用何種態度來看待《春秋》，《春秋》就可能如同儒者的看法而展現出何種結果。換言之，我們看待《春秋》一書的性質及我們所了解《春秋》的內容與我們對儒學內容的理解，這三者往往是相互緊密關聯的。

# 第二章 《春秋》解經的問題背景——
## 《春秋》定位與三傳解經方法

　　本章主要討論的重點有二：《春秋》的特質及三傳解經方法的特點與檢討。一般而言經典價值的來源可能有兩個：一是經典本身的內容，二則是繫於經典的作者。絕大部份經典屬於第一種：典籍內容本身即具有深度與價值，並不需要由作者權威來保證。但也有極少數的典籍其本身價值並不十分明確，對其作者的認定往往會決定了其書的價值，《春秋》就是這樣一部特殊的書籍，書的價值定位決定於對其作者的認定。所以對《春秋》一書性質的討論是理解《春秋》非常重要的一個關鍵。此外，由於《左傳》、《公羊》與《穀梁》三傳是歷史上最早對《春秋》全書予以詮解的作品。而三傳都認為《春秋》為孔子所作，所以在詮解《春秋》時往往會以表詮出孔子著《春秋》的意圖，做為其理解《春秋》內容的主要方向。但孔子著《春秋》的意圖在《春秋》本文中表現的並不十分明顯，所以三傳在詮解時主要有兩個重點：說明自身看法直接傳自孔子及從《春秋》中的文字得到支持。三傳一開始主要即在說明自身解經內容傳自孔子，所以其說最能闡發孔子之意。這種以發揮孔子著《春秋》時原意的詮解方式，在《春秋》詮解歷史的發展中，逐漸受到懷疑，於是三傳學者又提出「以事解經」與「以義解經」兩者詮解方式。兩種解經方法又與三傳來源相互有所關連，所以要詮解《春秋》一書勢必要先行理解及反省三傳的解經方式，才可能對《春秋》解經方法有進一步的發展與認識。

　　在正式進入本章論述之前有一點要特別提出說明：其實「以事解經」與「以義解經」並不是一對很好的用語，因為「以事解經」者未嘗不以追求《春

秋》之義爲終極目標，只是其相信追求《春秋》之義必須透過對「事」的理解，方有可能獲知《春秋》之義。所以筆者認爲不妨將「以事解經」與「以義解經」這對詞語改爲「即事求義」與「因字解義」，更能代表兩種不盡相同的解義方式與其各自的特點。但因「以事解經」與「以義解經」已爲學界所通用，爲求閱讀方便，故仍沿用此一對名詞。本章內容分爲幾個小節：第一小節主要在討論《春秋》此書本身的特性。從若只用素樸的眼光將《春秋》僅視爲是「一本書」，那麼《春秋》該是怎樣的一本書談起，說明作者與書籍之間的複雜關係。第二小節在討論當《春秋》與孔子相關連後，對《春秋》這本書籍的地位造成何種影響。當然不可避免會對孔子的定位問題加以討論。第三小節在說明當《春秋》因孔子而成爲「經」之後，學者對其內容性質的重新定位及如何解讀的種種問題。第四小節在說明《春秋》成爲「經」後，由解「經」而有「傳」的種種問題。《春秋》最特殊的地方在於其有「三」傳，而這三傳分別對自己的解經資格做出一個方式相同但內容不同的說法。希望從解經來源的說明中，能獲取對詮解孔子著《春秋》之意的正當性。第五小節在說明並檢討三傳解經的第一種主要方法：以事解經。並檢討這種解經方式的有效性。第六小節在說明與檢討三傳解經的第二種主要方法：以義解經。論述並檢討這種解經方式在三傳中的運用及其限制。進而指出以這種方式解經最後終於造成三傳自身權威的崩解，並使詮解《春秋》進入「折衷三傳」時期，最後使詮解《春秋》者脫離三傳權威，重新看待並詮解《春秋》。

# 第一節　《春秋》一書的性質

　　一般而言，書都有作者，這個作者可能是一個人也可能是一群人，如現在我們大致相信《呂氏春秋》一書並非由呂不韋（？～西元前 235）所著而是由其賓客們所完成的，依《史記》所記：

> 當是時，魏有信陵君，楚有春申君，趙有平原君，齊有孟嘗君，皆
> 下士喜賓客以相傾。呂不韋以秦之彊，羞不如，亦招致士，厚遇之，
> 至食客三千人。是時諸侯多辯士，如荀卿之徒，著書布天下。呂不
> 韋乃使其客人人著所聞，集論以爲八覽、六論、十二紀，二十餘萬
> 言。以爲備天地萬物古今之事，號曰《呂氏春秋》。〔註1〕

〔註1〕　（西漢）司馬遷：《史記》（臺北：大申書局，1977 年）〈呂不韋列傳〉，卷85，

《呂氏春秋》之成書起因爲呂不韋想與其他各國公子爭勝所起，最後雖名爲「呂氏」，但就內容而言，實爲呂不韋賓客之集體創作，這是集多人之智慧以成一書。相對的，《論衡》則是由王充（27～97？）一人所完成，並沒有假借他人之手。〔註2〕後人在評價早已逝去的作者思想價值時，常常是透過其所著作的書籍而來。也就是說作者的思想價值其實往往端視其在書中的表現。但其中也有些特殊的情況，例如到目前爲止，我們並沒有很確切的證據認定《老子》這部書的眞正作者爲何，〔註3〕但是我們不會因爲不知道《老子》的作者是誰，就認爲《老子》這部書沒有任何價值。相反的，我們認爲不論《老子》這部書的作者是誰，能寫或重整出現今《老子》的作者，其本身都應該有很深刻的思想內容。也就是說在一般情況下我們都是透過書籍的內容去確定作者的價值，所以一旦其所著之書不傳，縱使其人在當時被目爲博士鴻儒，但就後世而言，其學術價值幾乎無法考評。如《後漢書》中說潁容「聚徒千餘人」，其著有《春秋左氏條例》一書，但因其不傳世，〔註4〕所以現今對潁容的學術成就討論不多。此即因書不傳，所以其人在後世的評價並不高的情況。相反的，若作品有深度，不論作者的現世地位爲何，對後世而言，其仍爲一偉大的學者，如王充在當世並不得志，但《論衡》不論在各時代給予的評價是褒是貶，其均被認爲是一本不可忽視的書，而王充亦因此得享大名。〔註5〕或許我們可以誇張一點說，作者的學術地位往往端視其作品的價值而定。但是有時卻會有另一種特殊的情況出現：書籍的價值完全繫於其作者爲何人，其中最有代表性的例子即爲《春秋》一書。

　　現存《春秋》一書，其內容主要記載了春秋魯國自隱公元年至哀公十四年，總爲二百四十二年間事，〔註6〕其字數則歷來的記錄不一，從最多一萬八千字

---

頁 2510。

〔註2〕（東漢）王充著，黃暉校釋：《論衡校釋》（臺北：台灣商務印書館，1978 年），頁 5～6。

〔註3〕關於《老子》的作者究竟是誰，歷來說法不一，討論也很多，但最多只能大約將其時代做一約略的定位，要確實的指出究竟爲何人所作，在沒有新的證據發現之前，幾乎是件不可能的事。詳參見王邦雄：《老子的哲學》（臺北：東大圖書公司，1980 年），頁 33～44。

〔註4〕現只僅存馬國翰所輯《春秋釋例》一卷。

〔註5〕黃暉：《論衡校釋》，頁 4。

〔註6〕司馬遷說：「（孔子）因史記作《春秋》，上至隱公，下訖哀公十四年，十二公。」見《史記·孔子世家》。其中所記《春秋》的起訖年代，與現今所見相同。

到最少一萬六千五百十二字都有，這中間當然包括了《春秋》是否有部分內容
亡佚等問題。〔註7〕《春秋》這部書，於儒學傳統中，至少就孟子（西元前372
～前 289）以下諸儒即視《春秋》為儒學核心的典籍，歷代的注疏作品汗牛充
棟不計其數，普遍認為它是部偉大的經典。但是若暫且放下書的作者問題，先
純就《春秋》一書的內容來看，《春秋》真的很偉大嗎？其實這個疑問在儒學傳
統中很早就被提出來了，如唐代的劉知幾即有〈惑經〉的疑問，〔註8〕而王安
石更有認為《春秋》一書為「斷爛朝報」之說。〔註9〕王安石之所以對《春秋》
有這樣評價的依據，我們並沒有更詳細的記錄可以正確理解，但我們可以猜想
若純就《春秋》的簡短記錄的內容來看，這個批評並不是沒有道理。近代因為
儒學整體權威下降，所以對《春秋》缺點的說明就更加清楚了，如吳康即說：

> 因為就史的觀點言，《春秋》有兩大缺點：一、紀事簡約而不銜接，
> 二、掩飾真相而非實錄，此皆作史的大忌，難怪宋朝王安石要罵《春
> 秋》為斷爛朝報了。〔註10〕

---

〔註 7〕 張以仁：《春秋史論集》（臺北：聯經出版事業公司，1990 年），頁 56 及頁 59。

〔註 8〕 （唐）劉知幾著，（清）浦起龍釋：《史通通釋》（臺北：里仁書局，1980 年），
卷 14，頁 397。

〔註 9〕 目前最早提及王安石認為《春秋》為「斷爛朝報」的是（宋）蘇轍（1039～
1112），他在《春秋集解・引》說：「王介甫以宰相解經，行之於世。至《春
秋》漫不能通，則詆以為斷爛朝報，使天下士不得復學。」《春秋集解》（臺
北：臺灣商務印書館，影印清高宗乾隆三十八至四十七年寫文淵閣四庫全書
本，1983 年）說王安石僅因無法解《春秋》所以將之詆毀。南宋周麟之則更
言其中另有一段原因，其言：「初王荊公欲釋春秋以行天下，而莘老之書已出。
一見而有恧心，自知不復能出其右，遂詆聖經而廢之，曰：『此斷爛朝報也。』」
（《春秋經解・跋》）周氏這種說法可能含著兩個意思，一是真的對《春秋》
一書的評價不高，二則是因為王安石自認解《春秋》比不上孫覺（莘老），所
以用了一個釜底抽薪的辦法，直接否定《春秋》一書的價值。就上下文意而
言，第二種解釋似乎較符合周氏的說法，但這樣卻未免有對王安石人身攻擊
的意味。所以皮錫瑞為王安石提出了不同的解釋，他說：「按宋王應麟《困學
紀聞》卷六云：『尹和靖云：介甫（王安石）不解《春秋》，以其難也；廢《春
秋》，非其意。』清朱彝尊《經義考》卷百八十一引林希逸曰：『尹和靖言介
甫未嘗廢《春秋》；廢《春秋》以為斷爛朝報，皆後來無忌憚者託介甫之言也。』
皆為安石平反。又朝報猶言邸報，如今之政府公報。《春秋》每多闕文，故斥
為斷爛。」見（清）皮錫瑞著，周予同注釋：《經學歷史》（臺北：漢京文化
事業有限公司，1983 年），頁 29～30。但不論「斷爛朝報」一詞到底是誰所
言，至少從唐、宋始，時即有學者認為《春秋》的價值是深可懷疑的。

〔註10〕 吳康：〈孔子與春秋〉收入戴君仁等著：《春秋三傳研究論集》（臺北：黎明文
化事業公司，1989 年），頁 10。

這是純粹就書的內容而論，因爲就《春秋》所記而言，其爲歷史陳跡，所以應視爲史書。但以史書的標準來看，《春秋》是一部有著很大缺點的史書，因爲《春秋》所載史事既不詳細亦多隱諱，這對現代人來說，《春秋》的價值實在令人懷疑。關於《春秋》這樣的缺點，民初學者多有所言，如梁啓超（1873～1929）就說：

> 吾儕以今代的史眼讀之，不能不大詫異：第一、其文句簡短，達於極點，每條最長者不過四十餘字，（如定四年云：「三月公會劉子晉侯宋公蔡侯衛侯陳子鄭伯許男曹伯莒子邾子頓子胡子滕子薛伯杞伯小邾子齊國夏于召陵侵楚。」）最短者乃僅一字，（如隱八年云：「螟。」）第二、一條紀一事，不相聯屬，絕類村店所用之流水帳簿。每年多則十數條，少則三四條（《竹書紀年》記夏殷事有數十年乃得一條者）；又絕無組織，任意斷自某年，皆成起紀。第三、所記僅各國宮廷事，或宮廷間相互之關係，而於社會情形一無所及。第四、天災地變等現象，本非歷史事項者，反一一注意詳記。吾儕因此可推當時之史的觀念及史的範圍，非惟與今日不同，即與秦漢後亦大有異。又可見當時之史，只能謂之簿錄，不能謂之著述。雖然，世界上正式的年代史，恐不能不推我國史官所記爲最古。《竹書紀年》起自夏禹，距今既四千年。即《春秋》爲孔子斷代之書，亦既當西紀前七二二至四八一……此類之史，當春秋戰國間，各國皆有。故孟子稱「晉之《乘》，楚之《檮杌》，魯之《春秋》」。墨子稱「周之《春秋》，燕之《春秋》，宋之《春秋》」，又稱「百國《春秋》」。則其時史書之多，略可概見。乃自秦火之，蕩然無存，司馬遷著書時，已無由資其參驗。汲冢幸得碩果，旋又壞於宋後之竄亂。……於是二千年前爛若繁星之古史，竟無一完璧以傳諸今日。〔註11〕

梁氏這段話頗長，其中大致可分爲幾個要點：一、《春秋》一書若以其內容來看，其爲史書無疑。但是這種史書若以現代眼光來看，其實缺點很多。二、如果存在著如此之多的缺點，但那時之人爲何會寫出《春秋》這樣的史書來呢？梁氏反推認爲春秋時對所謂史書的概念與今日（甚至是秦漢後）應有極大的差異，〔註12〕而《春秋》一書正是個絕佳的例證。三、雖然古人對史書

---

〔註11〕梁啓超：《中國歷史研究法》（臺北：台灣商務印書館，1966 年），頁 55～56。
〔註12〕關於這點，梁氏的說法未必可以成立。因爲史書以記實事的概念起源可能很

的內容概念與今人不同，但不論如何，書籍的流傳是極不易之事，雖在古籍中記有《乘》、《檮杌》等諸多史書，但是在現實上卻僅有《春秋》留下，所以《春秋》是在中國（甚至世界）碩果僅存的最早史書。在梁氏這樣的理解下，《春秋》一書其實並沒有多大的史學價值，因爲其所記之事太簡太少甚至於輕重不分，所以就現今的「史學」標準而言，並不是一本好的史書。但梁氏仍認爲無論如何，《春秋》卻是中國現存的最早一本史書，所以《春秋》似乎還有「史學史」上的價值。

但這種「史學史」上的價值卻另有其問題：首先，《春秋》眞的是中國現存的最早一本史書嗎？在這個問題上，學者間有不同的看法：如《禮記》中言：「天子……玄端而居，動則左史書之，言則右史書之。」〔註13〕即將古代史書區分爲左史、右史，〔註14〕清代學者章學誠就認爲《春秋》與《尚書》是同一類的著作。若是如此，《尚書》的時間絕對比《春秋》早，所以《春秋》並不能算是中國現存的最早史書。當然這樣的說法似乎有將「史料」與「歷史」混同之嫌，如錢穆（1895～1990）先生即言：

> 孔子《春秋》可說是中國第二部歷史書。實際上說，《春秋》乃是中
> 國第一部歷史書。《尚書》各自分篇，只如保留著一些文件或檔
> 案。……孔子《春秋》則不然，它是歷史書中之編年體……我們說
> 孔子《春秋》是中國一部極偉大歷史書，實也一些不過獎。但《春

---

早，如《左傳》莊公二十三年中即記有一段對話：「夏，公如齊觀社，非禮也。曹劌諫曰：不可，夫禮，所以整民也。故會以訓上下之則，制財用之節，朝以正班爵之義，帥長幼之序，征伐以討其不然，諸侯有王，王有巡守，以大習之。非是，君不舉矣，君舉必書。書而不法，後嗣何觀？」其中即提到就連國君觀社這種事，史官也是要「君舉必書」。所以好的史書要有詳細記載事件的概念其實起源並不晚。以此觀點來看《春秋》，那麼《春秋》在當代，應該也不會是本好的史書。我們若再將《春秋》與《左傳》兩者相互對比，即可輕易看出，就「歷史記錄」而言，《左傳》的詳細程度遠遠超過《春秋》，而許多學者亦認爲《左傳》的成書年代實與《春秋》相去不遠。關於《春秋》與《左傳》的問題相當複雜，詳見後文的討論。

〔註13〕（漢）鄭玄注（唐）孔穎達疏：《禮記注疏》（臺北：藝文印書館影印清仁宗嘉慶二十年江西南昌府學刊《十三經注疏》本，1985 年），〈玉藻〉，卷 29，頁 5。

〔註14〕當然也有學者並不贊成《禮記》中所言「左史」、「右史」的截然區分，如徐復觀即說：「漢初儒者，喜作機械性的對稱分別……是不能相信的。但史之有左右，而天子的重要言行，皆由史加以記錄，則可以相信。」《兩漢思想史・卷三》（臺北：臺灣學生書局，1982 年），頁 228～229。

秋》實非孔子首創，孔子以前已有。〔註15〕

就時間來說，《尚書》有些內容比《春秋》更早，所以《尚書》可謂「中國第一部歷史書」。但是《尚書》的主要內容是各政府文告或重要政治人物的說帖，其實比較接近「文件」或「史料」，而不是現今意義的「史書」。所以若論最早的「史書」則《春秋》當然是最符合標準的首選了，而《春秋》所立下史書的體例即是「編年體」。在這裡錢穆雖然肯定《春秋》爲現存中國第一部史書，但其對《春秋》在史學史上的價值提出了另一更深入的問題：即便《春秋》是現存最早的史書，但是「編年體」的這種體例並非《春秋》所獨創，事實上早在《春秋》一書當時或之前，即爲各國史書所通行的體例，〔註16〕甚至有所謂的「百國春秋」之稱。所以就創制之功或史學史的地位來看，《春秋》的地位也不爲獨特。其實對於這個問題可以分成「編年體」的創制與發展兩個層次來看：杜預說《春秋》的記事特色爲：「記事者以事繫日，以日繫月，以月繫時，以時繫年，所以紀遠近別同異也。」〔註17〕好似這種體例是孔子所創。但「編年體」這種史書體例在孔子之前已經出現，其創制者究竟爲誰，有些儒者明確地認爲是周公，如皮錫瑞即言：

疑《左氏傳》韓宣適魯，見《易象》與魯《春秋》，有『吾乃今知周公之德』之言，謂周公作《春秋》。於是《春秋》一經不得爲孔子作；杜預乃謂周公所作爲舊例，孔子所修爲新例矣。〔註18〕

但是現存的文獻並沒有強而有力的證據來支持這種說法，所以徐復觀則認爲從周公的其他表現來看，「推測他（周公）曾從史佚及其他良史作過勤勉的學習，是不爲過的。」〔註19〕，並不認同皮氏之說。更有學者進一步指出《春秋》記事以日、月、時、年四者同備，這並不是當時史書的通例，以《尚書》、《竹書紀年》及《春秋事語》等書及現今可見的彝器銘文來看，大都僅有日、

〔註15〕 錢穆：《中國史學名著》（臺北：聯經出版事業公司，1997年），頁21～22。
〔註16〕 關於《春秋》何以用「春秋」來命名，與「春秋」是否爲一本書之專名抑或是「各國史書」常用之名稱等問題，詳見沈玉成及劉寧合著之《春秋左傳學史稿》（南京：江蘇古籍出版社，1992年），頁16～18。簡而言之，當時各國亦應有其史書，而其中所使用的體例即爲「編年體」。
〔註17〕 （周）左丘明傳，（晉）杜預注，（唐）孔穎達正義：《春秋左傳注疏》（臺北：藝文印書館影印清仁宗嘉慶二十年江西南昌府學刊《十三經注疏》本，1985年），卷1，頁2。
〔註18〕 （清）皮錫瑞：《經學歷史》，頁19～20。
〔註19〕 徐復觀：《兩漢思想史·卷三》，頁241。

月年三者，而不見四時。但《春秋》則是不論有事無事幾乎都列舉春、夏、秋、冬四時，〔註20〕此則是《春秋》所獨創體例。顧炎武認爲：

> 《春秋》時月并書，于古未之見。考之《尚書》……言月則不言時。
> 其他鐘鼎古文多如此。《春秋》獨并舉時月者，以其爲編年之史，有
> 時有月有日，多是義例所存，不容于闕一也。」〔註21〕

總合而言，《春秋》並不是歷史上最早的史書，其記事方式也不是獨創，但最少可將《春秋》視爲對傳統編年體的進一步發展，這在史學史上當然應有其地位，雖然這個地位並不是歷來學者重視《春秋》的主要原因。

若撇開史書體例的發展問題，專就內容來看，《春秋》所記的時代與《左傳》相差無幾，其成書的年代或有爭議但相隔亦非絕遠，〔註22〕若就探究「春秋」此一時代來說，《左傳》無疑的要比《春秋》來的重要，錢穆即言：

> 《左傳》是中國最先第一部最詳密的編年史。專講歷史價值，就記
> 載事實上講，孔子《春秋》可說還遠在《左傳》之下。若我們要研
> 究春秋時代的歷史，而我們專來研究孔子《春秋》，將使我們根本不
> 清楚，所能曉得的將很簡單；所以我們一定要讀《左傳》。〔註23〕

《春秋》一書所記內容實在極爲簡略，所以我們並無法單由《春秋》所記即能了解當時史實。如現今若要了解魯隱公元年夏五月，鄭伯寤生與其弟段之間的事跡，若僅看《春秋》一書，只簡單記有：「夏，五月，鄭伯克段于鄢。」數字，我們只能知其二人在五月時的鄢地打了一場仗，而鄭伯爲勝利者。鄭伯及段兩人的關係爲何？何以終至兵戎相見？這整個事件的起因與過程，《春秋》都不能提供我們太大的幫助。相對的，若我們翻查《左傳》一書，則可

---

〔註20〕《春秋》也有幾年沒有書「時」的，但這究竟是缺記還是漏鈔，現在很難確定。但大致而言，《春秋》四時具記是很明顯的。說見鄭良樹：〈論《春秋》記時例〉，收入《百年漢學論叢》（臺北：臺灣學生書局，2007 年），頁 54。

〔註21〕（清）顧炎武著，（清）黃汝成集釋，（今）秦克誠點校：《日知錄集釋》（湖南：岳麓書社 1994），卷 4，頁 118。此外今人趙生群對於這個問題有所論及，詳請參見是氏著《春秋經傳研究》（上海：上海古籍出版社，2000 年），頁 11～12。

〔註22〕關於《左傳》的成書時間，歷來的爭論不休，筆者並無意涉入其間，現僅依司馬遷的說法：「魯君子左丘明，懼弟子人人異端，各安其意，失其眞，故因孔子史記，具論其語，成《左氏春秋》。」見《史記》，卷 14，〈十二諸侯年表序〉，頁 509～510。這段話的意義頗豐，但在此僅就《左傳》的書中之內容來說，《左傳》與《春秋》兩書所記之時代極爲相近。

〔註23〕錢穆：《中國史學名著》，頁 58。

以詳細的了解到整個事情的來龍去脈，甚至於連段在鄢之役後出亡於各國等事跡都有詳細的記載。就研究及理解春秋這段歷史來說，《左傳》無疑較《春秋》重要也豐富許多。〔註24〕若照此條線索來理解，《春秋》一書到底有何價值？其若眞有價值，其價值的基礎爲何？

## 第二節　《春秋》與孔子的關係及其地位

　　歷來研究《春秋》一書，且認爲《春秋》是有很高價值的學者，大致上都有兩個基本的假設：第一、《春秋》就內容來說並不只是歷史的記錄。第二、《春秋》的作者爲孔子，並且爲孔子所手定。其中第二個假設更是第一假設的基礎。如前所述，如果我們若不理會《春秋》的作者是誰，單就《春秋》一書的內容而言，《春秋》不論就史學或史學史的角度來看，《春秋》一書的價值是很值得懷疑的。但因爲歷來都將《春秋》與孔子兩者緊緊相繫，所以我們理解《春秋》便有了新的視角及觀點。關於對《春秋》的作者認定爲何會深深影響《春秋》一書的價值問題，錢玄同（1887～1939）有很深刻的說法：

　　（一）認它是孔二先生的大著，其中蘊藏著許多「微言大義」及「非常異義可怪之論」，當依《公羊傳》及《春秋繁露》去解釋它（自然《公羊》及《繁露》的話決不能句句相信，但總是走這一條路去的）這樣，它絕對不是歷史。（二）認它是歷史。那麼，便是一部魯國底「斷爛朝報」，不但無所謂「微言大義」等等，並且是沒有組織，沒有體例，不成東西的史料而已。這樣，便決不是孔二先生做的；孟子書中「孔子作《春秋》」之說，只能認爲與他所述堯、舜、禹、湯、伊尹、百里奚底事實一樣，不信任它是眞事。孔丘底著作究竟是怎樣的，我們雖不能知道，但以他老人家那樣的學問才具，似乎不至於做出這樣一部不成東西的歷史來。我近年來是主張後一說的。但

---

〔註24〕當然，也有些學者認爲沒有了《春秋》即無法理解《左傳》，如趙生群即言：「《左傳》有很多省略的現象，都是蒙經文而省，與《春秋》合看無不曉暢明白，離開經文則百思不得其解。《左傳》記事省略的情況非常普遍……會盟見于《春秋》而《左傳》記載有省略的情況，至少在150例以上。」見是氏著：《春秋經傳研究》，頁61～62。但無可諱言的，單就史實的記錄來看，《左傳》實是比《春秋》豐富許多。

又以爲如其相信「孔子作春秋」之說，則惟有依前說那樣講還有些
意思。〔註25〕

錢氏在這段話中很深入的討論了《春秋》的定位問題，其最重要問題即是《春秋》的作者問題。因爲《春秋》的作者是誰會直接影響到《春秋》這本書的價值。他說若《春秋》僅是歷史書，《春秋》的作者絕非孔子，因爲依照我們所理解的孔子，不論其才具或學養，應該不會寫出《春秋》那樣簡略的歷史書。所以他認爲《春秋》的作者若是孔子，則《春秋》絕對不僅只是史書；錢玄同這樣的判斷，是根基於對孔子的崇敬。但是這樣的說法會引發更複雜的問題，即是對孔子的地位問題的爭論。周予同（1898～1981）說：

學統不同，宗派不同，對於古代制度以及人物批評各各不同；而且對於經書的中心人物，孔子，各具完全不同的觀念。在中國數千年來封建社會的學術思想史上握絕大權威的經典和孔子，而他們的見解完全相異。〔註26〕

在經學史中有所謂的古文家與今文家之分，而這古今文家對於「經學」的看法頗多歧異，其中最核心的問題之一就是關於孔子定位的問題。周予同認爲今文學家崇奉孔子，將之視爲「素王」，六經均爲孔子所作。而古文學派則不然，周予同說：

這就不能不說到他們（按：指古文學派）對於孔子的觀念了。他們以爲《六經》都是前代的史料，——所謂《六經》皆史說——孔子是「述而不作，信而好古」的聖人，他不過將前代史料加以整理，以傳授給後人而已。簡言之，就是他們認爲孔子是史學家。……他們以爲民族的存亡和歷史有密切的關係；中國民族所以能經歷數千年而不致滅亡，實在因爲他有詳密而不絕的史籍的緣故；而古代史籍的「繼往開來」者，當首推孔子。〔註27〕

在周氏的說法中，古文家認爲孔子只是個古代史料的繼承與傳遞者，所以孔子並沒有創作六經，孔子實是個優秀的史學家。因一國族之歷史實與國族興衰息息相關，所以在這層意義下，孔子的地位是有其獨特性。但周氏認爲古

---

〔註25〕錢玄同：〈論春秋性質書〉，收入《古史辨》（顧頡剛等著，臺北：藍燈文化事業公司，1987 年）冊一，頁 275～276。

〔註26〕周予同：〈經今古文學〉，收入朱維錚編：《周予同經學史論著選集》（上海：上海人民出版社，1983 年），頁 2。

〔註27〕朱維錚編：〈經今古文學〉，收入《周予同經學史論著選集》，頁 7。

文家們更尊崇的實爲創造此規模制度的周公。〔註 28〕但古文家學家對孔子的定位是否如周予同的看法實是很值得懷疑的。〔註 29〕至少從杜預的說法來看，杜預亦視孔子爲「聖人」，否則杜預也不會依《左傳》君子曰的評價說《春秋》是「非聖人孰能脩之」了。而杜預之所以對孔子及《春秋》會有如此崇敬的看法，最主要的理由還是因爲否認了孔子的地位亦即直接的否認了《春秋》的價值。進一步來說，對孔子的評價與對《春秋》的評價兩者之間是相互緊密關連的，所以更核心的問題應當是：《春秋》到底是否爲孔子所修？

這個問題對研究《春秋》的學者來說是一個極重要的問題，雖然在歷史上很晚才提出而有廣泛的討論。綜觀研究《春秋》的學者，對此問題大都有自己的看法，有些學者認爲《春秋》並非孔子所修，孔子與《春秋》的關係最多僅是孔子曾以《春秋》作爲教材用以教導學生。認爲《春秋》非經孔子之手，其所持的主要理由爲：一、《春秋》在《孟子》以前的典籍中幾乎不被提及，尤其是關於孔子最要重的典籍——《論語》一書中並沒有關於《春秋》

---

〔註 28〕 古文家崇敬周公與視孔子爲先師的主張，參見朱維錚編：〈經今古文學〉，收入《周予同經學史論著選集》，頁 9。

〔註 29〕 周氏在其書中所舉的「古文家」，大多指章學誠（1738～1801）與章炳麟（1869～1936）二人。此二人的主張也許可以代表清代的某些古文家，但卻未必是自漢以來的古文家。如陳槃先生即說：「然則古文學者初未嘗非薄孔子也。」見是氏著：《左氏春秋義例辨》（國立中央研究院歷史語言研究所專刊，臺北：臺灣商務印書館，1947 年），頁 12。在此並不是說周先生的分判全然是錯的，但我們相信並非所有古文家都是如周氏所說的有相當一致且共同的主張。至少就孔子地位與《春秋》關係來看，並非所有古文家都認爲孔子與《春秋》僅是「述而不作」。如就代表古文家核心經典的《左傳》來說，杜預雖認爲：「春秋者，魯史記之名也。」但是也同時認爲孔子所修之《春秋》對原魯史是有很大的改動與創發的：「周德既衰，官失其守，上之人不能使春秋昭明，赴告策書、諸所記注，多違舊章。仲尼因魯史策成文，考其真偽，而志其典禮。上以遵周公之遺制，下以明將來之法。其教之所存，文之所害，則刊而正之，以示勸戒。其餘即用舊史；史有文質，辭有詳略，不必改也。故傳曰『其善志』，又曰『非聖人孰能脩之』？蓋周公之志，仲尼從而明之。」見《春秋左傳注疏‧春秋序》，卷 1，頁 9～10。孔子作《春秋》當然有所取材於魯之舊史，亦參酌了以往史記之書寫與記述的方式，但重點是孔子之《春秋》可以「明將來之法」。我們姑且不論杜預本身的看法合不合理，但依這樣的說法，杜預絕不僅視孔子爲一史家而已，而是將孔子視爲至少可以與周公並稱的「聖人」。此外王葆玹也認爲周氏這種分法其實未必完全符合歷史中的古今文學家各自的主張。詳請參見王著〈今古文經學之爭及其意義〉一文，收入姜廣輝主編：《經學今詮初編》（遼寧：遼寧教育出版社，2000 年），頁 314～316。

的任何記載。記載《春秋》為孔子所作的主要典籍為三傳及《孟子》，但這幾本典籍所記內容的真實性又被高度懷疑。二、《史記》中關於孔子與《春秋》的關係說法並不夠明確。三、現存《春秋》一書本身的文字體例前後並不一致甚至在《春秋》中存有闕文，這些情形都不像是出自一人之手並被精心刪修過。四、根據許多現存史料對比，《春秋》所記史實與其他書籍所記內容雷同。五、《春秋》中有記孔子生卒之年，若為孔子自著，又焉能自記其生卒之年等等說法。〔註30〕而主張《春秋》為孔子所修者，則是對以上的說法提出種種反駁，並進一步提出在現存典籍中提及魯春秋的一些記錄，並將其與現存《春秋》加以對比，說明其間的差異與孔子刪修過的痕跡等等。在此筆者並無意且無力對這個重要問題給一個十分明確且絕對的答案，因為在雙方的論證中，許多同樣的證據均被雙方視為可以支持自己的說法，例如《春秋》中記有孔子之生卒，〔註31〕反對者即認為《春秋》非孔子所做，因為一個作者怎可能在書中記載著自己的生卒之年。而贊成者卻認為此即為《春秋》與孔子密切相關之絕佳證據，否則以孔子在春秋時之地位而言，不太可能被寫入魯史，《春秋》中記孔子之生卒正是因為孔子與《春秋》關係很深的緣故。

　　由以上簡要的論述中，並不容易判定誰是誰非。但是若仔細對照相關學者對這問題的討論，則大致可以有這樣的結論：凡認為《春秋》為孔子所手定的，就會認為《春秋》不只是史書。這裡所謂的「手定」指的可能是兩種情況：對原有史書有所修改或全新改作。認為《春秋》為孔子親定寫定的學者，大致上都相信孔子的《春秋》並不是憑空而作，其間一定有參閱某些史料，其中最主要的資料來源即是魯春秋，即所謂的「不修春秋」。有學者（如馬宗霍）認為孔子對魯春秋僅只有刪而沒有增加，有些人則認為孔子不但有所增刪，甚至於文句與取材內容均有所改易。但在事實上，因魯春秋現已不存，所以我們很難具體且完整舉出那些是魯春秋（「不修春秋」），那些則又是

---

〔註30〕關於孔子與《春秋》的關係，討論的文章非常多，於此筆者謹大約整理雙方的主要主張，至於詳細的論證請參見顧頡剛（1893～1980）：《古史辨‧答書》冊一，頁277～278，童書業：《春秋左傳研究》，周予同：《六經與孔子的關係問題》，陳槃：《左氏春秋義例辨》，楊伯峻：《春秋左傳注》，沈玉成、劉寧：《春秋左傳學史稿》，鄭良樹：《百年漢學論集》，張以仁：《春秋史論集》等書，尤其是張以仁先生於其書中對雙方的證據及論述均有非常詳細的討論。

〔註31〕現存《春秋》中關於孔子之生卒年之記載有三：《公羊》襄21年11月載「孔子生」，《穀梁》則記為10月庚子孔子生。《左傳》哀公16年的經文則記載「夏四月己丑，孔丘卒」。

孔子所增刪的部分。所以周予同先生說：

> 對于孔子的「修」或者「作」，不能看死。「修」與「作」有聯繫，
> 都從一定的立場出發，「作」中有「修」，「修」內有「作」。〔註32〕

但不論或修或作，這兩種意見均一致認爲《春秋》絕大部份內容爲孔子所手
定。《春秋》既然爲孔子手定，其必然具有高度的價值；但反之而論，認爲《春
秋》非孔子所著，即會認爲《春秋》的價值不高。至於這本價值不高的書籍
爲何最後會變成儒家的核心經典，顧頡剛先生有一詳細的說法，他說：

> 至《春秋》何以說爲孔子所作，這步驟我試作以下的假定以說明之：
> （1）《春秋》爲魯史官所記的朝報。這些朝報因年代的久遠，當然
> 有闕文；又因史官的學識幼稚，當然有許多疏漏的地方。（2）孔子
> 勸人讀書，但當時實無多書可讀，《詩》《書》是列國所共有的，《易》
> 與《春秋》是魯國所獨有的（依《左傳》所記），均爲七十子後學者
> 所讀之書。……（4）《春秋》成爲儒家專有的經典之後，他們尚不
> 滿意，一定要說爲孔子所作。於是又在「西狩獲麟」截住，而說孔
> 子所以作《春秋》是因于「傷麟感道窮」。（5）自有此說，於是孟子
> 等遂在《春秋》內求王道，公羊氏等遂在《春秋》內求微言大義。
> 經他們附會和深文周納，而《春秋》遂眞成了一部素王手筆的經典。
> 〔註33〕

在顧氏的說解中，《春秋》非孔子所作，最多是孔子教學的素材而已。後儒或
因誤會或因其他需要，就誤認爲孔子所作。但就書籍論書籍，著《春秋》的
「史官的學識幼稚」，所以自然有許多疏漏。〔註34〕而且就史書的角度來說，
《左傳》的重要性更勝於《春秋》。若認爲《春秋》非孔子手定，則自然不會
花時間在《春秋》上，因爲那眞的是本不堪卒讀的零碎歷史記載，研究重心
反而在對《左傳》的討論。相反的，認爲《春秋》仍有研究價值而且願意花
心力加以研究的學者，在研究的前提假設上均承認並接受了《春秋》是一本

---

〔註32〕見周予同：〈經典研究〉收入《周予同經學史論著選集》，頁923。

〔註33〕見顧頡剛：〈答書〉收入《古史辨》冊一頁277〜278。

〔註34〕關於顧頡剛對《春秋》的相關論述見丁亞傑：〈顧頡剛春秋學初探〉，《國立中
央大學文學院人文學報》：23（2001年6月），頁69〜96。此外筆者亦曾討論
收錄在《古史辨》中雙方學人對《春秋》是否爲孔子所作的相關看法撰成《《古
史辨》中對《春秋》看法的方法學反省〉一文，初稿宣讀於中央研究院文哲
研究所於2007年11月19〜20日舉辦之「變動時代的經學和經學家」會議中。

孔子所著的有價值經典，並認為從中可以擷取孔子重要思想。

在歷史上首先明確提出《春秋》是孔子借以表達其義的人是儒家的另一位重要人物：孟子。〔註 35〕孟子對《春秋》有兩段重要的話語，〔註 36〕這兩段話幾乎普遍被日後崇信《春秋》的學者所接受，孟子說：

> 孟子曰：「王者之迹熄而詩亡，詩亡然後《春秋》作。晉之乘，楚之檮杌，魯之《春秋》，一也。其事則齊桓晉文，其文則史。孔子曰：其義則丘竊取之矣。」〔註 37〕

又說：

> 世衰道微，邪說暴行有作：臣弒其君者有之，子弒其父者有之。孔子懼，作《春秋》。《春秋》，天子之事也。是故孔子曰：知我者，其惟《春秋》乎！罪我者，其惟《春秋》乎！……昔者禹抑洪水而天下平，周公兼夷狄、驅猛獸，而百姓寧。孔子成《春秋》，而亂臣賊子懼。〔註 38〕

孟子這兩段話為《春秋》一書確立了幾個基本的看法：第一、《春秋》的作者為孔子。第二、作《春秋》原為天子與諸侯之事，但因時代的混亂，所以孔子不得已必須寫下《春秋》一書。第三、《春秋》的內容乍看之下雖是記載著齊桓公、晉文公等人的事跡，記載的形式似乎接近晉乘、楚檮杌與魯春秋等史書，但最重要的卻是《春秋》中含有「義」，而這個「義」能使「亂臣賊子」懼。第四、孔子對《春秋》的重視似乎超出其他的典籍，所以會認為知我罪我皆因《春秋》。第五、從孟子對孔子作《春秋》的起源來說，其最主要在導正的倫理概念，如父子君臣之道。綜合以上各點，用傳統的話來說，《春秋》一書自從與孔子連繫在一起之後，它就是「經」而不是「史」了。所以必須

---

〔註 35〕 鄭良樹先生則認為公羊之說早於孟子，說見是氏著〈論「孔子作《春秋》」說的形成〉，收入《百年漢學論集》，頁 167～173。但筆者認為《公羊傳》在先秦時為口傳，實際上的成書較晚，實難判斷其說早於孟子，所以在現有文獻中仍以孟子為有此主張的第一人。

〔註 36〕 《孟子‧盡心下》中還有一段話：「春秋無義戰。彼善於此，則有之矣。征者上伐下也，敵國不相征也。」一段話應與《春秋》有關，其中「春秋無義戰」一句，依朱子之說應為「春秋時代」之義，而非指《春秋》一書。至於所對「征」或「無義戰」等，因與《春秋》一書作者相關性不大，故於此未加深論。

〔註 37〕 （清）焦循註：《孟子正義》（臺北：文津出版社，1988 年），卷 16，頁 573～575。

〔註 38〕 （清）焦循註：《孟子正義》，卷 13，頁 453～459。

要用新的標準來評定《春秋》一書的價值，《春秋》也因此較史書有了更重要的價值。

其後《莊子‧齊物論》與《莊子‧天下篇》與《禮記‧經解》亦分別論及《春秋》的內容。〈齊物論〉中說：「《春秋》經世，先王之志，聖人議而不辯。」〈天下篇〉則說：

> 《詩》以道志，《書》以道事，《禮》以道行，《樂》以道和，《易》
> 以道陰陽，《春秋》以道名分。〔註39〕

成玄英對此的疏解為：「道，達也，通也……《春秋》褒貶，定其名分。」〔註40〕以「道名分」來指稱《春秋》的特點，認為《春秋》的主要內涵在於要求「名」與「實」的相符，這無疑的是將《春秋》視為具有褒貶之義的典籍，認為《春秋》是透過褒貶來定其名分。這種方式正是孔子用以「經世」的方法。《莊子》這種對《春秋》的定位實是與孟子說《春秋》可使「亂臣賊子懼」的看法相通。《禮記‧經解》篇對《春秋》的內容則有另一種側面的說法：

> 孔子曰：入其國，其教可知也……屬辭比事，《春秋》教也……《春
> 秋》之失亂……屬辭比事而不亂，則深於《春秋》者也。〔註41〕

〈經解〉篇認為《春秋》的特質為透聚合諸侯朝聘會同等相交接的辭令，並透過事類的相互排比以寓褒貶。〔註42〕這是亦是將《春秋》中的「事」與「義」兩者相結合，認為《春秋》的特點是由事見義。綜合以上的說法，《春秋》中具有「義」似乎是先秦典籍的共通見解。也就是說《春秋》在很早的時候即被視為孔子所作，同時其中含具褒貶大義。

---

〔註39〕　郭慶藩輯：《莊子集釋》（臺北：華正書局，1989年），頁1067。

〔註40〕　郭慶藩輯：《莊子集釋》，頁1069。

〔註41〕　（漢）鄭玄注（唐）孔穎達疏：《禮記注疏》（臺北：藝文印書館影印清仁宗嘉慶二十年江西南昌府學刊《十三經注疏》本，1985年），卷50，頁1。

〔註42〕　《禮記‧經解》雖以「屬辭比事」來說《春秋》的特色，但對何謂「屬辭比事」則歷來之說不同，本文僅以鄭玄：「屬，猶合也。《春秋》多記諸侯朝聘會同，有相接之辭、罪辯之事。」與孔穎達：「屬，合也；比，近也。《春秋》聚合會同之辭，是屬辭；比次褒貶之事，是比事也。」（見《禮記注疏》，卷50，頁1）加以說解。但有學者認為鄭、孔如此理解「屬辭比事」實是憑藉《左傳》來理解《春秋》，並非是《春秋》的原意。關於此四字的爭論頗多，詳請參見張素卿：《敘事與解釋——《左傳》經解研究》（臺北：書林出版社，1998年），頁111～131。其中尚詳細條列了陸佃、毛奇齡、王夫之、章學誠等人之說。

## 第三節 《春秋》經的解讀問題

根據經學家的說法,「經」之本義原爲以線貫穿,後引申出線裝書、目錄等義,後因孔子方才有所謂「經」之名。而後世所謂的「經」均與孔子關係甚深,因爲經學家們都相信孔子在「經」中蘊含著許多眞理,於是對孔子「經」中所含之義的理解便成爲得到儒學之道非常重要的憑藉了。〔註 43〕如前文所述,若《春秋》爲孔子所著,又依孟子之言,《春秋》中最重要的是「義」,那麼孔子要透過《春秋》傳達的「義」之內涵究竟爲何呢?孔子又爲什麼非得要透過改造魯史來傳達這個義呢?對於這兩個問題,在《孟子》、《莊子·天下篇》與《禮記·經解》都沒有詳細而明確的說解。但在西漢大儒董仲舒(西元前 179～前 104)則直接的回答了這些問題,他說:

> 仲尼之作《春秋》也,上探正天端王公之位,萬民之所欲,下明得失,起賢才,以待後聖,故引史記,理往事,正是非,見王公,史記十二公之間,皆衰世之事,故門人惑,孔子曰:「吾因其行事而加乎王心焉。」以爲見之空言,不如行事博深切明。〔註 44〕

董氏認爲孔子之所以作《春秋》所欲傳達之「義」的主要內容在於天地王公與萬民之事。但這些道理並不容易明白,尤其是要將這些道理落實在現實世界中做一綜合判斷更是困難,所以雖然春秋時多爲衰世之事,但孔子還是認爲透過實際歷史事件的判斷與說解,方能更加「博深切明」。這樣對孔子之所以作《春秋》的動機與爲何要透過魯史有了大致上的說法。

在稍後的司馬遷對這兩個問題有了更明確的說法,太史公和董仲舒一樣,認爲《春秋》是孔子從魯史中「約其辭文,去其煩重,以制義法」〔註 45〕而成,當然其中也有所謂的「義法」,這個「義法」大致上與孟子所說的「其『義』則丘竊取之矣」的「義」是一樣的。〔註 46〕但在,司馬遷答壺遂之問時有一精采的說解:

> 上大夫壺遂曰:「昔孔子何爲而作《春秋》哉?」太史公曰:「余聞

---

〔註 43〕關於「經」的解釋及起源請參見章太炎《國學略說·經學略說》,頁 37。皮錫瑞《經學歷史》,頁 19。

〔註 44〕(漢)董仲舒著,蘇輿義證:《春秋繁露義證》(北京:中華書局,1992 年),〈俞序〉,卷 6,頁 159。

〔註 45〕(西漢)司馬遷:《史記》,卷 14,〈十二諸侯年表〉,頁 509。

〔註 46〕司馬遷引孔子「《春秋》以『義』。」的說法,認爲《春秋》的主要內容即在於「義」。見《史記》,卷 126,〈滑稽列傳〉,頁 3197。

> 董生曰：『周道衰廢，孔子為魯司寇，諸侯害之，大夫壅之。孔子知
> 言之不用，道之不行也，是非二百四十二年之中，以為天下儀表，
> 貶天子，退諸侯，討大夫，以達王事而已矣。』子曰：『我欲載之空
> 言，不如見之於行事之深切著明也。』夫《春秋》，上明三王之道，
> 下辨人事之紀，別嫌疑，明是非，定猶豫，善善惡惡，賢賢賤不肖，
> 存亡國，繼絕世，補敝起廢，王道之大者也。……《春秋》辯是非，
> 故長於治人。……《春秋》以道義。撥亂世反之正，莫近於《春秋》。
> 《春秋》文成數萬，其指數千。萬物之散聚皆在《春秋》。〔註47〕

在這段問答中，司馬遷提供了我們較孟子、《莊子》及《禮記》更多理解《春秋》的資料內容：第一、孔子是因為自身陷於危疑之中，而且不能實現理想，所以才會作《春秋》一書。第二、孔子認為通過實際歷史的說解更能具體展現道理。第三、《春秋》所評論的對象包括天子、諸侯及大夫，而且太史公用了「貶」、「退」、「討」三字，說明這些人都有缺失。這種說法較諸孟子僅簡單提及父子君臣也更明確了些。第四、在司馬遷心中，《春秋》所含之道似乎是無所不包的，但總體而言是著重在於治國之道。在以上四點中，後三點無疑是孟子及董仲舒對《春秋》理解的延申及擴張，至於第一點則是一個新的說法。因為在孟子提及「孔子懼」時，其主詞為「臣弒其君」、「子弒其父」，其實並沒有談到孔子自身的處境。在此太史公（或董仲舒）提出了這一個這樣的說法，究竟是為了什麼？

其實閱讀《春秋》的讀者一定會有一個問題：既然《春秋》所含的道理如此之廣博精深及如此重要，那麼為何《春秋》之內文卻如此簡要？縱使其不以史書「君舉必書」的標準來要求，但其內容亦太過簡略及模糊，孔子為何不能將要說的道理表現的更加清楚？其實這個問題，是許多閱讀《春秋》的人都可能有過的疑問，例如梁啟超即說：

> 故漢代今文經師，謂《春秋》是經而非史，吾儕不得不宗信之；蓋
> 《春秋》而果為史者，則豈惟如王安石所譏『斷爛朝報』，恐其穢乃
> 不減魏收矣。顧最不可解者，孔叟既有爾許微言大義，何妨別著一
> 書；而淆亂歷史上事實以惑後人，而其義亦隨之而晦也。〔註48〕

認定《春秋》是經而不是史，而且其為孔子所著，這是判定《春秋》為有價

---

〔註47〕　（西漢）司馬遷：《史記》，卷130，〈太史公自序〉，頁3297。
〔註48〕　梁啟超：《中國歷史研究法》，頁78～79。

值書籍的最好理解方式。但啓人疑竇的是：孔子爲何要用這種方式來傳遞大義呢？爲何不獨立寫一本著作？當然其中涉及的問題頗多，如在孔子之時可能並沒有完整私人著作的概念，〔註49〕以及《春秋》所內含之「義」可能必須透過具體事件方能完整呈現（如太史公所謂「深切著明」），但就內容而論其過於簡略則眞是令人不解。

對此，研究《春秋》學者大致循兩個方式來回應這個問題，其中最多的是依司馬遷的看法：這是因爲孔子在於避禍。司馬遷之意爲孔子因當過魯國的大司寇一官，但深爲當時之諸侯、大夫所不滿，孔子一舉一動均受人矚目，加上《春秋》所批評的人均爲有權勢之人，所以必須採取一定的方式來避禍。今人劉正浩說：

> 孔子襲取古史的名稱和體制作經，除了因利乘便，還有另一種用心，就是利用史書的體制爲面紗，把不能明白吐露的褒貶大義之眞貌，巧妙地掩蓋起來，令那些相關而有權威勢力的人，把它當作一本枯燥乏味的實錄，而忽略其中的諷諭。〔註50〕

孔子因爲避禍，所以不能清楚直接的將心中的大義書寫出來，所以必須透過史書、實錄的外貌，加以掩飾其原欲陳述的大義，以免其書不傳。就實際內容而言因要表現對天子以至於大夫的批評，但在文字表面卻又不可顯露出其眞正的意圖，必須以史爲外衣。孔子作《春秋》之時要兼顧這看似衝突實則互含的這兩個層面，故在下筆之際自會多所考慮。另一種說法則以清朝的劉沅爲代表，他說：

> 《春秋》爲魯史，凡史紀事皆必詳其本末，夫子取而筆削之，因其事具在史策，故止論其是非。而是非之所以辨，則於書法見之。〔註51〕

---

〔註49〕依錢穆的說法，在先秦兩漢時有所謂「王官學」與「諸子學」的分別，孔子所著《春秋》並非當時的「王官學」，但兩漢公羊家卻將《春秋》視爲「王官學」。所以孔子作《春秋》有兩種意義：「一則是由私家而擅依倣著寫官書，於是孔子《春秋》，遂儼然像是當時一種經典，即是由私家所寫作的官書了。而孔子之第二資格，則爲此後戰國新興家學之開山。故孔子與《春秋》，一面是承接王官學之舊傳統，另一面則是開創了百家言之新風氣。」見是氏：〈孔子與春秋〉收入《兩漢經學今古文平議》（臺北：東大圖書公司，1983年），頁248～249。

〔註50〕劉正浩：〈試揭春秋神祕的面紗〉，收入《左海鈞沈》（臺北：東大圖書公司，1997），頁50。

〔註51〕（清）劉沅，〈凡例〉，《春秋恆解》（收於《槐軒全書》第39～46冊，西充鮮于氏特園藏本，1931辛未年2月刊），卷1，頁1。

劉沅主張孔子時各國均有本身的史籍，而這些史籍本就記載著眾多史事，所以孔子在作《春秋》之時，自然不需再將這些史事寫入《春秋》。《春秋》主要是孔子爲傳其大義而作，原先本就不是用以記事，而這正是《春秋》之所以略於記事的原因。

　　不論以上兩者之說何者較爲眞確，司馬遷所言孔子著《春秋》時的態度的確是非常嚴謹：

> 孔子在位聽訟，文辭有可與人共者，弗獨有也。至於爲《春秋》，筆則筆，削則削，子夏之徒不能贊一辭。〔註52〕

在《論語》的記載中孔子是一位謙虛的長者，對於自己不懂的事亦會虛心的請教，基本上是好學且能參考別人意見的君子。〔註53〕但是就修《春秋》一事上來看，司馬遷卻說孔子「筆則筆，削則削」，縱使如子夏等最親近的學生都沒有辦法「贊一辭」。可見孔子修《春秋》時是多麼的慎重與仔細。

　　在這樣的情況下，孔子採擇魯史以修成《春秋》必然有其標準，因爲魯史之資料繁多，在這麼多的資料記載中孔子必然不會隨意的採取一段記錄以成《春秋》。孔子考慮將魯史中那些記錄及用那些語辭放入《春秋》之中，這個標準應該是很嚴格的，否則怎麼說連孔子高徒子夏都不能有一絲一毫的建議呢？於此皮錫瑞說：

> 說《春秋》者，須知《春秋》是孔子作，作是做成一書，不是鈔錄一過。又須知孔子所作者，是爲萬世作經，不是爲一代作史。……據孟子說，孔子作《春秋》，是一件絕大事業，大有關繫文字。若如杜預經承舊史史承赴告之說，止是鈔錄一過，並無褒貶義例，則略識文字之鈔胥，皆能爲之，何必孔子？……孔子何以有知我罪我，其義竊取之言？孟子何以推尊孔子作《春秋》之功，配古帝王，說得如此驚天動地。〔註54〕

皮氏這段話有兩個重點：其一是說孔子修《春秋》絕不是將魯史抄錄一遍即可，因爲將魯史抄錄一遍是任何稍識文字之人都可以做到，那又何必孔子來

---

〔註52〕（西漢）司馬遷：《史記》，卷47，〈孔子世家〉，頁1944。

〔註53〕孔子的謙遜態度是很有名的，如有時會自嘆不如顏淵之「聞一以知十」（見《論語・公冶長篇》），有時會說「起予者商也」（見《論語・八佾篇》），可見孔子並非專斷專行之人。

〔註54〕（清）皮錫瑞：《經學通論》（臺北：臺灣商務印書館，1989年），〈春秋〉，頁2～4。

做呢？就算是孔子做了此事，那又有何可貴呢？第二、若孔子修《春秋》並非將魯史擇要抄錄，那麼《春秋》中必然含有褒貶之「義例」。〔註55〕因為孔子將其心中之「義」透過了《春秋》來傳達，但《春秋》又沒有明顯將此「義」明白呈現出來，所以必然是透過一種幽微曲折的方式來表達。這種表達方式必須滿足兩個條件：若不知孔子初衷的人是不容易看出孔子之義；知道孔子心意的人則可以透過《春秋》的文字，清楚明瞭孔子心中之志。《春秋》中所含之大義，在孔子活著的時侯是沒有問題的，因為孔子可以透過親自的說解來說明書中大義。對此徐復觀有一特殊的描述：

> 《春秋》中的「微」，《春秋》中的「諱」，只有在各種專制下的史學家，要以客觀求真的動機寫「現代地本國史」時，才可以了解、體會得到。孔子告訴他的學生，說那裏是「微」，那裏是「諱」，即係告訴天下後世，在「微」「諱」的後面，有不可告人的真實，有不可告人的醜惡。〔註56〕

其實皮、徐二人的說法都是承續了司馬遷的意思加以發揮，認為《春秋》的幽微之義是透過孔子自身的說解而來。但這樣的說解在傳諸後代時，則必須透過學生的傳述。徐復觀又說：「孔子在文字以外，另有『其義』，而『其義』只是口傳給他的某些弟子，並未由他親自筆之於書，也是可以斷定的。」〔註57〕在這種說法下，《左傳》、《公羊》及《穀梁》三傳，對於探得《春秋》之大義便是相當重要的依據。

## 第四節　三傳解《春秋》：追尋孔子原初的意旨

在中國儒學傳統中，「經學」的主要內容是指以《詩》、《書》、《禮》、《樂》、《易》及《春秋》六部典籍為主要範圍所建構出的相關學問。這六部典籍本與孔子關連性甚高，但因時代久遠與其他原因，所以對這些典籍的閱讀產生了一些理解上的問題，所以漸漸發展出環繞著這些典籍種種不同的「經解」，

---

〔註55〕關於《春秋》「義例」的探討非常的多，其中又有「舊例」「變例」等等區分。在此僅先將「義例」一詞視為寬泛的用法，意指《春秋》擇取並改寫魯史的標準，其間亦包括如何將這標準透過文字表達出來的方式。至於這個標準的內容為何，則下文另作討論。

〔註56〕徐復觀：《兩漢思想史・卷三》，〈原史〉，頁259。

〔註57〕徐復觀：《兩漢思想史・卷三》，〈原史〉，頁257。

這些不同的「經解」不但在名稱上各自有異，在體例上亦各有特色，如焦循
（1763～1820）即說：

> 漢世說經諸家各有體例，如董仲舒之《春秋繁露》，韓嬰之《詩外傳》，
> 京房之《易傳》，自抒所見，不依章句。伏生《書傳》，雖分篇附著
> 矣，而不必順文理解；然其書殘缺，不睹其全。《毛詩傳》全在矣，
> 訓釋簡嚴，言不盡意；鄭氏箋之，則後世疏義之濫觴矣。鄭於三禮，
> 詳說之矣，乃《周禮》本杜子春、鄭司農而討論，則又後人集解之
> 先聲也。何休公羊學專以明例，故文辭廣博，不必爲本句而發。蓋
> 經各有義，注各有體。趙氏於《孟子》，既分其章，又依句敷衍而發
> 明之，所謂章句也。〔註58〕

僅「經解」之名就有「傳」、「章句」、「外傳」、「集解」等等不同的差別，在
內容的安排上亦有「依句敷衍而發明之」、「不必順文理解」等等不同的區別。
之所以會有這些種種不同形態的經解，最主要的原因是每一本經書的體裁內
容不同，所以不同的經書便會發展出各具特色的經解。也是因爲這些經解的
重點各自不同，所以產生了百家爭鳴的情況。就《春秋》而言，在漢初時的
「經解」至少有五家，班固（32～92）說：

> 《春秋》所貶損大人當世君臣，有威權勢力，其事實皆形於傳，是
> 以隱其書而不宣，所以免時難也。及末世口說流行，故有公羊、穀
> 梁、鄒、夾之傳。四家之中，公羊、穀梁立於學官，鄒氏無師，夾
> 氏未有書。〔註59〕

因孔子傳《春秋》時有所忌諱，所以關於《春秋》的說解至少在初期形成了
一個特殊的傳統：口說，公羊、穀梁、鄒氏及夾氏四傳均爲不立文字的口說。
此外還有一家也是號稱爲《春秋》的經解：《左氏春秋》。在這五家的經解中，
《左傳》本即有書，《公羊》與《穀梁》至少在漢初時亦分別成書，〔註60〕而

---

〔註58〕（清）焦循註：《孟子正義》，卷1，頁26～27。

〔註59〕（東漢）班固等著：《漢書》（臺北：洪氏出版社，1975年），卷30，〈藝文志〉，
頁1715。

〔註60〕關於《左傳》、《公羊》及《穀梁》的成書年代，歷來亦頗多不同學派的學者
相互爭論，其間的問題包括：《左傳》是否爲劉歆僞造？《公羊》、《穀梁》之
師承流布及其成書先後等等問題。甚至包括《左傳》是否可視爲《春秋》之
經解。關於這諸多問題的討論詳請參見下文所引諸書。本文重點不在討論三
傳之眞僞究竟爲何，而在於觀察這些討論之方式及其內在的理路。所以對三
傳的實際成書先後並不予以討論。

鄒氏無師，夾氏無書，故久而久之便失傳了。鄒、夾二氏之傳《春秋》現已不知其內容爲何，但《公羊》、《穀梁》及《左傳》則是理解《春秋》最重要的憑藉。這三本經解之所以成爲閱讀《春秋》的重要輔助，最主要的原因在於三傳都強調其內容來源均本自《春秋》的作者：孔子。也就是說三傳都自稱其能掌握住孔子著《春秋》時眞正的意圖。

在漢武帝時立五經博士，此時《公羊》就被立在學官，所以三傳中最早獲得官方權威認可的也是《公羊》。現存最早對《公羊》來源提出非常詳細說法的是戴宏，他說：

> 子夏傳與公羊高，公羊高傳與其子平，平傳與其子地，地傳與其子敢，敢傳與其子壽。至漢景帝時，壽乃共弟子齊人胡母子都著於竹帛。〔註61〕

根據公羊家的說法，《公羊》傳是由子夏所傳授，之後傳給公羊高、公羊平、公羊地與公羊敢等人，最後由漢景帝時之公羊壽將之著於竹帛，所以《公羊》之成書雖晚，但在內容上卻是直承孔子親傳，《公羊》的內容最初的來源是孔子。〔註62〕

至於《穀梁》被立爲學官的時間較晚，直至漢宣帝時方才得立。穀梁家對於自身的來源也有一套說法，楊士勛說：

> 穀梁子名俶，字元始，魯人，一名赤，受經于子夏，爲經作傳，故曰《穀梁傳》。傳孫卿，孫卿傳魯人申公，申公傳博士江翁。其後魯人榮廣大善《穀梁》，又傳蔡千秋。〔註63〕

依這個說法，《穀梁》與《公羊》來自同一來源：子夏。但是其後將之著於竹帛的人則爲穀梁赤。對比《公羊》家之說，關於《穀梁》傳承的記載相當簡

---

〔註61〕（漢）何休解詁，（唐）徐彥疏：《春秋公羊傳注疏》（臺北：藝文印書館影印清仁宗嘉慶二十年江西南昌府學刊《十三經注疏》本，1985年），卷1，〈序〉，頁3。

〔註62〕《公羊》與孔子的關係，有些公羊家認爲是由子夏傳下（但親聞於孔子），有些則認爲根本爲孔子自己所作。如蔣慶即言：「《公羊傳》必爲孔子所作。孔子自作《傳》以解釋《春秋》之經，《公羊傳》當是孔子自傳。」見是氏著：《公羊學引論》（遼寧：遼寧教育出版社，1995年），頁65。其實細究起來，這兩者亦無甚分別，因爲不論子夏所傳或孔子自傳，因內容均不著竹帛，所以就來源而言均源自孔子。

〔註63〕（晉）范寧集解，（唐）楊士勛疏：《春秋穀梁傳注疏》（臺北：藝文印書館影印清仁宗嘉慶二十年江西南昌府學刊《十三經注疏》本，1985年），卷1，〈春秋穀梁傳序〉，頁3。

略，尤其楊士勛的說法似有許多脫漏，今人周何則對於《穀梁》的流傳有較詳細的論述。〔註64〕其中論及《穀梁》由子夏傳至穀梁俶中間至少經過曾申，轉授穀梁俶後，又經穀梁赤、穀梁寘、穀梁喜而至荀卿。若其說可信，則《穀梁》之成書是三傳之中反而是最早的。〔註65〕

至於最晚立於學官的《左傳》，更是將其作者指向孔子師友之間的左丘明，司馬遷說：

> 孔子……西觀周室，論史記舊聞，興於魯，而次春秋：上記隱，下至哀之獲麟；約其辭文，去其煩重，以制義法，王道備，人事浹。七十子之徒，口受其傳指，爲有所刺譏褒諱挹損之文辭不可以書見也。魯君子左丘明，懼弟子人人異端，各安其意，失其眞，故因孔子史記，具論其語，成《左氏春秋》。〔註66〕

在這段記載中，除了將《左傳》的來源做了清楚說明之外，更提出一個問題：因《春秋》之大義「不可以書見」，而爲孔子口傳。所以在孔子死後不久，孔子弟子們即「人人異端」，各人有各人的說法，而左丘明因親見孔子修《春秋》之情狀與掌握史料，所以寫下了《左傳》一書，希望能將孔子的意思更明確的表現出來。司馬遷這樣的說法，不但爲《左傳》說解《春秋》資格提出來源證明，更將《左傳》的地位提昇到《公羊》與《穀梁》之上。〔註67〕

三傳均自稱源自孔子，但又因三傳之內容不盡相同，說解《春秋》的方式亦有極大差異，所以三傳均無可避免的遇到一個挑戰：三傳之中到底誰的說法正確？誰才是孔子《春秋》經之正確解釋者？關於這個問題，三傳各自的擁護者均提出一個來源上的保證：三傳均自認其說出於孔子。可是若都出於孔子，爲何三傳又有異說呢？於是在漢代，三傳的傳人在維護自身說解《春秋》的權威時，都不約而同的採取一個策略：因《春秋》的價值來源爲孔子，所以一方向要證明自身與孔子的淵源，另一方面則攻擊另外兩傳並非傳自孔

---

〔註64〕周何：《春秋穀梁傳傳授源流考》（臺北：國立編譯館，2002年），頁5～22。

〔註65〕當然也有學者認爲《穀梁》之成書較《公羊》爲晚，如張西堂即持此主張。詳見是氏著：《穀梁眞僞考》（臺北：明文書局，1994年），〈穀梁之晚于公羊〉，頁41～47。

〔註66〕（西漢）司馬遷：《史記》，卷14，〈十二諸侯年表序〉，頁509～510。

〔註67〕關於司馬遷的學術承傳，最明顯的是其師爲董仲舒，若依此而言，他應爲公羊家。但在很多對《春秋》的說解上又採取《左傳》而非《公羊》之說。加上其又偶採《穀梁》之說。可見司馬遷本人並沒有很嚴格的師法。參見陳桐生：《史記與今古經學》（陝西：人民教育出版社，1995年），頁34～36，92～94。

子。如劉歆（？～23）相信而且推崇《左傳》，所以他說：

> 歆以爲左丘明好惡與聖人同，親見夫子，而公羊、穀梁在七十子後，
> 傳聞之與親見之，其詳略不同。〔註68〕

這是從來源上貶低《公羊》、《穀梁》二傳的價值，因爲劉歆認爲《公羊》、《穀梁》之說來源是在孔子七十二賢之後的傳聞，自然就正確性來說比不上親見孔子的《左傳》。退一步來說，就算是《公羊》、《穀梁》自陳的師承爲眞，但其解經之說來自子夏，子夏雖爲孔子弟子，但其亦未必眞能得孔子之意，劉歆即言：「顏淵死，孔子曰：『噫！天喪余。』唯此一人爲能當之，自宰我、子貢、子游、子夏不與焉。」〔註69〕即指明孔子弟子中唯有顏淵一人可傳孔門之學，子夏等人並不完全了解孔子，更不用說是《春秋》中之大義了。東漢初的古文學陳元也說：

> 知丘明至賢，親受孔子，而《公羊》、《穀梁》傳聞於後世，故詔立
> 左氏，博詢可否，示不專己，盡之群下也。今論者沈溺所習，翫守
> 舊聞，固執虛言傳受之辭，以非親見實事之道。〔註70〕

主張《左傳》是親受於孔子的左丘明所撰，至於《公羊》、《穀梁》只是透過口說傳聞而來，所以就可信度而言自然不及《左傳》。劉知幾也說

> 如《穀梁》、《公羊》者，生於異國，長自後來，語地則與魯產相違，
> 論時則與宣尼不接。安得以傳聞之說，與親見者爭先者乎？〔註71〕

相信《左傳》的學者往往批評《公羊》、《穀梁》學者不能虛心接受傳自與孔子最接近並最能了解其意的左丘明，反而拒絕並攻擊《左傳》之說，眞是抱殘守缺之舉。由以上諸論，都可明顯的看出都是用其說與孔子的接近程度來說明自身解經的權威性。

相對的，《公羊》、《穀梁》二家，除了各自提出自己的傳承來源外，他們也以同樣的方式攻擊《左傳》，認爲《左傳》的來源並非出於孔子：

> 時尚書令韓歆上疏，欲爲《費氏易》、《左氏春秋》立博士，詔下其
> 議。四年正月，朝公卿、大夫、博士，見於雲臺。帝曰：「范博士可
> 前平說。」升起對曰：「《左氏》不祖孔子，而出於丘明，師徒相傳，

---

〔註68〕 （東漢）班固等著：《漢書》，卷36，〈楚元王傳〉，頁1967。
〔註69〕 （東漢）班固等著：《漢書》，卷56，〈董仲舒傳〉，頁2526。
〔註70〕 （劉宋）范曄等著：《後漢書》（臺北：洪氏出版社，1978年），卷36，〈鄭范陳賈張列傳〉，頁1230。
〔註71〕 （唐）劉知幾著，（清）浦起龍釋：《史通通釋》，卷14，〈申左〉，頁418～419。

又無其人,且非先帝所存,無因得立。」遂與韓歆及太中大夫許淑
等互相辯難,日中乃罷。升退而奏曰:「臣聞主不稽古,無以承天;
臣不述舊,無以奉君……今《費》、《左》二學,無有本師,而多反
異,先帝前世,有疑於此,故《京氏》雖立,輒復見廢。〔註72〕

雖然支持《左傳》解《春秋》的人認為左氏親受於孔子,但范升等人卻認為
此說並不可信。因為左丘明與孔子的關係並不可信,〔註73〕再加上《左傳》
本身的承傳亦不明確,所以《左傳》詮解《春秋》的資格是深深被懷疑的。
如蒙文通即指出:「今文家如范升之倫……他們自恃的便是『五經之本,自孔
子始』一句話,他們的經是師師相承、自孔子傳來的,古文家的經是沒有師
承的。」〔註74〕《左傳》的師承既然被質疑,連帶的其說亦變得無法取信於
人。

　　《春秋》經來自孔子,且因《春秋》的內容極其敏感,孔子並沒有將「大
義」明白書寫出來,所以必須透過「傳」才能正確的理解《春秋》的內容,
這是三傳共說。在這樣的前提下,三傳莫不強調自身源自孔子,也攻擊其他
二傳來源不清,這是三傳在爭取擁有對《春秋》解釋權所採取的第一種方式。

　　究實而論,若三傳中任何一傳能清楚的證明其詮解《春秋》的內容是直
接傳自孔子,那麼《春秋》經所含具的「大義」自然無須透過其他方式加以
詮解。因為那就即是孔子為了避禍或其他原因而隱藏起來的意旨,有了清楚
而明確的表達,這在解經上自然最具有權威性。但衡諸歷史事實,這種強調
自身說法來源的方式,並沒有讓三傳中任何一家取得決定性的優勢,三傳的
傳人彼此不斷在強調自己的說法是有嚴格「師法」的同時,〔註75〕一方面又
極力批評他說來源不可信。於是三傳各自的支持者除了在來源上的說明外,

〔註72〕（劉宋）范曄等著:《後漢書》,卷36,〈鄭范陳賈張列傳〉,頁1228。
〔註73〕例如有些學者認為《左傳》之作者不是丘左明,因《左傳》中有魯悼公的謚
　　　　號。又《論語》中是有提及左丘明一人,但左丘明卻不可能活這麼久來寫成
　　　　《左傳》一書。相反的,也有學者認為《左傳》的作者為左丘明,而且即為
　　　　《論語》中所提及的左丘明。關於此爭論請參見章太炎《國學略說》頁96~
　　　　98;楊伯峻《春秋左傳注》頁31~36;張以仁《春秋史論集》頁83~97。但
　　　　在東漢時縱使攻擊《左傳》的儒者,亦不曾正式提出此類問題。
〔註74〕蒙文通:《經史抉原》,收入《蒙文通文集》卷三（成都:巴蜀書社,1995年）,
　　　　頁14。
〔註75〕漢代經學家一般對師說的「師法」是當相重視的,若不能奉師法,往往會受
　　　　到嚴厲的制裁。參見林慶彰〈兩漢章句之學重探〉,收入林慶彰編:《中國經
　　　　學史論文選集》（臺北:文史哲出版社,1992年）,頁286~288。

又必須分別使用第二種方式來說明自身詮解《春秋》的合理性，那就是在經文內部尋求支持己說的證據。

在前文的敘述中我們看到，《公羊》、《穀梁》二傳都自認其說源自於子夏，所以他們批評的對象不約而同的均指向《左傳》，這當然有其歷史的淵源，〔註76〕而且純就三傳解經的方式來看，無疑是《公羊》、《穀梁》兩傳相近，《左傳》則與《公羊》、《穀梁》有明顯的不同。

《公羊》、《穀梁》在詮解《春秋》時，基本上是依著《春秋》的經文，逐字逐句的解釋，可是這種逐字逐句的解釋又非傳統所謂的「詁訓」，〔註77〕如《公羊》對《春秋》第一筆的記載「元年春，王正月」的解釋為：

> 元年者何？君之始年也。春者何？歲之始也。王者孰謂？謂文王也。曷為先言王而後言正月？王正月也。何言乎王正月？大一統也。公何以不言即位？成公意也。何成乎公之意？公將平國而反之桓。曷為反之桓？桓幼而貴，隱長而卑，其為尊卑也微，國人莫知，隱長又賢，諸大夫扳隱而立之，隱於是焉而辭立，則未知桓之將必得立也。且如桓立，則恐諸大夫之不能相幼君也。故凡隱之立，為桓立也。隱長又賢，何以不宜立？立適以長不以賢，立子以貴不以長。桓何以貴？母貴也，母貴則子何以貴？子以母貴，母以子貴。〔註78〕

本來將「元」釋為「始年」、「春」釋為「歲之始」、「王」指「文王」是解釋字詞的意義，可是《公羊》解釋《春秋》顯然並不止於此，它還說明了《春秋》之所以要以「王正月」書寫，主要在表達「大一統」之意。而這「大一統」之意若非透過《公羊》的說解，光從字面上是很難看出來的。此外，此年為魯隱公即位之第一年，但是《春秋》卻沒有將之記入書中，《公羊》亦認為這是孔子之意。因為雖然隱公較諸桓公既賢且長，但在周朝的宗法制度下，

---

〔註76〕 就一般經學史的說法，《公羊》、《穀梁》是屬於今文經，而《左傳》是屬於古文經；但有些學者認為在今文經中，又有齊學與魯學的差異，《穀梁》為魯學，《公羊》為齊學。請參見王葆玹《西漢經學源流》（臺北：東大圖書公司），1994年，頁42～46，54～57。

〔註77〕 孔穎達說：「詁訓者，通古字之異辭，辨物之形貌，則解釋之義盡歸於此。」見（漢）鄭氏箋，（唐）孔穎達疏：《毛詩正義》（臺北：藝文印書館影印清仁宗嘉慶二十年江西南昌府學刊《十三經注疏》本，1985年），卷1，頁1。簡而言之，詁訓最原始的功能在於古今異辭的說解，使得今人在閱讀古書時不會因言語的不同而產生理解上的障礙。

〔註78〕 （漢）何休解詁，（唐）徐彥疏：《春秋公羊傳注疏》，卷1，頁5～12。

桓公之母為正室，所以桓公當立。但隱公擔心桓公年幼，群臣不服，所以暫先為君以待桓公。《春秋》之所以沒有書寫「王即位」即是成全隱公本不想即位之志。《公羊》這樣詮解《春秋》已不是在做基本的解釋經典字辭之意，而是將經典內部隱含及所未言的意思闡發出來。而《公羊》之所以能夠看出這樣的意思，主要因為兩點：第一、其說來自師承，這是公羊家口傳之義，也就是由孔子親傳子夏而來。第二、是將元年不書即位放在《春秋》全書上來看，因《春秋》記載魯十二公，其中有八公書寫即位，隱公卻沒有記載即位，公羊家於是在這沒有記載中看出了《春秋》在此應該有非常之義，〔註79〕所以才會有如此的說法。這種詮解的方式，用傳統的話來說即是說出了《春秋》的「微言大義」。與《公羊》相類的《穀梁》則是如此說解這段經文：

> 元年春，王正月。雖無事，必舉正月，謹始也。公何以不言即位？成公志也。焉成之？言君之不取為公也。君之不取為公何也？將以讓桓也。讓桓正乎？曰不正。《春秋》成人之美，不成人之惡。隱不正而成之，何也？將以惡桓也。其惡桓何也？隱將讓而桓弒之，則桓惡矣。桓弒而隱讓，則隱善矣。善則其不正焉何也？《春秋》貴義而不貴惠，信道而不信邪。孝子揚父之美，不揚父之惡。先君之欲與桓，非正也，邪也。雖然，既勝其邪心以與隱矣，已探先君之邪志而遂以與桓，則是成父之惡也。兄弟，天倫也。為子受之父，為諸侯受之君，已廢天倫而忘君父以行小惠，曰小道也。若隱者可謂輕千乘之國，蹈道則未也。〔註80〕

《穀梁》並未對「元年春，王正月」做出字辭上的說解，但是卻提到《春秋》正月雖然無事可記，但亦必須寫下「正月」，因為這是一年的開始。這樣的說解是在說明《春秋》一書的體例。但之後亦如《公羊》說解《春秋》的方式，解釋為何隱公不書即位，其主要在於「成公志」。但《穀梁》的說法與《公羊》不同，《穀梁》認為這個「成」並不如《公羊》有讚美褒揚之意，反而說隱公是因小惠而忘大道，雖然遵行了隱公之父惠公的遺願，但這反而將其父之惡

〔註79〕　依《公羊傳》，十二公中隱、莊、閔、僖四公不書即位，除隱公如文所述外，莊、閔、僖三公均是「繼弒君」所以「子不言即位」。《公羊》認為繼弒君不言即位，是因繼位的兒子悲痛，所以不忍言即位，這是合乎正道的。

〔註80〕　（晉）范寧集解，（唐）楊士勛疏：《春秋穀梁傳注疏》（臺北：藝文印書館影印清仁宗嘉慶二十年江西南昌府學刊《十三經注疏》本，1985 年），卷1，頁2～3。

彰顯出來並置國家於不顧。在此《穀梁》傳達並認為孔子並不贊成這樣的行為的意思，所以用不書即位來表示貶抑之義。〔註81〕

就隱公元年這個例子來看，《公羊》《穀梁》對《春秋》的解釋，至少有四個特點：第一、兩傳都非常重視《春秋》的每個字句，也認為在《春秋》的這些字句中會傳達出一些字面所沒有的意義。第二、兩傳在對《春秋》做詮解時不但會逐字逐句做解釋，而且還會透過同類事件前後的對比，將之放在一起比較，並從中發現一些特殊的意義。第三、《公羊》《穀梁》認為《春秋》在記載事的同時亦寓褒貶於其中，而傳的功能在於將這隱含的褒貶之義表達出來。第四、雖然二傳均認為《春秋》在此文中有義，但是顯然《公羊》與《穀梁》所認定的「義」不同，所以才產生一褒一貶相反的說法。

至於《左傳》對這段經文的解釋則很簡短，僅說：

> 元年春，王周正月。不書即位，攝也。〔註82〕

這解釋了兩件事：第一、《春秋》的紀年是用周正，所以特別說是「王周正月」。第二、認為隱公之所以不書即位是因為隱公之意在於攝位，至於隱公為何攝政而不即位，《左傳》對於隱公與桓公的身世有一清楚的說明：

> 惠公元妃孟子。孟子卒，繼室以聲子、生隱公。宋武公生仲子，仲子生而有文在其手，曰為魯夫人，故仲子歸于我，生桓公而惠公薨，是以隱公立而奉之。〔註83〕

惠公的元配為孟子，但孟子死後即以隱公之母聲子為繼室，但因聲子之出身不高，〔註84〕所以並沒有將之立為正室夫人。後來惠公娶了宋武公之女仲子，仲子生桓公。因為當惠公死時桓公年紀尚幼，所以並沒有直接立桓公為魯君，反而是立了隱公。隱公於是並沒有正式行即位典禮，而僅攝政而已。若我們將《左傳》這段的說解與《公羊》、《穀梁》相互對比，可以發現兩個特點：一、《左傳》

---

〔註81〕 依《穀梁傳》，十二公中隱、莊、閔、僖、四公不書即位，除隱公外，其他三公則是因為「繼弒君」所以不書即位，《穀梁》認為這才是《春秋》正確的意思。

〔註82〕 （周）左丘明傳，（晉）杜預注，（唐）孔穎達疏：《春秋左傳注疏》（臺北：藝文印書館影印清仁宗嘉慶二十年江西南昌府學刊《十三經注疏》本，1985年），卷2，頁13。

〔註83〕 （周）左丘明傳，（晉）杜預注，（唐）孔穎達疏：《春秋左傳注疏》，卷2，頁2～4。

〔註84〕 楊伯峻說：「《魯世家》謂聲子為賤妾，或有所據。」見《春秋左傳注》（北京：中華書局，1990年），頁3。

對事件的來龍去脈的交待,遠較《公羊》、《穀梁》二傳更爲清楚詳細。二、《左傳》雖對「不書即位」做出「攝」的解釋,並且說明隱公之所以攝的緣由,但是我們從《左傳》這段記錄中似乎看不太出來到底孔子對隱公是褒還是貶,而《左傳》對《春秋》不書即位也沒有一個統一的說法。〔註85〕而這兩種不同的解經方式也就是一般認爲《公羊》《穀梁》二傳與《左傳》在解經方式上最大的區別。

　　但這不是說《公羊》《穀梁》就都沒有敘事的部分,而《左傳》也都沒有直接詮解經義的文字。根據趙生群的統計,《公羊》在解經時有五十餘條比較具體的敘述事件的始末,而《穀梁》則僅只有三十餘條。相對的,《左傳》解經之文有一千三百餘條,其中絕大部分是透過補充事實來理解《春秋》。〔註86〕《左傳》也不僅只有「以事解經」,其亦有「以義解經」的部分,如張素卿即說《左傳》中有「論說經義」的解經方式,其中分爲「書法義例」與「評論」兩大類,其下又「凡例」、「書法諸稱」、「禮也」、「非禮也」、「仲尼曰」、「君子曰」等等細目。〔註87〕總而言之,雖然在三傳中兩種解經方式都同時存在,但並不表示沒有主從之分。《公羊》《穀梁》二家就較多以「以義解經」,而《左傳》則較多「以事解經」。但不論是「以事解經」抑或是「以義解經」,這兩種解經的方式都有各自的效力及限度,而且它們對另一方的攻擊亦常不是同一層次的問題。以下筆者將分別就這兩種解經方式加以討論。

## 第五節　三傳「以事解經」方法的內容與檢討

　　在許多學者的眼中,「以事解經」是詮解《春秋》的必要方法,其主要的原因即在於《春秋》中所記之事極爲簡略,若不能明悉事情的前後因果,則勢必不能理解孔子隱藏於《春秋》中的「大義」。如桓譚說:

　　《左氏傳》遭戰國寢廢,後百餘年,魯穀梁赤爲《春秋》,殘略多遺

---

〔註85〕《左傳》對《春秋》不書即位的隱、莊、閔與僖四公亦分別做出說明,除隱公外,莊公是因「文姜出故也」,閔公是因「亂故也」,僖公則是因「公出故也」。但在其中並沒有說明是褒是貶。

〔註86〕趙生群之說詳請參見《春秋經傳研究》,頁272～273。

〔註87〕張素卿之說詳請參見《敘事與解釋——《左傳》經解研究》,頁51～66。此外徐復觀先生也將《左傳》的解經方式分爲兩類:「以義傳經」與「以史傳經」。其中與張素卿的分法又有些細部的差別。詳請參見《兩漢思想史・卷三》,頁270～271。

失。又有齊人公羊高，緣經文作傳，彌離其本事矣。《左氏傳》于《經》，
猶衣之表裏，相待而成。《經》而無《傳》，使聖人閉門思之，十年
不能知也。〔註88〕

這一方面是說《春秋》中之「大義」，必須透過「事」才能得到適切的詮解，
若不了解事情之緣由，則任何人均不可能知悉《春秋》之義。另一方面則強
調《左傳》的特點即爲記事詳實，所以《春秋》必須依《左傳》才能得致適
當的理解。如果沒有了《左傳》對這些事件的記錄，就算是聖人閉門靜思，
也絕不可能得知眞相而有適當的評價。在這種標準下，因《公羊》《穀梁》後
出，對於《春秋》中所記之事了解不多，所以自然對理解《春秋》大義也助
益不大。相反的，《左傳》記事翔盡，所以強調「以事解經」的學者，也自然
支持《左傳》的解經地位。用「以事解經」詮解《春秋》的方法，在支持《左
傳》的學者群中不斷被深化及精緻化，如張素卿即言：

　　《春秋》之「義」見於「事」，而「事」載於「文」。所以章學誠說：
　　「其義寓於其事、其文」（《章學誠遺書》，頁 9），指出《春秋》之
　　「文」與「事」乃所以共同表達其「義」。至於「事」，則是載述於
　　「文」，誠如陳澧所言：「孟子之說春秋，一曰其事，二曰其文；文
　　者，所以說事也」（《東塾讀書記》卷10頁 3 上），鍾文烝也說：「其
　　文則但爲記事之文也」（《穀梁補注》卷首頁 2 上）。綜言之，《春秋》
　　之「文」、「事」、「義」三者的關係是：「文」指載述的文詞，「事」
　　指載述於「文」的內容；至於「義」，則是經文記事的指歸，是《春
　　秋》的深層內涵。〔註89〕

在這段說解中，不但援引《孟子》認爲《春秋》是：「其事則齊桓晉文，其文
則史。孔子曰：其義則丘竊取之矣！」並進一步引述章學誠、陳澧、鍾文烝
等學者說法，來說明《左傳》以敘事爲主的解經方式是探知《春秋》深層內
涵之義的必要途徑。在這樣脈絡下，《左傳》解經的有效度與地位自然遠超過
《公羊》、《穀梁》二傳，所以張素卿說：

　　既然詮說《春秋》以闡明其「事」爲基本要務，則敘事誠爲解經釋
　　義的基礎。學者傳習《春秋》，其所以「必自左氏始」、「必以是書爲

---

〔註88〕　（清）嚴可均校輯：《全上古三代秦漢三國六朝文》（京都：中文出版社，1972
　　　　　年），頁 546～1。
〔註89〕　張素卿：《敘事與解釋——《左傳》經解研究》，頁 42。

根柢」，正緣於《左傳》之「論本事而作傳」。……敘事以解經，這
不僅比《公羊》、《穀梁》二傳更信實有據，更切應《春秋》「見之於
行事」的特質，並具有「深切著明」的積極意義。〔註90〕

認為詮解《春秋》必須要以「事」為基礎，就這種解經方式來說，《左傳》無
疑較諸《公羊》、《穀梁》二傳內容豐富太多，所以強調事明而後方能解經的
學者亦通常是《左傳》的支持者。

　　事實上，若進一步檢視「以事解經」的這種方法，我們發現對這種以史
實的理解做主要解經途徑者，其最有說服力的情況往往不在於正面詮解出《春
秋》之大義，而是在批駁對方對經典所做出的某種特定的詮解。也就是說強調
正確敘事與理解經義兩者息息相關的人相信：若對事件本身的了解不正
確，基於這不正確事實所下的判斷當然是無法令人信服的。如僖公十七年夏，
《春秋》經的內容是：「滅項。」對此《公羊》的詮解是：

孰滅之？齊滅之。曷爲不言齊滅之？爲桓公諱也。《春秋》爲賢者諱。
此滅人之國，何賢爾？君子之惡惡也疾始，善善也樂終。桓公嘗有
繼絕存亡之功，故君子爲之諱也。〔註91〕

《穀梁》則是：

孰滅之？桓公也。何以不言桓公也？爲賢者諱也。項，國也，不可
滅而滅之乎？桓公知項之可滅也，而不知己之不可以滅也。既滅人
之國矣，何賢乎？君子惡惡疾其始，善善樂其終。桓公嘗有存亡繼
絕之功，故君子爲之諱也。〔註92〕

《公羊》《穀梁》二傳對《春秋》「滅項」的經文都做出了這是爲齊桓公隱諱的
同樣說解。二傳之所以如此說解是基於兩個判斷：滅項的是齊桓公，以及齊桓
公是有著「繼絕存亡」之功的賢者。所以《春秋》雖然認爲齊滅項不妥，但在
要爲賢者諱的情況下，故不記滅項之國爲齊國。《公羊》《穀梁》認爲這是《春
秋》經中所隱含之義。但是《春秋》真有此意嗎？《左傳》對此則有不同的說
法：「淮之會，公有諸侯之事未歸而取項。齊人以爲討，而止公。」〔註93〕依《左
傳》之說，滅項的並不是齊桓公而是魯僖公，而且魯僖公滅項之後還引起齊桓

〔註90〕張素卿：《敘事與解釋——《左傳》經解研究》，頁108。
〔註91〕（漢）何休解詁，（唐）徐彥疏：《春秋公羊傳注疏》，卷11，頁15。
〔註92〕（晉）范寧集解，（唐）楊士勛疏：《春秋穀梁傳注疏》卷8，頁15～16。
〔註93〕（周）左丘明傳，（晉）杜預注，（唐）孔穎達疏：《春秋左傳注疏》，卷14，
　　　　頁18。

公的不滿，所以拘執了魯僖公。若《左傳》所記為信史，〔註94〕那麼《公羊》《穀梁》二傳之說則自然全無著落。這是強調以史解經者常會使用的策略：用史實之真假做為詮經適切與否的必要基礎條件。認為沒有了史實的基礎，則一切對經的說解即不可信。這在做為否定《公羊》《穀梁》對經義的解釋上面，通常是很有說服力的。又如，隱公元年《春秋》經載「夏五月，鄭伯克段于鄢。」《公羊》對「克」字的理解是

> 克之者何？殺之也。殺之則曷為謂之克？大鄭伯之惡也。曷為大鄭
> 伯之惡？母欲立之，已殺之，如勿與而已矣。〔註95〕

《穀梁》之說解則為：

> 克者何？能也。何能也？能殺也。何以不言殺？見段之有徒眾
> 也。……何甚乎鄭伯？甚鄭伯之處心積慮成於殺也。於鄢，遠也。
> 猶曰取之其母之懷中而殺之云爾，甚之也。然則為鄭伯者宜奈何？
> 緩追逸賊，親親之道也。〔註96〕

《公羊》《穀梁》兩家均認為《春秋》用「克」字的意義在於責備鄭莊公殺了段，而責備的基礎則在於段真的被莊公殺了，所以《穀梁》才會說鄭莊公打敗段之後，對段的正確方式應該是「緩追逸賊」，而非趕盡殺絕。但是在《左傳》記述此事時卻沒有提到段在共地被鄭莊公所殺，甚至在隱公十一年時明載著鄭莊公對許國大夫百里說：「寡人有弟，不能和協，而使糊其口於四方。」〔註97〕若《左傳》之記為真，則《公羊》《穀梁》二家所對《春秋》經所謂「克」之種種說解均成為空言，因為段並沒有為鄭莊公所殺。強調正確敘事對解經而言實為必要的學者，常常用此以說明「以事解經」的重要與真確，也認為《左傳》解經優於其他兩傳的特點亦在於此。

強調「以事解經」的學者常常認為「事」是「義」的基礎，所以明白了《春秋》之「事」，自然能了解《春秋》之義。但在許多情況裡，接受了「明事是詮解《春秋》的基礎」這種說法，與明事由之後《春秋》的「義」可否真正被破讀出來可能是兩回事，這在不同的情況中可能有不同的結果。有些歷史情境，只要我們了解事情的前後因果，或許很容易做出適當的判斷；相反的，若不明

---

〔註94〕 楊伯峻說：「《左傳》敘此事首尾完具，當為信史。」見《春秋左傳注》，頁371。
〔註95〕 （漢）何休解詁，（唐）徐彥疏：《春秋公羊傳注疏》，卷1，頁15。
〔註96〕 （晉）范寧集解，（唐）楊士勛疏：《春秋穀梁傳注疏》卷1，頁4～5。
〔註97〕 （周）左丘明傳，（晉）杜預注，（唐）孔穎達疏：《春秋左傳注疏》，卷4，頁22。

事由，則無法明瞭其中蘊含之義。如《春秋》經桓公二年記「九月，入杞。」《公羊》於此條無傳。所以無從了解其事由，亦無法判斷其中《春秋》到底要傳達出何義。《穀梁》則說：「我入之也。」魯國入侵杞國，但爲何魯國要入侵杞呢？《穀梁》在此並沒有交待，所以也很難從中看出什麼大義。最多可再依於隱公二年《穀梁》對《春秋》「夏，五月，莒人入向。」的解釋：「入者，內弗受也。……苟焉以入人爲志者，人亦入之矣。」〔註98〕來看，勉強說《穀梁》認爲魯侵入杞國，杞國人民並不接受，而且魯國這樣的入侵行爲最終也會受到相同的對待。相對的，《左傳》對此的記載則是：「秋七月，杞侯來朝，不敬，杞侯歸，乃謀伐之。」與「九月，入杞，討不敬也。」〔註99〕杞侯在七月時到達魯國，因對桓公不敬，所以在九月的時候魯國興兵入杞。在這樣的說解中，我們似乎可以讀到杞國國君有些自取其禍的味道，而這也正是用「以事解經」的方法來詮解出《春秋》中所含之義。

　　但是強調「以事解經」這種方法亦會遇到一些質疑，其最主要的問題來自於兩方面：

　　第一、在主張「以事解經」的學者眼中，對「事」的理解是理解「經義」的基礎，所以不斷強調對前後事由的理解在解經上的重要性。但是問題亦往往發生在此，說事是解經的「基礎」的同時，並不代表對前後事由的理解即可充份的理解經義。在更多的時候，理解的事件本身未必對於「春秋大義」的判斷有足夠的支持，如前文所舉隱公元年「不書即位」的例子來看，由《左傳》的記載中很清楚的看到隱公之所以不即位的原因是因其出身不高加上其弟年幼，所以想先行攝政，等桓公年長之後再行歸政於桓公。所以《左傳》記載在隱公二年十月時改葬惠公及衛侯前來參加喪禮，隱公都沒有公開出席，這都可能透顯出隱公眞正並不想繼任王位的心意，所以並沒有出席這些典禮。但是明白了隱公的出身、心意之後，就能眞正理解《春秋》中所含的大義嗎？其中顯然還有一些距離，因就算《左傳》所記全部爲眞，但《公羊》與《穀梁》所提出來的問題依然存在：魯隱公這種做法到底正不正確？合不合適？《公羊》、《穀梁》的立場是不同的，《公羊》與《穀梁》同時認爲隱公就個人行爲來說是很難得而且是值得贊許，但《穀梁》又更從隱公做法的結果來看，認爲這個做法實是傷

---

〔註98〕　（晉）范寧集解，（唐）楊士勛疏：《春秋穀梁傳注疏》卷1，頁9。

〔註99〕　（周）左丘明傳，（晉）杜預注，（唐）孔穎達疏：《春秋左傳注疏》，卷5，頁16～17。

害了魯國以至於惠公之名聲，所以說隱公未「蹈道」。簡單的說，就是認爲隱公是個好人卻不是個好君主。《公羊》《穀梁》兩說的衝突在《左傳》的敘事中可以獲得解答嗎？三傳對隱公欲讓君位給桓公一事，在敘述上雖有簡詳之別，但基本上並無太大差異。雖然《左傳》讓我們知道隱公的身世與行爲，但由這些敘事並無法推知孔子對此事的看法爲何。顯然，解讀《春秋》除了敘事中之外，還有需要更多其他的東西。若《春秋》是對當時之人事有所褒貶，那麼這褒貶的標準是什麼？這並不能單純從前後的事由中得知。否則孔子只要詳錄當時之事即可，又何必親自刪削魯史以成《春秋》？就以三傳中最強調「以事解經」的《左傳》來看，其在詮解《春秋》「鄭伯克段於鄢」時，除了詳述鄭莊公與其弟、其母之前後事由外，尚且有「段不弟，故不言弟；如二君，故曰克；稱鄭伯，譏失教也。」等等用以說明《春秋》以褒貶之意的文詞，這即是說僅有史實並不能完全表述出《春秋》大義。當然也有學者認爲在《左傳》在敘事中即具有解釋評價的意思，如張高評先生說：

> 歷史敘事與歷史解釋，爲歷史兩大要素。一個最高的敘事與解釋的藝術，是冶兩者於一爐。《左傳》的敘事藝術，信有此妙。尤其是『直書其事，具文見意』的敘事方式，『事皆不謬，言必近眞』，於是美惡成敗，如實呈現。〔註100〕

主張在敘事中可以窺見敘事者的評價與看法。對於任何敘述者均有其自有的敘事與解釋角度，本是可以理解與接受的說法，但問題在於就閱讀者而言，閱讀者可否透過閱讀事件敘述本身，即能準確無誤的完全理解敘述者的所欲表達的意思，這卻不無疑問。以「鄭伯克段於鄢」之事爲例，《左傳》對此事之前後敘述詳密，但是由閱讀《左傳》而產生的褒貶評價卻是有很大的差距，或直承《左傳》之說，言段「不弟」；或批評鄭莊公殘忍陰賊，或說「姜氏偏愛釀禍」。這些不同面向的論斷，從優點來說即是詳述事由的確會讓讀者對於史事意義詮釋「有了更豐富的意涵」。〔註101〕但問題亦恰恰在這此，以敘事爲主的解經方式，就算有「君子曰」或作者現身於書中對事件予以評說，尚且會使日後讀者中產生不少異說，更何況僅是純粹的敘事？其對後世讀者而

---

〔註100〕張高評：〈左傳據事直書與以史傳經〉收入是氏所著《春秋書法與左傳學史》（臺北：五南圖書出版公司，2002 年），頁 21。

〔註101〕蔡妙眞：〈變焦鏡頭——《左傳》價值辯證手法〉，《興大中文學報》21（2007 年 6 月），頁 230～234。

言，是否能眞確掌握多少解經者或孔子欲表達之意，實是有許多爭論的空間。

　　事實上，在《春秋》的解釋史上，少有人認爲可以完全脫離事由的理解而理解《春秋》大義。就算不以記事見長的《公羊》學派，其亦有「借事明義」解經方法。而《公羊》家的「借事明義」基本有兩種方式，其中一種即是「歷史上眞實存在的事，而明所之『義』，只是將所借『事』中具含的意義，特別加以強調凸顯而已。」〔註102〕所以，對於「以事解經」的爭論點其實並不在於爭論敘事對於解經而言是否需要？因爲這是雙方都肯定的。其爭論的焦點實應在於：可否僅憑對事件前後因由的理解即能眞確的理解《春秋》大義？就這個問題而言，《左傳》亦不單純認爲僅憑對事由的理解即能了解《春秋》大義，否則《左傳》中也不應該出現那麼多「仲尼曰」、「君子曰」及如「禮也」、「非禮也」的評述。這些評述之所以會大量出現在《左傳》中，亦即代表著「以事解經」並非能完全詮解出《春秋》大義。〔註103〕

　　「以事解經」方法的第二個問題在於詮解《春秋》者大都同意，孔子是以魯國二百四十二年之事來表達自己的想法，於是《春秋》所記之「事」與「義」中間有了關聯。但批評「以事解經」的學者認爲《春秋》固然是「借事明義」，但是《春秋》所借之「事」未必是歷史實際存在之事，而是透過事做一個引子，孔子得以從中發揮其義。皮錫瑞說：

　　　　孔子知道不行而作《春秋》，……故不得不借當時之事，以明褒貶之
　　　　義。即褒貶之義，以爲後來之法。如魯隱非眞能讓國也，而《春秋》
　　　　借魯隱之事，以明讓國之義。祭仲非眞能知權也，而《春秋》借祭
　　　　仲之事，以明知權之義。齊襄非眞能復讐也，而《春秋》借齊襄之
　　　　事，以明復讐之義……故其所託之義，與其本事不必盡合。孔子特
　　　　欲借之以明其作《春秋》之義，使後之讀《春秋》者，曉然知其大
　　　　義所存。較之徒託空言未能徵實者，不益深切而著明乎。三傳惟《公
　　　　羊》家能明此旨，昧者乃執《左氏》之事，以駁《公羊》之義。謂

---

〔註102〕見胡楚生：〈試論《春秋公羊傳》中「借事明義」之思維模式與表現方法〉，《中
　　　　興大學文史學報》30（2000年6月），頁13。
〔註103〕《左傳》中的「君子曰」應非如某些學者所謂爲後人所附益添加，而爲《左
　　　　傳》原本所有，可見《左傳》本身即認爲這些是在解經時有所必要的。說見
　　　　鄭良樹〈論《左傳》「君子曰」非後人所附益〉及〈再論《左傳》「君子曰」
　　　　非後人所附益〉兩文，收入是氏著《竹簡帛書論文集》（臺北：學海出版社，
　　　　1993年），頁342～357、358～363。

其所稱祭仲齊襄之類，如何與事不合。不知孔子並非不見國史，其
所特筆褒之者，止是借當時之事，做一樣子，其事之合與不合、備
與不備，本所不計。〔註104〕

皮氏之說重點在於：一、《公羊》亦承認《春秋》「借事明義」的表達方式，
所以「事」對理解《春秋》之義來說是很重要的。二、《公羊》與《左傳》最
大的不同處在於，對《春秋》用「事」的方式在理解上有所不同：《左傳》認
為《春秋》用以明義之「事」為「實事」。但《公羊》家卻認為《春秋》所記
之事未必為「實事」，它可能只是《春秋》借以明義的「虛事」。如《春秋》
莊公四年記「紀侯大去其國」，《公羊》認為這是孔子在嘉許齊襄公能為九世
祖齊哀公復仇。因齊哀公為紀侯所譖，以致於被烹於周。皮氏認為縱使齊襄
公如《左傳》所記為一殘忍好色、做惡多端之君主，其滅紀亦不是想為其九
世祖齊哀公復仇，但這都並不妨礙孔子借齊襄公滅紀之事來表達「復仇」之
義。因《春秋》於所述之事可以是「虛事」，所以認為「以事解經」必須基於
「實事」上的說法並不正確。這就是《公羊》家主張《春秋》「借事明義」的
第二種方式，有些《公羊》學家認為這是《公羊》家的特色，由此亦才能真正
理解孔子《春秋》所要表達之義。〔註105〕其實主張理解《春秋》之義必須
基於正確理解歷史事實的學者，在理論上會遇到一個幾乎不可解的難題：即
孔子著《春秋》時心中所依之史實與《左傳》所記之史實是否完全相同？就
以段是否在鄢地被鄭莊公所殺一事為例，《左傳》學者認為《公羊》《穀梁》
二家義說為非，主要是因為依《左傳》所記莊公並沒有殺掉段，《公羊》《穀
梁》之說的基礎即是不對的。但若深一層的考慮這個問題：也許孔子在修《春
秋》時之所以用「克」字的原因，就是孔子真的認為莊公殺了段。雖然孔子
心目中的史實不合於《左傳》，甚至也與真正的史事不合，但這種情況卻並非
完全不可能及無據可說。如陸淳即說：

《竹書》自是晉史，亦依此文而書，何哉？此最明驗，其中有鄭莊
公殺公子聖（《春秋》作段）、魯桓公紀侯莒子盟于區蛇，如此等數

---

〔註104〕（清）皮錫瑞：《經學通論》，〈春秋〉，頁21～22。
〔註105〕關於《公羊》家對此的說法詳請參見胡楚生〈試論《春秋公羊傳》中「借
事明義」之思維模式與表現方法〉，頁13～24。其對皮錫瑞的說法及所舉之
例子有非常詳密的說明。此外阮芝生對此義亦有發揮。見是氏著：「從公羊
學論春秋的性質」（臺北：臺灣大學歷史研究所碩士論文，1968年），頁127
～133。

事，又與《公羊》同其稱。〔註106〕

由此可見對於莊公是否殺了段，不同史家的記載中是有差異的。方詩銘、王修齡說：「《公羊傳》……以段爲莊公所殺，與《紀年》同，與《左傳》異。」〔註107〕也認爲《左傳》之說未必就爲歷史上眞正發生的事。所以就理論而言，孔子在撰寫《春秋》時，其心中所依「史實」究竟爲何，實難確定。也就是說「眞實的史事」與「孔子心中確信的史事」及「《左傳》所描述的史事」可以是三個並不完全相同的指涉，只有當此三者相同，而且《公羊》《穀梁》二傳所據史事與孔子心中史事不同時，用史事去批駁二傳的解經說法，才能夠擁有強而有力的說服力。但是就現今所存史料而言，要理解當時在歷史上究竟發生何事已相當不易，若要進一步由《春秋》探知「孔子心中確信的史事」究竟爲何，除了相信號稱親自承受於孔子口傳的《左傳》、《公羊》、《穀梁》三傳外，並無其他佐證，這也是在理論上存在著難以跨越的鴻溝。

　　但上述兩種對「以事解經」方法的質疑，並不一定就會否定了《左傳》在解《春秋》經上的地位，其主要基於幾個因素：第一、「解經意圖」與「解經效力」是兩個可以而且應當區分的概念，「以事解經」雖然在「解經效力」上必須面對以上所說的兩個問題，但這並不妨礙《左傳》主要以「以事解經」爲方法，發展出非常強烈想詮解《春秋》的「解經意圖」。也就是說，縱使如皮錫瑞所說《春秋》是經而非史，但是這並不足以判斷《左傳》就沒有解經的意圖。進一步，來說面對《左傳》學者主要以陳述史事來解經的方法，最多僅能質疑其說服力是否足夠，而並不能全然的否定其解經的資格與能力。更何況在《公羊》、《穀梁》中亦有「以事解經」的方式。所以由《左傳》一書的特點在於「傳事」，就直接判定《左傳》原非解經之書，這顯然是推論過快。第二、雖然「以事解經」至少有上文所論的兩個問題，但不論是明白了事由並不代表知道褒貶，抑或是《春秋》所借事之事可能爲「虛事」，總之要對於《春秋》大義有更進一步的釐清，勢必要有「事」做爲對照的基礎。褒貶是經過了解事由後，再經價值系統更進一步做出評價，這固然不必細論。就算《春秋》所述之事爲「虛事」，此「虛事」亦必須有「實事」做爲對比，方才能了解《春秋》中所指的「虛事」究竟爲何？如果沒有《左傳》所記之

---

〔註106〕陸淳：《春秋集傳纂例》，卷1，〈趙氏損益義第五〉。

〔註107〕方詩銘、王修齡：《古本竹書紀年輯證》（臺北：華世出版社，1983年），〈晉紀〉，頁68。

諸多史事做爲對比，只憑《公羊》《穀梁》所記之簡少史事，亦難以全面解讀出《春秋》之義。而且我們也沒有理由相信《春秋》中的事全部都是「虛事」。如劉沅亦不全信《左傳》，但其言：

> 是丘明自以其事可傳而傳之。秦火以後，魯史舊文俱泯，幸此書爲孔門授受私書，後裔珍藏，久而遂顯，後人乃得知夫子筆削之故。
> 〔註108〕

就歷史現實而言，在秦朝之後所遺留的史書記載極少，中又有戰亂等因素，儒者對《春秋》所書記的時代了解不多，而《左傳》所記之史事無疑是豐富而獨一的，這對詮解《春秋》是非常重要的依憑。除非全然的接受《公羊》《穀梁》之說或者另有其他驚人的新史料出現，否則《左傳》所載之事，對詮解《春秋》而言依然擁有不可替代的地位。這也是後來詮解《春秋》者，縱使對《左傳》解《春秋》大義有所不滿，但大體而言，仍必須依賴《左傳》所記之事來說解《春秋》大義的原因。

　　從另一方面來看，《公羊》《穀梁》等學者由於太過強調懷疑敘事解經的有效性，其所產生的問題亦不小。代表《公羊》學家的皮錫瑞說：

> 經史體例所以異者：史是據事直書，不立褒貶，是非自見；經是必借褒貶是非，以定制立法，爲百王不易之常經。《春秋》是經，左氏是史。後人不知經史之分，以左氏之說爲《春秋》，而《春秋》之旨晦，又以杜預之說誣左氏，而《春秋》之旨愈晦。……即曰據事直書，不虛美、不隱惡，則古來良史如司馬遷班固等，亦優爲之，何必孔子？〔註109〕

皮氏利用「經史之分」來說明《左傳》與《春秋》的不同，認爲若事件原委本身即可以見是非大義，那麼孔子的《春秋》就該以《左傳》的方式來書寫才是，那麼孔子何必捨易就難，留給後人無盡的困擾呢？皮氏的這種說法分明是想借經史二分而將以事解經的方法排除在外。針對皮錫瑞之說，比較強調以事解經的學者則指出：經史二分的概念爲後起之說，在孔子時根本沒有後來所謂經史的分別，所以皮氏借由經史二分來批評以事解經是無法成立的。〔註110〕在這個的爭議裡，有兩點觀念必須先行加以澄清：一、在春秋

---

〔註108〕（清）劉沅：《春秋恆解》，卷1，〈凡例〉，頁1。

〔註109〕（清）皮錫瑞：《經學通論》，〈春秋〉，頁2。

〔註110〕張素卿：《敘事與解釋——《左傳》經解研究》，頁102～103。

時是否存在著將經史分別視爲兩種各自獨立而且不同的典籍區分概念，這與孔子當時是否存在著一種與史書特質不同的典籍概念是兩件事。如先秦時並無四部的區別，但這不代表當時的人認爲《孟子》與《左傳》是同一類典籍。孔子作《春秋》一書時雖或沒有後世「經」的概念或想法，但其顯然並不以當時「史」的概念及理想來修訂《春秋》則是很明顯的，也就是說《春秋》是明顯的不同於當時的史籍。由此而論，以主張春秋時沒有經史的類別，並不容易回應今文家對《春秋》的定位問題。二、雖然《春秋》不以記事爲主，但不代表詮解《春秋》就不需以理解事由爲基礎。《春秋》中所含的大義雖不是直書其事即可想見，而太強調敘事的重要無疑的也會影響到《春秋》經的價值與地位，〔註111〕但這並不代表「事」在解釋《春秋》時是不重要的。如前所述，三傳均承認「以事解經」是詮解《春秋》的一種方式，其眞正爭論的重點在於「事」要以「實事」還是「虛事」來詮解。《左傳》以「實事」解《春秋》，雖受到《公羊》學家的批評，但其仍有不可取代的地位；反觀《公羊》學者以「虛事」詮解《春秋》，其最容易產生的問題是落入自說自話。因爲「去除了古文經，學者又將安賴？」〔註112〕，若《春秋》中所書記的「事」爲「虛事」，那麼解讀者從何得知「虛事」的內容究竟何指？《公羊》學者當然可以說以《公羊》所言爲主，但是這種說法最後終不免造成「本意尊聖、乃至疑經」的結果。〔註113〕相對的，章太炎所說：「經之與傳，猶衣服表裏相持，去傳則經爲虎豹之鞟，與犬羊無異矣。」〔註114〕雖然《春秋》或非完全據實事而書，但透過事的理解再進一步去追尋經義似乎是個較穩當的做法。而《左傳》亦有「以義解經」的部分，如前舉隱公元年「鄭伯克段於鄢」之例，《左傳》除了對這段史實加以詳述之外，亦有「段不弟，故不言弟；如二君，故曰克；稱鄭伯，譏失教也：謂之鄭志。不言出奔，難

---

〔註111〕錢穆說：「孔穎達五經正義中，《春秋》使用的是《左氏傳》。當時人眼光中的孔子《春秋》，殆是一部歷史書。惟其以研究古代歷史的立場看，遂若《左傳》不僅遠勝《公羊》，而且也可說已勝過了《春秋》。所以劉知幾《史通》有〈惑經〉與〈申左〉兩篇，便是站在史學觀點，把左丘明地位超越孔子之一明顯例證了。」(《兩漢經學今古文平議》，頁 259～260。) 其實就是這種說法的具體例證。

〔註112〕王汎森：《古史辨運動的興起》，頁 104。

〔註113〕王汎森：《古史辨運動的興起》，頁 11。

〔註114〕章太炎：《春秋左氏疑義答問》，卷 1，頁 259。收入《章太炎全集》冊六，(上海：上海人民出版社，1986 年)。

之也。」對《春秋》經文逐字加以「義」方面的解釋。所以理解《春秋》的關鍵除了「事」之外，更在於如何由事的背後詮解出其所擁有的「義」。

## 第六節　三傳「以義解經」方法的內容與檢討

在本節提出相關討論之前，有兩點要特別說明：一、其實三傳均以詮解出《春秋》大義爲其最終也是最重要的目標，但大部分提及「以義解經」的方法時，均認爲那是《公羊》、《穀梁》二傳的特色。事實上，這種看法並不完全正確。因爲《左傳》的主要解經方法雖是「以事解經」，但其亦是以詮解出《春秋》之「義」爲終極目標，只是《左傳》學者大多認爲由事而解經更得以見《春秋》之義。所以就對《春秋》之義的追求來說，「以義解經」並非《公羊》《穀梁》所專有。二、因爲「以義解經」方式普遍爲《公羊》《穀梁》學者所主張，爲求論述方便，本節所舉之例主要以《公羊》《穀梁》二傳爲主，但這不代表《左傳》沒有這種解經方式，或左傳學者反對這種方式。

《公羊》《穀梁》二傳認爲他們較《左傳》更具有詮解《春秋》的資格，即是因爲他們更專注於「以義解經」的方法。皮錫瑞說：

> 自漢後，《公羊》廢擱，左氏孤行，人皆以《左氏》爲聖經，甚且執杜解爲傳義。不但《春秋》一經，汨亂已久；……劉知己《史通》，詆毀聖人，尤多狂悖。皆由不知《春秋》是經，左氏是史。經垂教立法，有一字褒貶之文；史據事直書，無特立褒貶之義。〔註115〕

皮氏這段話有兩個重點：一、經史的分別，這在前文我們已經論及。二、以「以義解經」者通常都會接受一種說法：《春秋》中有所謂的「一字褒貶之文」。也就是說既然承認《春秋》的眞正重點在於其有「義」，那麼《春秋》之義如何彰顯出來呢？最好的答案是《春秋》之義即是存在《春秋》經的文字中。但在這其中存在著一個問題，即是《春秋》經的字數實在太少，所以閱讀《春秋》的人常常會有一個疑惑：《春秋》經本身有沒有標準來決定何事要記以及要如何書記此事？對此皮錫瑞言：

> 夫以二百四十二年之事，止一萬六千餘字。計當時列國赴告，魯史著錄，必十倍于《春秋》所書，孔子筆削，不過十取其一。蓋惟取其事之足以明義者，筆之於書，以爲後世立法。其餘皆削去不錄……

---

〔註115〕（清）皮錫瑞：《經學歷史》，頁217。

　　　以故一年之中，寥寥數事，或大事而不載，或細事而詳書。〔註116〕
一萬六千多字記二百四十二年間之事，平均每年僅用不到七十字來做記錄，
其不可能完整記載整年所發生之大事可知。所以孔子寫入《春秋》中之事與
記載之法必然有一套方式，否則《春秋》就變成隨意而作了。

　　　這些標準即是後人所謂的「義法」。但對閱讀《春秋》的人來說，如何將
這隱含在《春秋》簡短文字中之義法解讀出來卻是有極大的問題。當然最直
接的方法就是接受三傳的解經之義為親受於孔子，為孔子親口所言，其義自
然也受到孔子權威的保證。但這種方式必須能提出自身絕無可疑的來源證據
及其他兩傳非源自孔子的證據。但依前文所述，三傳中誰也不能毫無困難的
做到這點，所以用這種方式並無法說服他人。其次就是用《春秋》經文中所
謂的「義例」，〔註117〕作為一種比較有說服力的說明方式。從解經方法來看，
從《春秋》的內文中找尋一些書寫規律的這種方式，是有可能從師說來源爭
論的泥沼中脫離而出的一種詮解方式。戴君仁說：

> 後來說《春秋》的，他們所謂義例，那就不免支離牽強，穿鑿附會。
> 三傳都講例，古代的漢晉儒者，近代的清儒都是如此。他們認為《春
> 秋》是聖人示褒貶之書，而經中褒貶進退，都靠書法表達。書法是
> 有例的，例有正例變例，於變例見義，可以看出聖人褒貶進退之意。
> 可以說，聖人因褒貶而生凡例，後人由凡例以見褒貶。單詞言之叫
> 做例，複詞言之便叫做義例。〔註118〕

因《春秋》有義，其義即在褒貶中呈顯。但《春秋》本身並沒有明顯的說何
者為褒何者為貶，於是說《春秋》者便認為《春秋》在記事之時，即有一定
的書寫方法，而這方法即是「書法」。〔註119〕在《春秋》的解經史上，凡是主

---

〔註116〕（清）皮錫瑞：《經學通論》，〈春秋〉，頁22。
〔註117〕當然「以義解經」並不能單純的簡化為「以義例解經」，其實「以義解經」在
　　　　義例之外尚有許多方式，但為討論方便，我們先僅就最明顯且最著名的義例
　　　　為代表。至於其他不同方式，在下章中會有討論。
〔註118〕戴君仁：《春秋辨例》（臺北：國立編譯館，1978年），頁9。
〔註119〕徐復觀主張《春秋》的來原為魯史，所以認為《春秋》的「書法」亦應分為
　　　　三部分：「一部分是魯史之舊的書法；另一部分是孔子的書法；再一部分是作
　　　　傳的人由揣測而來的書法。」這本是對《春秋》的書法來源做一推測。但他
　　　　隨即又說：「三部分混合在一起，難於辨認；」這即是在現實上我們根本無從
　　　　辨識三者的差別。我們亦可以反推回去，認為徐復觀之所以認為有三種來源
　　　　的書法其實是因為《春秋》中各「書法」的使用並不一致，故其言：「完全拘
　　　　守書法，則不論對同一書法，各傳的論釋不同：且一傳之中，亦難免前後自

張「以義解經」者幾乎都會採用這種方式來解經，最多使用這種方式的當然是《公羊》、《穀梁》二傳，它們常以用《春秋》的慣常書法爲由，用以詮解《春秋》大義。《左傳》本文並不見明白的以例解經方式，但其後杜預在注解《左傳》時亦說：

> 其發凡以言例，皆經國之常制，周公之垂法，史書之舊章，仲尼從而修之，以成一經之通體。……諸稱書，不書，先書，故書，不言，不稱，書曰之類，皆所以起新舊，發大義，謂之變例。〔註120〕

姑且不論例中是否有所謂舊例、新例等等在來源與內容上的不同。〔註121〕但有一點是絕對可以確定的：在歷史發展中，以例解《春秋》逐漸成爲理解《春秋》之義的重要方法。

在漢晉之時，以例說《春秋》者已不計其數，《隋書‧經籍志》、《舊唐書‧經籍志》與朱彝尊《經義考》中記有漢劉歆、潁容、鄭眾，晉時杜預、劉寔、荀爽、方範等人都有以例解《春秋》的專著，這些書籍雖然現多已不傳，但卻可想見以例解《春秋》獲得學者的普遍採用。其中最有趣的當是杜預所著的《春秋釋例》一書。因《左傳》詮解《春秋》本以「以事解經」爲其特長，杜預爲崇信《左傳》之學者，其著有《春秋經傳集解》一書，不但爲《左傳》考明事跡，並且盡力排除《公羊》《穀梁》諸說的干擾。從這點來看，杜預對《左傳》的解經地位實在是非常的推崇。但其亦著有《春秋釋例》一書，〔註122〕其中前四卷即試圖透過「例」的說解來詮說《春秋》大義，〔註123〕雖說用例來解經並

---

相矛盾。」也就是說無法對《春秋》的書法有一致性的理解，所以他才認爲有三種來源。但統觀以「例」或「書法」解《春秋》者，均試圖努力找出一種統整性的說法。因爲若非如此，只能如徐氏說：「由此可以得出既不應完全拘守書法，也不應完全否定書法的結論。」這種模擬兩可的說法。徐氏之說詳見《兩漢思想史‧卷三》，頁257～258。

〔註120〕（周）左丘明傳，（晉）杜預注，（唐）孔穎達疏：《春秋左傳注疏》，卷1，〈春秋序〉，頁12～14。

〔註121〕關於杜預對例的種種說法，詳請參見戴君仁：《春秋辨例》，頁13～14。

〔註122〕《春秋釋例》爲杜預所著見於《晉書‧杜預傳》。《隋書‧藝文志》亦有著錄，共爲15卷。依《四庫全書總目》的說法此書自明以後即佚失，四庫館臣用永樂大典及其他諸書所存者加以增補。後又經孫星衍等清儒補刊爲現今所見內容。其中卷1至卷4爲「釋《春秋》諸例」，即是用以例來求取《春秋》大義的方式。詳見葉政欣：《杜預及其春秋左氏學》（臺北：文津出版社，1989年），頁41～43。

〔註123〕從杜預的《春秋釋例》中，我們亦可看出了解事件的前後發展雖然對解經來說是個重要的條件，但僅知事由本身對要詮解出《春秋》大義來說仍是不足

非《公羊》《穀梁》的專利，但這種解經方式實與《左傳》原本強調用記事解經的重點差異頗大。杜預的這種做法，當然會引起《公羊》學者的攻擊，如皮錫瑞即說

> 《左氏》不傳《春秋》，本無義例。劉歆治《左氏》，引傳文以解經，
> 始有章句義理。杜預排斥二傳，始專發左氏義。〔註124〕

姑且不論皮氏之說是否基於門戶之見而發，但杜預在《左傳》「以事解經」之外另行發展出「以例解經」，不得不說是一種方法上的增加。從這樣的現象中，可以說三傳對「事」的重視或有不同，但因對《春秋》文本的重視，所以用例解經在歷史演變中其地位越來越重要，而這無疑是詮解《春秋》經在方法上的一種內在要求。在這過程中，當然也偶有學者並不主張《春秋》有例及反對以例解《春秋》的，如王充即言：

> 孔子因舊故之名，以號春秋之經，未必有奇說異意深美之據也。……
> 《春秋左氏傳》桓公十有七年冬十月朔，日有食之。不書日，官失
> 之也。謂官失之，言蓋其實也。史官記事，若今時縣官之書矣。其
> 年月尚大，難失；日者微小，易忘也。蓋紀以善惡為實，不以日月
> 為意。若夫公羊穀梁之傳，日月不具，輒為意，使夫平常之事，有
> 怪異之說；徑直之文，有曲折之義，非孔子之心。〔註125〕

王充認為《春秋》中有時記日有時不記日，這都是因為日期較易為史官所遺漏，並不是《春秋》中有所謂記日不記日的「例」，《公羊》《穀梁》動輒以日月為例，並以衍生出許多怪異之說，這並不是《春秋》的原意。在此王充明顯反對《公羊》《穀梁》二傳之日月例。但是《春秋》中是否有日月例，與《春秋》是否有例是兩個層次的問題。若依王充的說法，其顯然不僅反對日月例，甚至反對《春秋》的「微言大義」，所以才會說「徑直之文，有曲折之義，非孔子之心。」這樣又會將《春秋》視為史，認為其僅直書其事而已，如此一來《春秋》的價值亦會大受減損。其實對例的否定是很容易動搖《春秋》的地位，如朱熹（1130～1200）說：

> 人道《春秋》難曉，據某理會來，無難曉處。只是據他有這箇事在，
> 據他載得恁地。但是看今年有甚麼事，明年有甚麼事，禮樂征伐不知

---

的，還必須透過「例」等條件才可能了解《春秋大義》。
〔註124〕（清）皮錫瑞：《經學通論》，〈春秋〉，頁 60～61。
〔註125〕（東漢）王充著，黃暉校釋：《論衡校釋》，卷 28。

> 是自天子出？自諸侯出？自大夫出？只是恁地。而今卻要去一字半字
> 上理會褒貶，卻要去求聖人之意，你如何知得他肚裏事！〔註126〕

又說：

> 《春秋》大旨，其可見者：誅亂臣，討賊子，內中國，外夷狄，貴
> 王賤伯而已。未必如先儒所言，字字有義也。想孔子當時只是要備
> 二三百年之事，故取史文寫在這裏，何嘗云某事用某法？某事用某
> 例邪？且如書會盟侵伐，大意不過見諸侯擅興自肆耳。書郊禘，大
> 意不過見魯僭禮耳。至如三卜四卜，牛傷牛死，是失禮之中又失禮
> 也。如「不郊，猶三望」，是不必望而猶望也。如書「仲遂卒，猶繹」，
> 是不必繹而猶繹也。如此等義，卻自分明。〔註127〕

這兩段話有三個要點：一、朱子亦反對用一字褒貶與義例之說來理解《春秋》。
因為孔子在做《春秋》時並沒有預先定了一個例在那裡。第二、朱子認為用例
說《春秋》之人怎麼可能了解孔子心中之意。第三、認為《春秋》中之大旨僅
為誅討亂臣賊子、具夷夏之別、清王霸之辨而已，至於違禮等事其實史文具在，
由字面之意理解即可，不必曲折深求所謂的《春秋》大義。其實朱子所提的三
個要點，從前文討論中都可以發現其脈絡：第一、孔子做《春秋》若僅是記實
或僅包含如朱子所言的廖廖可數的大旨，那麼《春秋》之價值何在？孔子之地
位又為何？若《春秋》只記二百四十二年間事，則其價值自然遠遜《左傳》。有
趣的是正因朱子如此看待《春秋》，所以朱子在其一生中遍註群經，反倒是沒有
對《春秋》有專門的注解。我們可以說朱子之所以面臨如此的困境是因為其一
方面反對以例說《春秋》，但另一方面卻又不得不承認《春秋》有價值。第二、
朱子對用例來解《春秋》者提出了一個直接的質疑：那些人是從何得知《春秋》
之例？這個問題若從《春秋》的解釋史看，對最早使用例解《春秋》的《公羊》
《穀梁》二傳來說，其實並不困難，因為他們可以回答：得知《春秋》之例的
方式至少有兩個方式，孔子口傳師說與《春秋》經本身的內證。

　　如前文所述，《公羊》《穀梁》二傳在解經時，均用心說明其解經之說源
自於孔子。如依其說，則《公羊》《穀梁》中之例亦同樣來自孔子。若是這種
說法可以得到充份的證明，朱子所提「你如何知得他肚裏事？」的問題便不
成問題，因為孔子正知孔子肚裏之事。若孔子是透過《公羊》《穀梁》二傳將

〔註126〕　（宋）黎靖德編：《朱子語類》（臺北：文津出版社，1986年），卷83，頁2144。
〔註127〕　（宋）黎靖德編：《朱子語類》，卷83，頁2144。

其心中之意形諸文字，而後人正亦可由《公羊》《穀梁》二傳得知孔子之意。朱子不會懷疑《論語》中對孔子之語的記載，而不相信三傳的義例，其中最主要的差別點在於，三傳中並沒有那一傳可以充份的提出證據確定其與孔子的關係。所以雖然《公羊》《穀梁》宣稱以例說《春秋》方能眞正掌握《春秋》大義，但這種說法並不能完全說服如朱子等並不全相信《公羊》《穀梁》之說源自孔子的人。也因如此，朱熹才會對《公羊》《穀梁》之解《春秋》偶有看似矛盾的評語：「據他說亦是有那道理，但恐聖人當初無此等意。」〔註 128〕認爲《公羊》《穀梁》之意是可以接受的，但又認爲那並非孔子原意。追根究底之所以如此，並不是朱子對其道理有所懷疑，而是對《公羊》《穀梁》以例說《春秋》的方法有所不滿而致。所以以例解經者，除了說自己解經之義例源自孔子外，勢必要從《春秋》經中的文字得到用例的支持來增強其說服力。由於《公羊》《穀梁》二傳主要均用以例解經做爲其解經特色，所以《公羊》《穀梁》在以例解經上就有許多的競爭與論辯。

　　在漢代《公羊》、《穀梁》二傳爲了爭取詮解《春秋》的正當性發生過幾次的爭論，根據《漢書‧儒林傳》記載至少在西漢就有兩次較大的爭論，第一次是漢武帝時的董仲舒與江公相互爭立《公羊》與《穀梁》，但因江公不善言說，加上董氏學養俱佳，所以結果是武帝推尊《公羊》家，並令太子受《公羊》，於是《公羊》學大興。第二次則爲漢宣帝甘露元年，在宣帝即位初，即因衛太子好《穀梁》，所以召丞相韋賢等人問之，之後宣帝便喜好並提倡《穀梁》學。到了甘露元年，召五經名儒蕭望之等人於殿中平議《公羊》《穀梁》同異。〔註 129〕這兩次《公羊》、《穀梁》兩家的爭論似乎激烈異常，但是我們在現存史料中並不能得知兩方論辯的內容。而《漢書》記載《公羊》與《穀梁》大興的原因都不是屬於解經的外部因素：一是因爲口才一則是因皇帝的喜好，這都與解經的內容無關。這種情形到了東漢時有了一些改變。

　　東漢時期，除了有所謂今文古之爭外，其實《公羊》與《穀梁》之爭也更加的激烈起來。如何休（129～182）除了注疏《公羊》外尚著有《公羊墨守》、《穀梁廢疾》等書，〔註 130〕而鄭玄（127～200）則有《發墨守》、《起廢

〔註 128〕（宋）黎靖德編：《朱子語類》，卷 83，頁 2151。

〔註 129〕關於公羊家與穀梁家這兩次爭論的過程請參見《漢書‧儒林傳》，頁 3618～3619。

〔註 130〕史載：「何休字邵公，任城樊人也。……休爲人質朴訥口，而雅有心思，精研六經，世儒無及者。……太傅陳蕃辟之，與參政事。蕃敗，休坐廢錮，乃作

疾》等書。〔註131〕雖然這些書現在已無從得見，但我們若觀察《春秋公羊傳
注疏》及《春秋穀梁傳注疏》中依然會發現到一些實例。如解釋《春秋》僖
公三十年「公子遂如京師，遂如晉」《公羊》說：「遂如晉，大夫無遂事，此
其言遂何？公不得爲政爾。」公子遂到京師之後又至晉國，《春秋》經中用了
一個「遂」字。依公羊家之說解，「遂」字不能隨意使用，因爲「遂」代表貶
義，《公羊》在此表示因僖公權力旁落，於是用「遂」字來說明這種情況。這
是《公羊》用書法義例來詮釋出《春秋》隱含不彰的「大義」。對《公羊》的
這種詮釋內容，《春秋穀梁傳注疏》中則另有說法：

> 何休曰：大夫無遂事。案：襄十二年，季孫宿救台，「遂入鄆」，惡
> 季孫不受命而入也。如公子遂受命如晉，不當言遂。鄭君釋之曰：「遂
> 固受命如京師如晉，不專受命如周，經近上言『天王使宰周公來聘』，
> 故公子遂報焉。因聘于晉，尊周，不敢使並命，使若公子遂自往然。
> 即云公子遂如京師如晉，是同周于諸侯，叛而不尊天子也。《公羊傳》
> 有美惡不嫌同辭，何獨不廣之於此乎？」〔註132〕

何休認爲在《春秋》義例中，大夫用「遂」字表示其不受君命且自作主張行
事，一般表示貶義。若在此公子遂如果是受君命而往，照書法而言不應言「遂」
才是。此時用遂字，可見公子遂是自行前往晉國。但是鄭玄卻認爲公子遂受
君命至周，這是回報周天子派周公閱來聘之事，之後才到晉國。若依時序的
安排，應將京師與晉連言，但因孔子尊崇周天子，所以不能將晉周並稱，於
是才使用了「遂」字。如果不如此書記的話即是將周晉視爲同一等級，那豈
不是對周天子不敬？何況鄭玄批評《公羊》本有所謂「美惡不嫌同辭」之例，
那爲何在此《公羊》不依此例來解，而一定要認定用「遂」字即帶貶義呢？
在這個爭議中特別值得注意的是，鄭玄用以批評何休的方式並非否定《春秋》
中有所謂的書法義例，反而是認爲用書法的方式來詮釋《春秋》是一種正確

《春秋公羊解詁》，覃思不闚門，十有七年。……休善曆算，與其師博士羊弼，
追述李育意以難二傳，作《公羊墨守》、《左氏膏肓》、《穀梁廢疾》。」見《後
漢書》，卷79，〈儒林列傳〉，頁2582～2583。
〔註131〕史載：「玄自游學，十餘年乃歸鄉里。……時任城何休好《公羊》學，遂著《公
羊墨守》、《左氏膏肓》、《穀梁廢疾》；玄乃《發墨守》，《鍼膏肓》，《起廢疾》。
休見而歎曰：『康成入吾室，操吾矛，以伐我乎！』初，中興之後，范升、陳
元、李育、賈逵之徒爭論古今學，後馬融荅北地太守劉　及玄荅何休，義據
通深，由是古學遂明。」見《後漢書》，卷35，〈張曹鄭列傳〉，頁1207～1208。
〔註132〕（晉）范寧集解，（唐）楊士勛疏：《春秋穀梁傳注疏》，卷9，頁176。

的方法。《公羊》以至於何休之誤在於誤判書法義例，而這種誤判是對方法內容的誤用，而非是對以義例解經這種方式的否定。〔註133〕這個現象凸顯出用例解經的一個重要要求：其所提出之義例必須能在《春秋》經內文中得到充份的證據，否則其說的說服力會大幅降低。

　　事實上，只要翻閱《公羊》或《穀梁》二傳，我們都可以發現雙方都大量使用了書法義例來詮解《春秋》。雙方同樣都使用書法義例的方式來詮解《春秋》，而且均自認自己的解釋都來自孔子，但是所詮解出的內容又有所不同時，判斷誰是誰非的最好方式當然是由《春秋》經文自身來做檢證。也就是說將《公羊》《穀梁》所提出的例義放在整個《春秋》經中來檢證，如果其所提出來的義例或書法並不能適切的解釋《春秋》的所有經文，那麼即表示這樣的解釋是有問題的。在這樣的爭辯過程中有兩個重點是值得我們特別注意的：首先，由於三傳的解經內容與方式並不完全相同，所以難免有相互的競爭，隨之而來的結果是，三傳自身解經的內部缺失亦逐漸被呈顯出來。這種缺失並非源於其承傳來源的不確定，而是在於各傳自身所提出的書法義例可否普遍有效的用來說解《春秋》全文即是值得懷疑的。於是要如何有效的詮解《春秋》便成為一個可以被客觀討論的問題，這可以讓解經之說從是否一定要源自孔子的爭論中脫離出來。其次，在這樣的論辯中，傳疏解經正確性的最終判斷準繩不再是由其來源是否得自孔子親傳，而是從其自身所提出的義例能否普遍的用於《春秋》上來判斷。也就是說，經解之說確當與否的判準由其說與孔子的關係轉移至對《春秋》經文內容本身的說解。也因如此，所以對以例解經來說，其主要論述的重點也轉移到兩個部份：一、如何對《春秋》內部某些特定用詞有一致性的說解。二、如何從這些詞語解讀出褒貶之意。

　　如以何休對「遂」字說解為例，其批評大約可分為兩部份來說：一、認為「遂」字在整本《春秋》中是否有一致的用法，如果用法一致，則其說才能成立。何休認為《春秋》大夫用遂字代表貶義，但細案《春秋》全文，莊公十九年秋經文記：「公子結媵陳人之婦于鄄，遂及齊侯、宋公盟。」《公羊》的說解為：「大夫無遂事，此其言遂何？聘禮：大夫受命不受辭，出竟有可以安社稷、利國家者，則專之可也。」《公羊》顯然認為此「遂」字並不帶貶斥

---

〔註133〕關於《公羊》《穀梁》二傳之間對彼此義例的批評，詳請參見鄔積意：〈論漢代公羊、穀梁之爭〉，《孔孟學報》80（2002 年 9 月）。鄔文中對此有較詳盡的論述。

之義，所以說大夫用遂字均具有貶義，印諸《春秋》之中並不全是如此。二、就算「遂」字在《春秋》中的用法一致，但如何有一致的理解來說明此詞之義亦有爭論。「遂」字在《公羊》的理解中，大部份將其視爲大夫專政的貶義，但《穀梁》卻將「遂」字一致解釋爲「繼事」之辭，〔註134〕並沒有特殊褒貶的意味。而《公羊》《穀梁》這兩種不同的說法均可在經文中得到支持。這代表用例來理解《春秋》字詞時，除了在用法上需要一致性之外，還需要其他的價值系統來支持與說解，這才能眞正的使用以例說《春秋》。其實我們也看到三傳中是有直接表達其價值系統的陳述，如《左傳》的「君子曰」或《公羊》的三科九旨說等說法，但是這些說法的權威直接來自「三傳出於孔子」的主張，但若對三傳來源有所懷疑時，則三傳中所主張的「義」即不容易被完全接受。如朱熹即說《公羊》《穀梁》其書是齊魯間儒者所著，雖有部份源自孔子，但其中之意多「差舛」。〔註135〕至於《左傳》中的「君子曰」，朱子亦認爲並不能完全代表孔子之意。〔註136〕

從以上的論述可以看到，三傳解經的說服力大都源於其與孔子有關的權威。但一旦這種權威不爲普遍所接受時，解經者就會努力爲自己的解經權威做出辯護。但也因三傳在努力維護自身解經合理性的同時，也對其他二傳做出有效且強烈的質疑，於是三傳本身的神聖性亦同樣在這交互質疑的漩渦中被消解。所以三傳的解經權威就某個程度來說實是折損在其對彼此的論詰之中。

---

〔註134〕《穀梁》以「繼事」解「遂」字，見於桓公八年、僖公四年、十五年、二十八年、文公七年、宣公元年、十八年、襄公十二年。

〔註135〕問：「《公》《穀》傳大概皆同？」曰：「所以林黃中說，只是一人，只是看他文字疑若非一手者。」或曰：「疑當時皆有所傳授，其後門人弟子始筆之於書爾。」曰：「想得皆是齊魯間儒，其所著之書，恐有所傳授，但皆雜以己意，所以多差舛。其有合道理者，疑是聖人之舊。」見《朱子語類》，卷83，頁2153。

〔註136〕林黃中謂：「《左傳》『君子曰』，是劉歆之辭。胡先生謂《周禮》是劉歆所作，不知是如何。」「左氏『君子曰』，最無意思。」因舉「芟夷蘊崇之」一段，「是關上文甚事」？見《朱子語類》，卷83，頁2150。又問：「胡春秋如何？」曰：「胡春秋大義正，但春秋自難理會。如左氏尤有淺陋處，如『君子曰』之類，病處甚多。林黃中嘗疑之，卻見得是。」見《朱子語類》，卷83，頁2155。當然也有學者不完全同意朱熹之說，爲《左傳》「君子曰」提出辯解，參見張以仁：〈孔子與春秋的關係〉收入《春秋史論集》，頁16～26。但其中主要在論證《左傳》「君子曰」並非劉歆僞作，對《左傳》「君子曰」是否合於孔子之意則較少論及。鄭良樹則認爲從內容來看《左傳》中君子曰充滿儒家思想，但恐不是孔子所言。參見鄭良樹：〈論三《傳》中的講評人物〉，收入《百年漢學論集》，頁72～86。

　　在這樣的發展下，最終出現了詮解《春秋》者兼采三傳以解經的局面。其中最有名的當推東漢的大儒鄭玄，程南洲說：

　　蓋許慎依循古學，大體以左氏爲主，而康成則今古兼采。或從左氏，或從《公羊》，或從《穀梁》，……或公左並取而各有取舍，但求禮義之至當，而不拘于一家之說。〔註137〕

東漢時期雖然也有依然堅持以一傳釋經的學者，但是兼采三傳卻已逐漸成爲一種勢不可擋的風潮。鄭玄在釋經時有時用《公羊》之說，有時則或用《左傳》、《穀梁》，並沒有認定那一家的說法完全掌握了完全的解釋權。三傳解釋之被採用與否端看其是否有「禮義之至當」，也就是說要看其是否合乎儒家學說及《春秋》經中的記載。當時有如此做法的並非單獨只有鄭玄一人而已，如服虔、賈逵（30～101）等人亦是如此，程南洲說：

　　凡《公》《穀》義之長者，服氏亦取以說，如釋僖公四年經「楚屈完來盟于師，盟于召陵」之意……前取《公羊》，後用《穀梁》。蓋賈逵之時已取《公》《穀》義以實《左氏》，服氏亦復如此也。〔註138〕

賈逵、服虔都是東漢著名的儒者，雖然他們詮釋《春秋》的著作以《左傳》爲主，賈逵有《左氏條例》、《春秋左氏解詁》等書，服虔則有《春秋左氏傳解誼》、《春秋左氏膏肓釋痾》等書，但是他們在實際詮解《春秋》經義時亦兼用《公羊》《穀梁》二傳之說。可見兼采三傳以說《春秋》，在東漢時已是一個逐漸普遍且不可抵擋的解經方式。而最明顯呈顯這種情形的當推范寧的《春秋穀梁傳集解》，王熙元對此書的評價爲：

　　范氏注《穀梁》，兼采三傳，不主一家……何氏雖亦參取《穀梁》、《左氏》，然僅偶一爲之，范武子之於《穀梁》，則恒以鄭君家法治之。康成之學，兼綜諸家，混合今古，不囿於門戶之見，惟求其是非之真。范氏宗之，故於《公羊》、《左氏》家說，多所兼采。〔註139〕

何休注《公羊》、杜預注《左傳》雖然亦有取他傳來詮解《春秋》，但都只是種特別的情況，並不是大量的兼采三傳，更重要的是此二傳在態度上均否認其他二傳的價值。如杜預說：

---

〔註137〕程南洲：「東漢時代之春秋左氏學」（臺北：國立政治大學中國文學研究所博士論文，1978年），頁272。
〔註138〕程南洲：「東漢時代之春秋左氏學」，頁451。
〔註139〕王熙元：《穀梁范注發微》（臺北：嘉新水泥公司文化基金會，1972年），頁236。

> 古今言《左氏春秋》者多矣，今其遺文可見者十數家，大體轉相祖
> 述，進不成爲錯綜經文以盡其變，退不守丘明之傳。於丘明之傳，
> 有所不通，皆沒而不說，而更膚引《公羊》《穀梁》，適足自亂。預
> 今所以爲異，專脩丘明之傳以釋經。〔註140〕

明指兼采三傳是一種自取其亂的做法。而何休亦說：

> 傳《春秋》者非一，本據亂而作，其中多非常異義可怪之論，至有
> 倍經、任意、反傳違戾者⋯⋯是以講誦師言至於百萬猶有不解，時
> 加讓嘲辭。援引他經失其句讀⋯⋯至使貫逵緣隙奮筆，以爲《公羊》
> 可奪，《左氏》可興。〔註141〕

何休雖在此主要批評的對象爲《左傳》，但他亦認爲援引他說是種錯誤的解經
方式。相較之下范寧則所之不同，就起源而論，兼採眾說的解經態度並非爲
范寧所獨創，范寧其實是承續鄭玄而來。最可貴的是范寧因其求眞的精神，
所以會跨出自身的限制而廣泛的參閱其他二傳之說。范寧說：

> 凡傳以通經爲主，經以當爲理。夫至當無二，而三傳殊說，庸得不
> 棄其所滯，擇善而從乎？既不俱當，則固容俱失。若至言幽絕，擇
> 善靡從，庸得不並舍以求宗，據理以通經乎？雖我之所是，理未全
> 當，安可以得當之難，而自絕於希通哉！〔註142〕

范寧指出傳之所以存在的意義在於將經中的含義傳達出來，經中所含之義應
該有其客觀性，但現實上卻有三傳異說的情況，所以面對三傳異說時，即應
考慮到底何者之說較符合《春秋》之義，那裡可以拘守一家之說而固滯不通？
如果三傳之說都無法詮解出《春秋》幽微之意，那也該根據儒家的道理來追
求經中的道理。雖然范寧也認爲這樣做會未必能確切的理解《春秋》之義，
但是他仍是努力的想追求經中的大義！范寧的這段話在《春秋》解釋方法學
上有幾個重要的特點：第一、正式承認三傳之說應當放在相同的地位相互競
逐，其說之合理與否並不由其來源保證，而是由其說之內容判定，於是《春
秋》經文本身有了客觀的價值。詮解《春秋》經之大義不再只能重複由師說
傳承而來的主張，其主要研究對象轉變爲以《春秋》經文爲主。第二、因《春

---

〔註140〕（周）左丘明傳，（晉）杜預注，（唐）孔穎達疏：《春秋左傳注疏》，卷1，〈春
　　　　秋序〉，頁19～20。
〔註141〕（漢）何休解詁，（唐）徐彥疏：《春秋公羊傳注疏》，卷1，〈序〉，頁1～3。
〔註142〕（晉）范寧集解，（唐）楊士勛疏：《春秋穀梁傳注疏》，卷1，〈春秋穀梁傳
　　　　序〉，頁8。

秋》大義可由《春秋》經之內文得到申明,所以三傳失去了其神聖不可動搖的地位,之後更引出詮解《春秋》是否必須依憑三傳的問題。第三、因三傳說《春秋》亦未必全然恰當,所以亦可以由三傳之外其他說法來解經,由此更進一步發展出啖助「據理以通經」、「以條例解經」的種種解經方式。

## 第七節　本章小結

　　本章從《春秋》一書的特性談起,論及孔子這個作者對《春秋》此書地位升降的重大影響。在歷史上,三傳據以詮解《春秋》的權威均強調來自孔子。可是太過強調來源的同時,則會無可避免的減損對經典文字本身的重視。反過來說,當三傳均對其來源不能提出一個令人信服的說法時,《春秋》原典的內容文本就越形重要。三傳從爭來源到爭如何從《春秋》的內文中取得證據來做為其說的支持,於是三傳學者不約而同的都強調「以例解《春秋》」的方法。而這個方法卻正好終結三傳本身的權威。從漢代末年起,研究《春秋》的學者已逐漸從相信三傳來源的權威中掙脫,走向兼採三傳,並且將焦點轉往思索對如何對三傳之說有一合理的抉擇。這在詮解《春秋》的方法上來說,不啻是個絕大的轉變,這可以說是由追求作者之意到追求文本之意的改變。但真正在解《春秋》經方法上面對三傳並取得一定成就,而且對後代有深遠影響的《春秋》詮解者則當首推啖助、趙匡與陸淳三人。這即是下章要討論的重點。

# 第三章　《春秋》解經方法的轉變與突破
## ——唐代啖助學派的地位與問題

　　自漢代開始，詮解《春秋》必然要透過三傳。但是三傳的解經權威隨著彼此競爭而逐漸下降，最後三傳的支持者不但要努力證明三傳的來源，更重要的是也要開始對其自身詮解做出文獻上的說明。所以自六朝起，詮解《春秋》未必要謹守三傳之說幾乎成為許多學者的共識，如荀崧在爭設《公羊》《穀梁》為博士時曾說：

> 孔子懼而作《春秋》。諸侯諱妬，懼犯時禁，是以微辭妙旨，義不顯明……是以三傳並行於先代，通才未能孤廢。今去聖久遠，其文將墮，與其過廢，寧與過立。臣以為三傳雖同曰《春秋》，而發端異趣，案如三家異同之說，此乃義則戰爭之場，辭亦劍戟之鋒，於理不可得共。博士宜各置一人，以博其學。〔註1〕

這可清楚看到解經者在面對三傳異說的存在，但卻又不能完全確定何者之說必定為是的情況下，為求合理所以要將三傳彼此相互參酌，不專主一家，以免違失大義。另外，劉兆更是身體力行，不出門庭，潛心著述，著有《春秋調人》等書，史書中記載他主張是：

> 以《春秋》一經而三家殊塗，諸儒是非之議紛然，互為讎敵，乃思三家之異，合而通之。《周禮》有調人之官，作《春秋調人》七萬餘言，皆論其首尾，使大義無乖，時有不合者，舉其長短以通之。又

---

〔註1〕　（唐）房玄齡等：《晉書》（臺北洪氏出版社，1975年），卷75，〈荀崧傳〉，頁1978。

爲《春秋左氏》解，名曰《全綜》，《公羊》、《穀梁》解詁皆納經傳
中，朱書以別之。〔註2〕

三傳經過兩漢的相互競爭後，其解《春秋》不同處均被一一詳細檢視，所以劉
兆顯是要將三傳不同之言加以相互調合，不再專主一家。其實六朝時已有許多
儒者在治《春秋》時兼通三傳，如陳之沈文阿：「又博採先儒異同，自爲義疏。
治三禮、三傳。」〔註3〕又如李鉉也有類似的做法：「撰定《孝經》、《論語》、《毛
詩》、《三禮義疏》及《三傳異同》、《周易義例》合三十餘卷。」〔註4〕整體而
言，在面對三傳異說時，研究《春秋》的學者基本上有兩種不盡相同的態度：
一是仍主一家之言，但盡量的將其他兩傳異說加以兼采調和。若在三傳之說無
法兼取時，仍以依循一傳爲主。二則是眞正的將三傳平等對待，並不特別相信
或接受一傳之說，對三傳之說均加以檢視，力求合理的說法。在這兩種做法中，
第一種是許多學者所採用的，第二種則是啖助（724～770）、趙匡（？～？）與
陸淳（？～806）所採行的。

隋末儒者王通（？～617）說：

范寧有志於《春秋》，徵聖經而詰眾傳……使范寧不盡美於《春秋》，
歆向之罪也……《春秋》之失自歆向始也，棄經而任傳。……三傳
作而《春秋》散。〔註5〕

認爲在范寧之前的解《春秋》者都是「棄經而任傳」，並不能眞正以《春秋》
經文本身爲主，太過相信三傳本身，這種態度反成爲詮解《春秋》的障礙，
所以范寧在詮解《秋春》時即不想獨依《穀梁》一傳。但是范氏在實際的解
經內容時，卻依然受限於劉歆等人所立下的解經傳統影響，所以並不能眞正
突破限制，以致范寧在詮解《春秋》時仍是以《穀梁》爲主。〔註6〕又如，唐

〔註2〕（唐）房玄齡等：《晉書》，卷91，〈儒林傳〉，頁2350。

〔註3〕（唐）姚思廉等：《陳書》（臺北：洪氏出版社，1974年），卷33，〈儒林傳〉，
頁434。

〔註4〕（唐）李延壽：《北史》（臺北：洪氏出版社，1975年），卷81，〈儒林傳上〉，
頁2726。

〔註5〕（隋）王通：《中說》（臺北：臺灣商務印書館，影印清高宗乾隆三十八至四
十七年寫文淵閣四庫全書本，1983年），卷2，〈天地〉，頁9。

〔註6〕雖然王應麟亦引王通之言，說：「杜預屈經以申傳，何休引緯以汨經，唯寧之
學最善。」見是氏著：《困學記聞》（臺北：臺灣商務印書館，影印清高宗乾
隆三十八至四十七年寫文淵閣四庫全書本，1983年），卷7，頁8。顧炎武亦
引（宋）黃震的說法，認爲范寧對《穀梁》之說並無偏私，顧氏並於《穀梁
經傳集解》中找到六個例子，說「皆能糾正傳文之失」見《日知錄集釋》（湖

代所修的五經正義中,《春秋》仍然是以《左傳》一家之說爲主。這也就是說,雖從東漢末年起即有折衷三傳的主張,至少到唐代時仍僅是一種宣示性的說法,許多學者在詮解《春秋》時,雖號稱兼取三傳,但在實際的經解成果中仍以其最相信的一傳爲主。大部份學者之所以仍採遵行一傳的這種態度,實際上是可以理解的。因爲要超越三傳,而獨立判斷三傳得失,其實並不是件容易的工作。如王通雖提出要跨越三傳、回返《春秋》經本身的主張,但其亦並沒有對《春秋》的經解傳世。從現存的文獻上來看,唐代及之前眞正在實際解經內容中不受一傳侷限的解經者並不多,其中最早也保留最完整的應該是首推啖助、趙匡及陸淳等三人所建立起一種新的詮解《春秋》方式。這是眞正在行動上超脫三傳的限制並加以完成詮解《春秋》的成果,並開創一種不同於三傳的解經態度與方法。

當然,從時代學術風潮的角度而言,啖、趙、陸三人的這種解經方式與唐代整體對《春秋》的詮解方式是息息相關的,在《隋書・經籍志》中早記有魏有韓益撰《春秋三傳論》十卷、晉時則有胡訥著《春秋三傳評》十卷。而《新唐書・藝文志》中則更著錄了如韓滉《春秋通》、李氏的《三傳異同例》等書。稻葉一郎說:

> 這些（按:指唐代）研究與前代相比較,其特徵是相比唐初的一傳
> 訓詁集成,是以《春秋》研究的對象的三傳綜合研究的著作比較多,
> 並且大都是開元以後的研究著作。〔註7〕

於是啖助等人承續前人的這種研究走向,在對詮解《春秋》的方法上開展出一個新的方式並取得重要的成果。

啖助,在《新唐書》中有傳,言:

> 啖助字叔佐,趙州人,後徙關中。……善爲《春秋》,考三家短長,
> 縫綻漏闕,號《集傳》,凡十年乃成。復攝其綱條,爲《例統》。〔註8〕

大致記敘了啖助的生平與著作。而趙匡亦附見於其中:

---

南:岳麓書社 1994 年),卷 27,頁 931～932。今人王熙元更舉出十餘條范寧
對《穀梁》之說的修正,說明范寧注《穀梁》實與杜預、何休有異。見《穀
梁范注發微》,頁 743～754。但整體來看,這仍屬於少數,范寧依循《穀梁》
來解《春秋》的做法是還是相當明顯的。

〔註7〕 稻葉一郎:〈中唐新儒學運動的一種考察〉收入林慶彰、蔣秋華主編:《啖助
新春秋學派研究論集》(臺北:中央研究院中國文哲研究所,2002 年),頁 314。

〔註8〕 (宋)歐陽修、宋祁等著:《新唐書》(臺北:洪氏出版社,1977 年),卷 200,
〈儒學下〉,頁 5705。其中《例統》應爲《統例》之誤。

> 助門人趙匡、陸質，其高第也。助卒，年四十七，質與其子異哀錄
> 助所爲《春秋集註總例》，請匡損益。質纂會之，號《纂例》。匡者，
> 字伯循，河東人，歷洋州刺史，質所稱爲趙夫子者。〔註9〕

明言趙匡爲啖助的弟子。而《春秋集註纂例》一書原名爲《春秋集註總例》，
並非是啖助所自著，而是由趙匡等人所編修。啖助等人疏解《春秋》的經過，
則見於《春秋集傳纂例》卷1的〈修傳終始記〉：

> 啖先生諱助，字叔佐，關中人也。聰悟簡淡，博通深識。天寶末客
> 於江東，因中原難興，遂不還歸。以文學入仕，爲台州臨海尉，復
> 爲潤州丹陽主簿，秩滿因家焉。陋巷狹居，晏如也。始以上元辛丑，
> 歲集三傳釋《春秋》，至大歷庚戌歲而畢。趙子時官於宣歙之使府，
> 因往還浙中，途過丹陽，乃詣室而訪之，深話經意，事多響合，期
> 反駕之日，當更討論。嗚呼！仁不必壽，是歲先生即世，時年四十
> 有七。是冬也，趙子隨使府邊鎮于浙東，淳痛師學之不彰，乃與先
> 生之子異躬自繕寫共載，以詣趙子。趙子因損益焉。淳隨而纂會之。
> 至大歷乙卯歲而書成。趙子名匡，字伯循，天水人也。〔註10〕

啖助於天寶末年時至江東，之後即爆發了「安史之亂」，在唐肅宗上元二年（西
元 761 年）開始注釋《春秋》一書。啖助花了十年的時間，在唐代宗大歷五
年（西元 770 年）將《春秋》的注解寫成，隨即逝世。趙匡則是在此年與啖
助論交並交換彼此對《春秋》的看法，兩人相談甚歡，對《春秋》的許多見
解是一樣的。啖助的弟子陸淳〔註11〕在啖助逝世後因傷啖助之學不彰於世，
所以會同啖助的兒子啖異攜啖助遺稿共同拜訪趙匡，請教趙匡對《春秋》的
意見，之後再由陸淳加以會總編輯，至大歷十年（西元 775 年）年成書，此
即《春秋集傳纂例》一書。此外陸淳還著有《春秋辨疑》七卷、《春秋微旨》
三卷，兩書的內容均爲闡述啖助之說。〔註12〕經此啖助等人注解《春秋》的

〔註9〕 （宋）歐陽修、宋祁等著：《新唐書》，卷200，〈儒學下〉，頁5706。

〔註10〕 （唐）陸淳纂：《春秋集傳纂例》（臺北：臺灣商務印書館，影印清高宗乾隆
三十八至四十七年寫文淵閣四庫全書本，1983 年），卷1，頁22。

〔註11〕 「陸質字伯沖……世居吳，明《春秋》，師事趙匡。匡師啖助，質盡傳二家
學。……憲宗爲太子，詔侍讀，質本名淳，避太子名，故改。」見《新唐書》，
卷168，〈陸質傳〉，頁5127～5128。

〔註12〕 一般而言均將啖助、趙匡、陸淳三人的看法視爲相同且一致的，當然眞實的
狀況未必是如此，這三人在某些意見上還是有些細微的差距。關於三子差異
的討論不多，詳請參見吉原文昭〈關於唐代春秋三子的異同〉一文，收入《啖

著作便廣爲世人所知,並對詮解《春秋》的方式開展了一個新的視野。〔註13〕本章主要重點在於探討啖助等人對於詮釋《春秋》的方法上的開創,所以下文即分成三部分加以論述:啖助對《春秋》一書的定位、啖助對面對三傳詮解《春秋》的討論,最後再論及啖助在實際詮解《春秋》的方法與步驟。

## 第一節 啖助等人對《春秋》的定位

凡是詮解《春秋》的學者,自然面對的第一個問題就是:《春秋》到底是一本怎樣的書?關於這個問題,啖助認爲《春秋》有幾個特質:從來源來看,《春秋》源自魯史記事之文;從作者而言,《春秋》的作者爲孔子;從內容來看,《春秋》並非爲史官記事之書,而是有著孔子自己獨特的創見。

就《春秋》的來源,啖助說:

> 此經所以稱春秋者,先儒說云魯史記之名也、記事者,以事繫日,
> 以日繫月,以月繫時,以時繫年,所以記遠近、別同異也。故史之
> 記必表年以首事,年有四時,故錯舉以爲所記之名也。〔註14〕

啖氏接受傳統的說法,認爲《春秋》源自於魯國的史記,所以在形式上自然有事件以及日、月、時、年等時事的記載,也因爲如此所以後常以史的角度來理解《春秋》。但是啖助認爲《春秋》畢竟不是魯史,因爲《春秋》的作者爲孔子,孔子依魯史修《春秋》之後,《春秋》即有了不同的面目與義意。啖助認爲:

> 夫子之志,冀行道以拯生靈也。故歷國應聘,希遇賢王,及麟出見,
> 傷知爲哲人其萎之象,悲大道不行,將託文以見意。雖有其德而無
> 其位,不作禮樂乃修《春秋》爲後王法。〔註15〕

孔子本有濟世之志,但是在遍遊諸國之後,並沒有遇見願意信任孔子的賢王,

---

助新春秋學派研究論集》,頁 339～398。在本文的論述中,爲了避免橫生太多枝節,所以下文之說大致舉啖助之說代表三子共同的看法,若趙匡、陸淳看法有所異差時,則另行附注標出。

〔註13〕 唐代以超脫三傳注解《春秋》最有名的當推盧仝及其所著的《春秋摘微》,尤其以韓愈寫了〈贈盧仝詩〉云:「《春秋》三傳束高閣,獨抱遺經究終始。」見(唐)韓愈著,(宋)廖瑩中輯註:《韓昌黎全集》(臺北:新興書局,1970年),卷5,頁3。更讓盧仝成爲唐代脫離三傳以解《春秋》的代表。但韓愈生於大曆三年(768),而啖助在大曆五年即註解完《春秋》。所以就時間先後及解經方式的開創而言,啖助等人實先於盧仝。

〔註14〕 (唐)陸淳纂:《春秋集傳纂例》,卷1,〈春秋宗指議第一〉,頁1。

〔註15〕 (唐)陸淳纂:《春秋集傳纂例》,卷1,〈春秋宗指議第一〉,頁4。

孔子亦不見當時有可見用之機，所以無法行志於當時。加上孔子已年老體衰，所以只好將經國治世之道寄托在《春秋》經中。啖氏認爲《春秋》爲孔子所作，這與三傳看法相同。但啖助與三傳相異的是，啖氏並不同意三傳對孔子作《春秋》理解：首先啖助認爲范寧對於《春秋》的地位並沒有特殊的看法。雖然啖助說范寧認爲《春秋》是：

> 平王東遷，周室微弱，天下板蕩，王道盡矣。夫子傷之，乃作《春秋》，所以明黜陟著勸戒，成天下之事業，定天下之邪正，使夫善人勸焉，淫人懼焉。〔註16〕

其中包含《春秋》爲孔子傷王道不興所作、《春秋》以勸善懲惡等說法。但啖助認爲這些都是一般學者對《春秋》的通說，范氏並沒有對《春秋》有獨特的看法，啖氏以爲范寧對《春秋》的定位「粗陳梗概，殊無深指。」〔註17〕所以並沒有多加討論。但相對的，啖助對《左傳》與《公羊》對《春秋》的定位則有許多不同面向的批評。

首先，啖助批評以杜預爲代表的《左傳》學者的見解：

> 說左氏者以爲《春秋》者，周公之志也。暨乎周德衰，典禮喪，諸所記注，多違舊章，宣父因魯史成文，考其行事而正其典禮，上以遵周公之遺制，下以明將來之法。〔註18〕

杜預雖亦認爲《春秋》作者爲孔子，但是孔子之所以修作《春秋》實爲承繼周公之禮儀、志業，所以孔子僅是將周公之禮如實的整理記錄，並將之形諸文字以期能傳諸久遠，是爲後之來者保存前王的禮儀制度。〔註19〕啖氏認爲杜氏如此的看法並不眞能探得《春秋》眞意，因爲啖氏認爲孔子作《春秋》主要在針對當時的時代的弊病，而當時世局之亂象亦非僅以回復或維繼周公之禮樂制度即可以加以對治的，啖氏說：

> 予以爲《春秋》者，救時之弊，革禮之薄，何以明之？前志曰：夏政忠，忠之蔽野，殷人承之以敬。敬之弊鬼，周人承之以文。文之弊僿，救僿莫若以忠，復當從夏政。夫文者，忠之末也，設教於本，其弊猶末；設教於末，弊將若何？武王、周公承殷之弊，不得已而

---

〔註16〕　（唐）陸淳纂：《春秋集傳纂例》，卷1，〈春秋宗指議第一〉，頁1～2。
〔註17〕　（唐）陸淳纂：《春秋集傳纂例》，卷1，〈春秋宗指議第一〉，頁4。
〔註18〕　（唐）陸淳纂：《春秋集傳纂例》，卷1，〈春秋宗指議第一〉，頁1。
〔註19〕　這是啖氏以如此角度來理解杜預，但並不一定代表杜預即是如此看待孔子及《春秋》。說見前章。

用之。周公既沒，莫知改作，故其頹弊甚於二代。以至東周王綱癈
絕，人倫大壞，夫子傷之曰：虞夏之道，寡怨於民，殷周之道，不
勝其弊。又曰：後代雖有作者，虞帝不可及已。蓋言唐虞淳化，難
行於季末，夏之忠道，當變而致焉。〔註20〕

啖助主張孔子作《春秋》主要在針對「時弊」而發，而這「時弊」產生的原因
即在於周公所定之禮樂制度所產生的流弊。周公之所以訂定禮樂本在救殷商尚
敬之道而產生的崇信鬼神的弊病。但因周人在周公死後不知道要因時改作，所
以其產生的弊病為「僿」，這使得一切禮儀均失去了內心本有之情而顯得虛假不
堪。啖助認為周禮所產生的這種弊病之害遠大於夏商二代，而對治之法應為重
新提倡夏道所崇信之「忠道」。在這樣的看法下，《左傳》學家如杜預等人所謂
孔子修《春秋》的目地在於重新承續周公禮樂之說根本是錯誤的。職是之故，
啖氏也認為杜預依《周禮》來詮解《春秋》也不是全然可信的，他說：

太史公亦言：聞諸董生曰：《春秋》上明三王之道。公羊亦言樂道堯
舜之道，以俟後聖。是知《春秋》參用二帝三王之法，以夏為本，
不全守周典，理必然矣。據杜氏所論，褒貶之指，唯據《周禮》。若
然則周德雖衰，禮經未泯，化人足矣，何必復作《春秋》乎？且游
夏之徒，皆造堂室，其於典禮，固當洽聞，述作之際，何其不能贊
一辭也？又云：周公之志，仲尼從而明之，則夫子曷云：知我者亦
《春秋》，罪我者亦《春秋》乎？斯則杜氏之言陋於是矣。〔註21〕

啖氏這段話的要點如下：第一、《春秋》非僅守周道的看法並非啖氏所獨創，至
少司馬遷及《公羊》家即有此說。第二、孔子所處之時代為周末，當時社會眾
人之行為雖然不完全受周禮之規範，但周代之禮儀制度應尚未流失，典籍亦在
所多有，只是人們並不普遍遵守罷了。如說孔子做《春秋》之意在於記錄眾人
之行為，然後再依周代之典儀來定善惡褒貶，這種說法無疑是小看了孔子與《春
秋》。因為記實事與判斷合不合周禮這種事情是一般的良史即可做到的事，何必
一定要孔子親為？而且為何連孔門高弟子游、子夏對《春秋》一書都不可參贊
一辭呢？可見孔子所修《春秋》絕不只是以周公所制的禮儀為唯一的判斷標準，
而是另外有所發明。第三、既然《春秋》為孔子綜合二帝三王之法後的創發，
所以《春秋》所據以判斷褒貶的依據自然不全是由周代的禮儀制度而來。

〔註20〕 （唐）陸淳纂：《春秋集傳纂例》，卷1，〈春秋宗指議第一〉，頁2。
〔註21〕 （唐）陸淳纂：《春秋集傳纂例》，卷1，〈春秋宗指議第一〉，頁3。

　　雖然啖氏主張《春秋》褒貶不全依周代禮儀固然有其獨特的歷史處境，例如有許多學者認爲啖助之所以會主張《春秋》不全依「周典」，其最主要的原因在於啖助所處的時代在唐安史之亂後，當時許多藩鎮因此坐大，甚至於相互攻伐會盟。如《新唐書》中說安史之亂後藩鎮「亂人乘之，遂擅署吏，以賦稅自私，不朝獻于廷……訖唐亡百餘年，卒不爲王土。」〔註22〕又唐德宗建中年間，朱滔等四個河朔藩將，自比春秋諸侯，模仿春秋盟會形式叛唐稱王。〔註23〕這些行爲均嚴重威脅到君主的權威。但若依周代禮儀，則本就有諸侯分封之制，而啖助爲了要鞏固唐代的中央集權制度，所以才會提出《春秋》不全依「周典」的看法。〔註24〕但從解經的角度來看，這個主張更有其內在的理路。因爲孔子的《春秋》是否全然依循周代禮儀的判斷，會牽涉到對孔子以至於《春秋》的定位與評價，顯然啖助認爲孔子並非僅是周公的依循者，而是另有所創發的。趙匡則將啖助這樣的主張，進一步發展出更細緻的說法：

> 啖氏依《公羊》家舊說，云《春秋》變周之文，從夏之質。……或曰：若非變周之意，則周典未亡，焉用《春秋》？答曰：禮典者，所以防亂耳。亂既作矣，則典禮非能治也。喻之一身，則養生之法，所以防病。病既作矣，則養生之書不能治也。治之者在針藥耳。故《春秋》者，亦世之針藥也。〔註25〕

趙匡將《春秋》比喻成「針藥」而周代的典儀比喻成「養生之書」，養生之書是用於日常未病之時，一旦生病，則日常養生之法便不適用，這時就必須使用針藥治病，而《春秋》就是要對治周代尚文而陷於虛矯之病。在這樣的說法裡，孔子便與周公等以往聖人地位相同，都是變風易俗的創制者，而非僅爲一文獻記錄保存者。而這正是啖助認爲依循《左傳》的學者無法正確體認孔子修《春秋》深意的關鍵所在。

---

〔註22〕　（宋）歐陽修、宋祁等著：《新唐書》，卷210，〈藩鎮魏博列傳〉，頁5921。

〔註23〕　（宋）司馬光編著，胡三省註：《資治通鑑》（臺北：宏業書局，1978年），卷227。

〔註24〕　關於這個論點詳請參見張穩蘋：「啖、趙、陸三家之春秋學研究」（臺北：東吳大學中國文學研究所碩士論文，1999年），頁120～125。及劉光裕：〈唐代經學中的新思潮〉收入《啖助新春秋學派研究論集》，頁99～101。筆者認爲啖助無可避免的會受到其所處時代的影響，但在此筆者更認爲啖助這樣的看法其實亦符合詮解《春秋》的內在理路與要求。

〔註25〕　（唐）陸淳纂：《春秋集傳纂例》，卷1，〈趙氏損益義第五〉，頁8～9。

至於啖氏對《公羊》家的批評則是：

> 何氏所云：變周之文從先代之質，雖得其言，用非其所。不用之於
> 性情，而用之於名位，失指淺末，不得其門者也。周德雖衰，天命
> 未改，所言變從夏政，唯在立忠爲教，原情爲本，非謂改革爵列，
> 損益禮樂者也。故夫子傷主威不行，下同列國。首王正以大一統，
> 先王人以黜諸侯，不言戰以示莫敵，稱天王以表無二尊，唯王爲大，
> 邈矣崇高，反云黜周王魯，以爲《春秋》宗指。〔註26〕

啖氏認爲何休等公羊學者認爲《春秋》中有所謂「黜周王魯」之義，所謂的
「黜周王魯」指的是周命已盡，所以魯國可以爲王。〔註27〕既然周之天命已
盡，所以孔子在記載周天子之事時，均不以王視之，而《春秋》大義即是在
展現此種天命的移轉。啖氏雖然同意何休所謂孔子並非全從周典，而必須以
「忠質」加以改正的看法，但是啖氏所謂的「忠質」指的是必須重視由心中
所發的眞心眞情，而非是專指將周代的禮儀制度改成前代的制度，〔註28〕在
這樣的論述下，《春秋》裡當然沒有何休所謂的「黜周」之意。由此啖氏認爲
何休之說並不能眞正掌握孔子著《春秋》之大義，因爲啖氏認爲孔子著《春
秋》最重要的一件事即爲尊王室，而尊王室最主要表現則在「首王正」、「先
王人」與「不言戰」等書寫慣例上。何休不能正視《春秋》這樣的主張，所
以亦是無法正確理解《春秋》。

綜合言之，啖助對《春秋》的定位主要有兩點：一、《春秋》之作者爲孔子，

---

〔註26〕 （唐）陸淳纂：《春秋集傳纂例》，卷1，〈春秋宗指議第一〉，頁3。

〔註27〕 啖助在此所理解的「黜周王魯」未必即是公羊家所謂的「黜周王魯」，啖助所
理解的「黜周王魯」是從字面而言最簡單也最單純的一種說解。此外《公羊》
家還有將「黜周」與「王魯」分開而言，有以「黜周」理解爲「寓革命之志」、
「以聖王之法批判舊王之制」；將「王魯」理解爲「借用魯舊史之文」、「緣魯
以見王義」等不同說法。詳請參見陳柱：《公羊家哲學》（臺北：臺灣中華書
局，1980年）頁3～6。蔣慶：《公羊學引論》，頁94～109。

〔註28〕 何休所謂的「變周之文」主要是在於制度的改換，如：「《春秋》變周之文，
從殷之質，合伯子男以爲一，則殷爵三等者，公侯伯也。……周武王初定天
下，更立五等之爵，增以子男。」見《春秋公羊傳注疏》，卷3，頁35。「《春
秋》變周之文，從殷之質，質家親親，明當親厚異於群公子也。」見《春秋
公羊傳注疏》，卷3，頁38。以及「《春秋》變周之文，從殷之質，質家親親，
先封同姓」見《春秋公羊傳注疏》，卷3，頁41。綜合言之，何休談及變周之
文主要有兩個內容：其一、殷爲三等爵，周爲五等爵，這是爵位區分的不同。
周制顯然較殷制複雜。其二、如殷商重質之人較周人更重視親親的原則，所
以對自己血緣親近的人給予的客觀名位自然要特別豐厚。

而孔子據魯史而修定《春秋》主要的目的並不在於文獻的保存，也不在於用當時現存的禮儀制度來判定誰合禮誰不合禮，而是在於對當時日漸衰頹的世風提出一個新的解決之道。二、孔子在《春秋》中並沒有認為周王室是必須被取代，相反的，啖氏認為「尊王」是《春秋》重要核心價值之一，唯有王室尊才可能保持國家整體的穩定。而《春秋》之功用即在於「拯薄俗、勉善行，救周之弊，革禮之失也。」〔註29〕啖助之所以對《春秋》有這樣不同於三傳的看法，其實是因為啖助對孔子地位及思想內容的理解與三傳所述不同的緣故。啖助認為孔子不僅是傳統文化的繼承者，更是文化的創發者；孔子雖然對周朝現狀不滿，但是也並沒有像某些《公羊》家認為有所謂的革周天命的主張。

## 第二節　啖助等人對三傳的批評與檢討

啖助既然認為《春秋》為孔子用以淑世之重要典籍，那麼如何理解《春秋》便成為一無可迴避的問題。在這個問題上，啖助主要提出兩個看法：第一、三傳解《春秋》之說不可全信。第二、建立起一套可用於詮解《春秋》的步驟與方法。在此先由第一個問題談起。

如前所言，啖氏認為三傳均無法正確掌握孔子著《春秋》的主要意旨，那就更別說能對《春秋》的內容能有適當的詮解，所以他認為「兩漢專門，傳之于今，悖禮誣聖，反經毀傳，訓人以逆，罪莫大焉。」〔註30〕乍看之下雖似過激之言，但亦非無的放矢。所以啖助面對著由三傳所籠罩的解經傳統與權威，採取了幾個步驟加以批駁與消解。

首先，啖助承認三傳原即都是解《春秋》之作，而且三傳彼此在來源上的關係很深，他說：「惜乎微言久絕，通儒不作，遺文所存，三傳而已……三傳分流，其源則同。」〔註31〕《春秋》中蘊含微言大義，但一般儒者無力可以由中發現孔子深意，故欲探《春秋》深微之意，三傳幾乎是主要的憑藉。雖然三傳之說紛異，但啖氏認為究其來源，三傳實為同一。既然如此，為何我們所見三傳卻有若大的分別呢？其中最主要的原因即在於三傳一開始的傳承方式為「口傳」。啖氏說：

---

〔註29〕　（唐）陸淳纂：《春秋集傳纂例》，卷1，〈春秋宗指議第一〉，頁4。
〔註30〕　（唐）陸淳纂：《春秋集傳纂例》，卷1，〈春秋宗指議第一〉，頁3～4。
〔註31〕　（唐）陸淳纂：《春秋集傳纂例》，卷1，〈啖氏集傳注義第三〉，頁6～7。

古之解說，悉是口傳，自漢以來，乃爲章句。……是知三傳之義，
本皆口傳。後之學者，乃著竹帛，而以祖師之目題之。〔註32〕

認爲三傳解《春秋》之言，在漢之前均爲口傳，到漢朝方才正式著錄成書。
在這段沒有形諸文字而僅以口傳的歷史裡，三傳自然有許多脫誤及謬說摻入
其中。啖氏認爲：「三傳所記，本皆不謬，後人不曉，而以濫說附益其中，非
純是本說。」〔註33〕從最初的來源看，三傳解《春秋》本爲不誤，但在流傳
的過程中不斷摻雜了一些「濫說」，而日漸使得三傳彼此的距離越來越大，更
不用說能對《春秋》有完全正確的詮解。

啖氏對《左傳》的看法爲：

予觀《左氏傳》自周晉齊宋楚鄭等國之事最詳，晉則每一出師，具
列將佐；宋則每因興廢，備舉六卿。故知史策之文，每國各異。左
氏得此數國之史，以授門人，義則口傳，未形竹帛。後代學者，乃
演而通之，總而合之，編次年月，以爲傳紀。又廣采當時文籍，故
兼與子產晏子及諸國卿佐家傳，并卜書及雜占書、縱橫家、小說諷
諫等，雜在其中。故敘事雖多，釋意殊少。是非交錯，混然難證。
其大略皆是左氏舊意，故比餘傳，其功最高，博采諸家，敘事尤備，
能令百代之下，頗見本末，因以求意，經文可知。又況論大義、得
其本源，解三數條大義，亦以原情爲說。欲令後人推此以及餘事。
而作傳之人，不達此意，妄有附益，故多迂誕。又左氏本末，釋者
抑爲之說，遂令邪正紛揉，學者迷宗也。〔註34〕

啖氏的看法爲：一、《左傳》的作者爲左丘明。〔註35〕二、原始《左傳》的內容
分爲兩部分：記各國歷史的部分由各國史書匯集而成，著之竹帛，所以體例未

---

〔註32〕 （唐）陸淳纂：《春秋集傳纂例》，卷1，〈三傳得失議第二〉，頁4～5。
〔註33〕 （唐）陸淳纂：《春秋集傳纂例》，卷1，〈啖子取舍三傳義例第六〉，頁6。
〔註34〕 （唐）陸淳纂：《春秋集傳纂例》，卷1，〈三傳得失議第二〉，頁5。
〔註35〕 對於《左傳》的作者問題，啖助均以《左氏傳》稱之，並沒有明言《左氏傳》
爲左丘明。而趙匡則說：「啖氏依舊說，以左氏爲丘明，受經於仲尼。今觀左
氏解經，淺於公穀，誣謬實繁。若丘明實過人，豈宜若此。推類而言，皆
孔門後之門人。」見《春秋集傳纂例》，卷1，〈趙氏損益義第五〉，頁12。啖
助認爲《左傳》的作者爲左丘明，而趙匡明言並不同意啖助的看法。趙匡認
爲《左傳》雖然史實記載詳實，但在詮解《春秋》大義時卻遠較《公羊》、《穀
梁》爲淺，而依《論語》所記之左丘明都能讓孔子佩服，何以會寫出這樣的
經解？至於《左傳》的作者爲何，趙匡認爲唐儒陸德明所言的《左傳》代代
傳授分明的說法並不可信，所以趙氏認爲《左傳》應爲孔子之再傳弟子所作。

必一致；至於解《春秋》大義的部分則原為口傳，並未將其形諸文字。第三、
現在我們看到的《左傳》是後人將原始《左傳》之事跡加口傳之義再與其他相
關書籍之記載相混而成。第四、對《左傳》的評價為敘事之文相當詳盡，但詮
解《春秋》大義之內容卻很少。敘事詳盡，所以可以讓後人知道《春秋》所記
之事的本末為何，對於可由事件原委即可見善惡之事，透過《左傳》的這些記
錄亦即可以探知孔子之意。至於數條詮解《春秋》大義的部分，則尚能掌握「原
情」的原則。但因現存《左傳》的內容來源混雜，本來就有是非正邪不明之處，
加上後來學者又加以推廓。啖助指出：「習左氏者，皆遺經存傳，談其事跡，翫
其文彩，如覽史籍，不復知有《春秋》微旨。」〔註36〕《左傳》學者有沈溺於
《左傳》的事跡文采，而不復探求《春秋》大義的缺點，這固然是由於後學沒
能把握《左傳》的重點，但《左傳》本身重史輕義的特質亦是重要的原因。所
以《左傳》學者所詮解的《春秋》大義，自然越來越令人迷惑。

　　啖助對《公羊》、《穀梁》二傳的看法則是：

> 《公羊》、《穀梁》初亦口授，後人據其大義，散配經文，故多乖繆，
> 失其綱統。然其大指，亦是子夏所傳。故二傳傳經，密於左氏。《穀
> 梁》意深，《公羊》辭辨，隨文解釋，往往鉤深。但以守文堅滯，泥
> 難不通，比附日月，曲生條例。義有不合，亦復強通，踳駁不倫，
> 或至矛盾，不近聖人夷曠之體也。夫《春秋》之文，一字以為褒貶，
> 誠則然矣。其中亦有文異而義不異者，二傳穿鑿，悉以褒貶言之，
> 是故繁碎甚於《左氏》。〔註37〕

啖氏的看法可歸納為：一、《公羊》、《穀梁》二傳最初均為子夏所口傳，將之
著之竹帛者則未明言是誰。〔註38〕二、《公羊》、《穀梁》二傳在口傳的過程中，
後人才將其大義「散配經文」，也就是說在內容及形式上均有所改動，這些改
動對「一字以為褒貶」的《春秋》經來說，必然產生了一些沒有必要甚至虛

---

〔註36〕（唐）陸淳纂：《春秋集傳纂例》，卷1，〈啖氏集傳注義第三〉，頁7。

〔註37〕（唐）陸淳纂：《春秋集傳纂例》，卷1，〈三傳得失議第二〉，頁5～6。

〔註38〕趙匡對《公羊》《穀梁》的作者有一簡單的討論，認為應劭、阮孝緒等人所說
　　　　二傳的作者為公羊高、穀梁赤等說並不可信，而主張：「此二傳雖不記事跡，
　　　　然其解經密於左氏，是知必孔門後之門人也。但不知師資幾世耳。傳記無明
　　　　文，故三傳先後亦莫可知也。」《春秋集傳纂例》，卷1，〈趙氏損益義第五〉，
　　　　頁15～16。趙氏認為《公羊》、《穀梁》二傳亦如《左傳》一樣為孔子之再傳
　　　　弟子，至於確為何人所作，因無明文故並不可知。趙匡甚至連子夏是否傳《公
　　　　羊》、《穀梁》二傳都未必確信不疑。

妄的「條例」。這都使原來能精準詮解《春秋》的《公羊》、《穀梁》二傳，價值受到不少折損。三、相較於《左傳》，整體而言，《公羊》、《穀梁》還是較能掌握《春秋》以褒貶為主的精神，進而詮解出《春秋》大義。

但是過猶不及，啖助認為《春秋》亦非一字一句均含褒貶，所以《公羊》、《穀梁》二傳不免有繁雜破碎之弊。如啖助對《公羊》、《穀梁》二傳以例詮解《春秋》攻擊最多的兩個條例為：日月之例及凡不書皆有義。啖氏說：「《公羊》《穀梁》以日月為例，一切不取，其有義者，則時或存之，亦非例也。」〔註39〕啖助認為日月為記時之常規，《春秋》中或書或不書是因為舊史或存或亡，孔子只能如實書之，並不如二傳所認為有大義存於其間。又說：「《公羊》、《穀梁》又不知有不告則不書之義，凡不書者皆以義說之……他國之事，不憑告命，從何得書？但書所告之事，定其善惡，以文褒貶耳。」〔註40〕《公羊》、《穀梁》不知不告則不書，所以認為不書皆有義。啖助認為列國之事，若其無告命，則魯史何由書之？孔子又何可得知？孔子著《春秋》時只能憑其所知書之，其中雖然有善惡褒貶之分，並沒有所謂凡不書皆有義之例。〔註41〕

啖助對三傳詮解《春秋》均不十分滿意，但又認為三傳之來源並非向壁虛構，多少都與孔子直接相關，所以他說：

> 《春秋》之文，簡易如天地焉。其理著明如日月焉，但先儒各守一
> 傳，不肯相通，互相彈射，仇讎不若，詭辭迂說，附會本學，鱗雜
> 米聚，難見易滯，益令後人不識宗本，因註迷經，因疏迷註。黨於
> 所習，其俗若此。老氏曰：大道甚夷，而人好徑。信矣！故知三傳
> 分流，其源則同。擇善而從，且過半矣。〔註42〕

《春秋》之經文簡易，但其理昭著並不難知，先賢之所以無法探知孔子深意，最主要的原因在於「各守一傳」，不願兼取他傳之善解。於是日漸黨同伐異，彼此相互攻揭，以致於使後人因堅守註疏之門戶而遺忘經之大意，循迷途而不反。所以要真正了解《春秋》大義，首先在於了解三傳本皆出於孔門，但因口傳之故而有所差異。但這並不代表要將三傳完全摒棄，相反的，應將三傳相互對比，擇其善者而從之，而這正是啖助認為前人詮解《春秋》時沒有

---

〔註39〕（唐）陸淳纂：《春秋集傳纂例》，卷1，〈啖子取舍三傳義例第六〉，頁17。
〔註40〕（唐）陸淳纂：《春秋集傳纂例》，卷1，〈三傳得失議第二〉，頁6。
〔註41〕對於書不書是否有例，啖助的看法不但複雜，自己也未必一致。但無疑的，啖助對《公羊》《穀梁》的解釋是有所不滿的。
〔註42〕（唐）陸淳纂：《春秋集傳纂例》，卷1，〈啖氏集傳注義第三〉，頁7。

做到的事。啖助又說：

> 予輒考覈三傳，舍短取長，又集前賢註釋，亦以愚意稗補闕漏，商
>
> 榷得失，研精宣暢，期於浹洽，尼父之志，庶幾可見。〔註43〕

啖助說自己在詮解《春秋》時相當重視前人的說法，雖然啖助在引用他人之
說時，從杜預以下均不著明說者的姓名，但這並不代表啖助輕視他人的說法，
反而認爲不標明作者的態度更能夠掌握經中所說的道理。〔註44〕所以他認爲
不能憑空理解《春秋》，而是必須透過三傳及前賢學者的說法，商榷其中彼此
的得失。則孔子之意則大略可以探知。

由以上的論述我們大致可以整理出啖助對三傳的幾個看法：第一、三傳
來源均與孔子密切相關，所以就詮解《春秋》的資格上說，三傳具有一定的
權威性。第二、三傳起初的流傳方式爲口傳，但口說易爲更動，所以著於竹
帛時與原初所傳相較自然會有些變異。第三、三傳在發展的過程中，有摻雜
後來的學者的一些不當推衍，這些缺失因著三傳本身的特性各有所長亦各有
所失。第四、詮解《春秋》不能單信一傳，亦不能全然不信三傳，所以要以
三傳爲基礎，取長捨短，上追孔子《春秋》之大義。至於啖助面對三傳如何
「取長捨短」，他有一具體的說明及例證。

啖助既然不堅信一傳，又不完全摒棄三傳，所以他提出了在面對《春秋》
又同時面對詮解《春秋》傳統的解釋方法：

> 予所註經傳，若舊註理通，則依而書之。小有不安，則隨文改易。
>
> 若理不盡者，則演而通之。理不通者，則全削而別註。其未詳者，
>
> 則據舊說而已。但不博見諸家之註，不能不爲恨爾。〔註45〕

啖助將詮解《春秋》的過程分爲幾步驟：一、如果三傳之說爲合理的，則依
三傳舊說。〔註46〕二、若三傳之說有些小地方需要更詳細的說明，則依隨傳
文之意加以改動。三、若三傳之說未能將道理完全講明，啖助則會陳述出三
傳的內在意涵。四、如果三傳的說法在道理上完全無法說通，則啖助則會捨

---

〔註43〕 （唐）陸淳纂：《春秋集傳纂例》，卷1，〈啖氏集傳注義第三〉，頁7。

〔註44〕 此說詳見吉原文昭：〈關於唐代春秋三子的異同〉，收入《啖助新春秋學派研
究論集》，頁348。

〔註45〕 （唐）陸淳纂：《春秋集傳纂例》，卷1，〈啖氏集註義例第四〉，頁7～8。

〔註46〕 在這裡啖助並未指名「舊註」即指三傳，但通觀《春秋集傳纂例》一書，其
所取所批評的幾乎都以三傳爲主，所以筆者在此直接以「舊註」所指即爲三
傳。

三傳之說而另立他說。五、至於《春秋》中有些地方實在難以索解，則啖助
還是會依照傳統舊說。依照啖助這樣的論述，可以發現啖助解《春秋》的主
要問題在於兩個部份：若三傳之說皆可信，則如何在三傳中有所取捨？〔註47〕
若三傳之說皆可疑則如何在三傳外另立異說，其間的準標爲何？對這兩個問
題要如何拿捏操作？依啖氏的說法，不論是在三傳中會通或取捨甚至於提出
異於三傳之說，其中最重要的在於所謂的「理」。那麼啖氏所謂的可以取捨、
駁斥三傳的「理」究竟是什麼？實是值得做進一步的探討。

## 第三節　啖助的解經方法

　　啖助等人，在面對三傳以各自傳統詮解《春秋》時，提出「理」字做判
斷標準，而這「理」的內容，大致來說，又可分爲：「以例傳《春秋》」、「以
他經傳《春秋》」與「以理傳《春秋》」這三類。〔註48〕

〔註47〕啖助又認爲：「三傳文義雖異，意趣可合者，則演而通之。文意俱異，各有可
　　　　取者，則並立其義。其有一事之傳，首尾異處者，皆聚於本經之下，庶使學
　　　　者免於煩疑。至於義指乖越，理例不合，浮辭流遁，事跡近誣，及無經之傳，
　　　　悉所不錄。其辭理害教，并繁碎委巷之談，調戲浮侈之言，及尋常小事，不
　　　　足爲訓者，皆不錄。若須存以通經者，刪取其要，諫諍謀猷之言，有非切當，
　　　　及成敗不由其言者，亦皆略之。雖當存而浮辭多者，亦撮其要。凡敘戰事，
　　　　亦有委曲繁文，并但敘戰人身事，義非二國成敗之要，又無誠節可紀者，亦
　　　　皆不取。凡論事，有非與論人而私評其事，自非切要，亦皆除之。其巫祝、
　　　　卜夢、鬼神之言，皆不錄。三傳敘事及義理同者，但舉《左氏》，則不復舉《公》
　　　　《穀》。其《公》《穀》同者，則但舉《公羊》。又《公》《穀》理義雖同，而
　　　　《穀梁》文獨備者，則唯舉《穀梁》。」見《春秋集傳纂例》，卷1，〈啖子取
　　　　捨三傳義例第六〉，頁16～17。在這其中包含了引文的體例、刪節三傳的方式、
　　　　對於巫祝鬼神的反對（主要應指《左傳》）等等內容，似乎更近於在論述書的
　　　　體例，而非解經的方法原則。值得我們注意的是，其間論及對三傳異說的處
　　　　理主要在「三傳文義雖異，意趣可合者，則演而通之。」、「文意俱異，各有
　　　　可取者，則並立其義。」兩條，啖助基本上是傾向以兼容並蓄的方式來處理
　　　　三傳異說。
〔註48〕以下所舉之例均爲啖助等人批駁三傳之說的例子，讀者切不可以爲啖助對三
　　　　傳之說均不接受。事實上，啖助依其所言，對三傳舊說頗多采納，如言「凡
　　　　先君正終，則嗣子踰年行即位禮。《穀梁》云：繼正即位也。此說是。」見《春
　　　　秋集傳纂例》，卷2，〈魯十二公譜并世緒第九〉，頁5。「他國來，亦如之《公
　　　　羊》云納幣不書。此說是也。」《春秋集傳纂例》，卷2，〈婚姻例第十三〉，頁
　　　　26。「《公羊》云：內不言戰，言戰乃敗績也。《穀梁》云：內諱敗，舉其可道，
　　　　二說並通。」《春秋集傳纂例》，卷5〈用兵例第十七〉，頁20。在《春秋集傳
　　　　纂例》書中這種例子隨處可見，但因爲了要特別展現啖助的解經方法，所以

　　我們先說明「以例傳《春秋》」這種解經方式。「以例傳《春秋》」在詮解《春秋》的歷史中三傳早已經常使用，並非啖氏所獨創。用例來解《春秋》最早當推《公羊》，其後《穀梁》《左傳》方才倣效。〔註49〕甚至杜預有《春秋釋例》一書，專論用例在詮解《春秋》。但啖氏用例與前人最大的不同在於，啖氏不僅將例視爲詮解《春秋》時的一種極有用的方式，甚至可以這種方式來質疑三傳的解釋是否確當。

　　啖氏認爲以例解《春秋》是正確的方法，只是三傳在解《春秋》之例時，常常隨著自己的喜好而自創義例，以致於違失了《春秋》大義。其中最明顯的當推「時日月例」。關於三傳之「時日月例」的內容非常複雜且各傳所述之例各有不同，前人對此的研究與論敘亦頗爲豐富。〔註50〕簡而言之，三傳認爲《春秋》中雖「以事繫日，以日繫月，以月繫時，以時繫年」，但是《春秋》經中之時月日卻偶有缺略。三傳主張《春秋》之所以對時月日的缺略有時是因年代久遠，史所不載之故。如隱公元年公子益師卒不日，《公羊》即說「遠也」；但更多情況並非孔子所不知，而是孔子要透過這種記時日缺略的方式來表達其是非善惡褒貶的評價。甚至更進一步發展出記日也是表達褒貶的一種書法。對此啖助說：

　　　　《公》《穀》多以日月爲例，或以書日爲美，或以爲惡。夫美惡在於
　　　　事迹，見其文足以知其褒貶。日月之例，復何爲哉？假如書曰春正
　　　　月叛逆，與言甲子之日叛逆，又何差異乎？故知皆穿鑿妄說也。假
　　　　如用之，則踳駁至甚，無一事得通，明非《春秋》之意審矣。……
　　　　自文公以前書日者凡二百四十九，宣公以下書日者四百三十二，年
　　　　數略同而日數加倍，故知久遠遺落，不與近同。〔註51〕

啖氏主張善惡之評判在於所做所爲之事，例如若有一人叛逆，《春秋》所記一爲有時月無日一爲有日但無時月，那就代表其中有一叛逆者爲對了嗎？其實並不是這樣的，啖助認爲若叛逆爲非，《春秋》如何書記時日月並沒有差別。啖助並舉說：自文公以前《春秋》書日有兩百四十九例，而宣公之後則有四百三十二例。之所以會如此的差異純粹只是因爲文公以前距離孔子太過久遠，所以遺失

　　　　以下僅舉啖助討論駁斥三傳的說法爲例。
〔註49〕　此戴君仁之說。關於例的名稱及發展等相關敘述，請參見戴氏所著《春秋辨
　　　　例》，頁10～15。
〔註50〕　參見戴君仁：《春秋辨例》，頁19～21；56～59；83～86。
〔註51〕　（唐）陸淳纂：《春秋集傳纂例》，卷9，〈日月爲例第三十五〉，頁3。

的日期記錄較多的緣故,其間並無其他的原因,更無關褒貶。﹝註52﹞持平而論,啖助僅以時間遠近為由,認為三傳所謂日月例不能成立的理由雖然堅強,但未必能完全說服主張日月有例者。

所以啖氏又從其內部自相衝突的現象立說:「左氏唯卿卒以日月為例,亦自相乖戾。」陸淳也說:「左氏諸書皆不以日月為例,何獨於卿卒特生此文,故知妄耳。」﹝註53﹞這是啖氏等人直接用《春秋》經的內容來檢驗並駁斥《左傳》學者所提出的「日例」,認為《左傳》解《春秋》並無其他事有所謂的書日不書日的「例」,﹝註54﹞那為何會在「卿卒」這個部分特別的產生出個「例」來?這豈不是橫生枝節嗎?啖氏以印諸《春秋》全文內證方式來檢討三傳之說,無疑的較僅單純的不相信《春秋》中有日月例來得更具有說服力。

啖氏常將三傳所提出的「例」放入《春秋》經文中,看此「例」可否能通過《春秋》全文的檢驗,若無法說通,則即認為三傳之例大有可檢討之處。也就是說,例在啖助的使用中,不僅是一種用以說解《春秋》的方法,其更進一步成了檢驗三傳之說的方式。啖助認為,如果三傳之說並不能通過《春秋》之例的檢驗,那麼三傳的說法即深可懷疑。如《春秋》莊公三年「公次於滑」,《左傳》對「次」的解釋為:「凡師一宿為舍,再宿為信,過信為次。」認為軍隊在一個地方駐紮一晚為「舍」、兩晚為「信」,再超過則為「次」,這是《春秋》之例。但啖助則認為:「經無信舍之文。」﹝註55﹞也就是說《春秋》經中並沒有「舍」與「信」之用法,而《左傳》的這種說法,放在《春秋》經文中是得不到任何支持的。又如《春秋》桓公三年夏:「齊侯、衛侯胥命於蒲。」《穀梁》對「胥」的解釋為:「胥之為言,猶相也。相命而信諭,謹言而退,以是為近古也。」認為齊侯、衛侯相會,兩國國君彼此言語謹慎而且真誠,有古人之風,這是值得稱許的。但啖助卻說:

> 三傳俱言不盟。《穀梁》又云:「善其約言而退。」按:會遇亦並不

﹝註52﹞ 啖氏這種說法其實是採取孔穎達之說,甚至連書日數的統計都沿用孔氏。詳見《春秋左傳注疏》卷1,〈序〉,頁3。

﹝註53﹞ (唐)陸淳纂:《春秋集傳纂例》,卷9,〈日月為例第三十五〉,頁3。

﹝註54﹞ 依孔穎達說,《左傳》的「日例」並不僅只於「卿卒」一事,除此之外,尚還有「日蝕」一事。此二事之所以獨特書日或不日一因牽涉君主與卿之關係,一因牽涉曆法問題,所以要特別以書日不書日來表示褒貶。詳見《春秋左傳注疏》,卷1,〈序〉,頁4。

﹝註55﹞ (唐)陸淳纂:《春秋集傳纂例》,卷5,〈用兵例第十七〉,頁42。

盟，皆是約言而退，何得獨異其文？〔註56〕

認為三傳記載齊侯、衛侯此次之會都說沒有彼此結盟，既然沒有結盟那應都是簡要的說明彼此的立場與主張，那為何在這次的會中《穀梁》要將「胥命」理解為具有古人之風的襃揚之辭呢？這都是啖助透過檢視《春秋》經文，認為舊註之說在經文中並無法找到足夠合理的佐證來支持其主張，所以認為三傳之說未必合於《春秋》經義。

此外，啖助以《春秋》經中書記慣例來解《春秋》尚有另外一種形態，認為許多事書或不書都有一定的慣例。其實啖助這種說法在三傳中已有將之用以解釋《春秋》，例如楊向奎就將《左傳》中的「五十凡」分為三類，其中一類即是「其言『書』、『不書』……是為史官時法則，今簡謂之『史法』，凡例中屬于此者共九條。」〔註57〕而啖子等人則是將此說更加深化，如其言：「凡外逆女，皆以非禮書。《公羊》云：外逆女不書。是也」〔註58〕又說：「《公羊》《穀梁》並云：婦人謂嫁曰歸，是也。凡內女歸嫁為夫人則書，但言歸而不云逆者，知自來逆。常事不書。」〔註59〕趙匡也說：「左氏曰：凡諸侯之女行，唯王后書。趙子曰：敬王室也。記其是以著其非。」〔註60〕可見三傳都有採用這種方式來詮解《春秋》，只是啖助將之推行到更普遍與極致。如啖子說：「凡祭常事多不書，失禮及變故，則書。」〔註61〕這是因為《春秋》經文共只有一萬六七千字，不可能每件事情都記載。既然無法事事詳記，那麼選擇記載那些事項必然有一定的準則，否則若都隨手而記，那又何可稱之為「經」？所以啖助等人認為以祭禮來說，國家之祭禮很多，若國君之行合禮，則《春秋》不必記載，反過來說，若《春秋》有所記載，那必定表示有違常之義。〔註62〕

其次，啖助在駁斥三傳之說時所用的第二種方式為「以他經傳《春秋》」。

〔註56〕（唐）陸淳纂：《春秋集傳纂例》，卷4，〈盟會例第十六〉，頁31。
〔註57〕楊向奎：《繹史齋學術文集》（上海：上海人民出版社，1983年），頁216。
〔註58〕（唐）陸淳纂：《春秋集傳纂例》，卷2，〈婚姻例第十三〉，頁28。
〔註59〕（唐）陸淳纂：《春秋集傳纂例》，卷2，〈婚姻例第十三〉，頁30。
〔註60〕（唐）陸淳纂：《春秋集傳纂例》，卷2，〈婚姻例第十三〉，頁28。
〔註61〕（唐）陸淳纂：《春秋集傳纂例》，卷2，〈郊廟雩社例第十二〉，頁7。
〔註62〕這裡所謂的「違常」可以指違反正常的禮儀，也可以指違反當時一般人不守禮儀的習慣。此處所舉兩例為違反正常禮儀，後文所舉一例則為與當時不守禮之習慣有別。關於此點，啖助所言不多，但在孫覺則將之充份發揮。詳見本書第五章。

即是以其他儒家核心的典籍的說法來質疑三傳對《春秋》的說解。如啖助在解《春秋》宣公十年秋「天王使王季子來聘」時說：

> 《周禮》云：天子時聘以結諸侯之好，人君亦有聘士之禮。《穀梁》
> 曰：聘諸侯非正也。言天子不當聘諸侯，殊誤矣！〔註63〕

啖助認爲依照《周禮・秋官司寇》的說法：「大行人掌大賓之禮，及大客之儀，以親諸侯。……時會以發四方之禁，殷同以施天下之政，時聘以結諸侯之好。」〔註64〕認爲天子有專門的官員主掌與重要的賓客的禮儀，其中有一項即是以「聘」禮來與諸侯通好。〔註65〕而《穀梁》卻認爲聘諸侯並不是正常的禮儀，〔註66〕啖氏認爲《穀梁》這種說法並不合《春秋》之義。又如趙匡對三傳中關於「望」的說法有所懷疑：

> 三望之名，《公羊》云：泰山、河、海也。而《左氏》《穀梁》無其
> 名。說《左氏》者云：分野之星及封內山川。說《穀梁》者云：泰
> 山、淮、海。據《禮》篇云：諸侯祭名山大川，在其封內者。而不
> 言星辰。又淮海非魯之封內。……則三家之義皆可疑也。〔註67〕

「望」爲山川之祭，趙匡及說三傳者均無異議，問題在於《公羊》認爲望祭包含泰山、河、海。但是淮海並非在魯國境內而是在齊國國境，趙匡就以《禮記・王制》篇中說：「諸侯祭名山大川之在其地者」，認爲諸侯僅能祭祀境內山川，用以駁斥《公羊》之說。〔註68〕這是啖助、趙匡用儒家核心經典的說法來駁斥舊註之說。

　　除了上述兩種方式，啖助等人用以駁斥三傳之說的第三種方法爲「以理

---

〔註63〕 （唐）陸淳纂：《春秋集傳纂例》，卷4，〈朝聘如第十五〉，頁5。

〔註64〕 （漢）鄭玄注，（唐）賈公彥疏：《周禮注疏》，卷37，〈秋官司寇〉，頁10～11。

〔註65〕 啖助引用《周禮》來駁斥三傳，其中含有兩個問題：第一是《周禮》一書的真僞。《周禮》是否爲後出之書？在啖助的論述中並不見其提及此問題。但由其徵引《周禮》論述來看，啖助至少認爲《周禮》有許多內容爲可信。第二則是可否用《周禮》解《春秋》的爭議，這是啖助本身立場的問題，請參見本章第四節的論述。

〔註66〕 其實《穀梁》在《春秋》此條下並無「聘諸侯非正」的說法，此說法見於《穀梁》對《春秋》隱公九年春「天王使南季來聘。」的說解。所以亦可視爲《穀梁》的主張。

〔註67〕 （唐）陸淳纂：《春秋集傳纂例》，卷2，〈郊廟雩社例第十二〉，頁11。

〔註68〕 趙匡在此同時亦指說《左傳》者（應指杜預）提及望除祭山川外尚包含星辰的說法也是錯誤的。

傳《春秋》」。這種論述的方法並不是基於《春秋》的內部使用規則，也不是利用外部儒家其他經典的說解，而是直接用人情事理來說明三傳的解說並不合理。而「以事傳《春秋》」又可分爲「事理」與「情理」兩種。

所謂的「事理」是指在一般情形下，三傳的說法在現實中是無法想像的。如趙匡說：「《公羊》云：同盟者，同欲也。予謂小國被制而至，豈皆同欲？」〔註69〕這是批評《公羊》說：「同盟者何？同欲也。」的主張，《公羊》認爲諸侯之所以結盟都是因爲各國有相同目標，故彼此盟會。〔註70〕但趙氏認爲春秋時諸侯爭相會盟，是彼此利用相互結盟用以爭戰，其中必然有大國以武力脅迫小國會盟之事。小國既是被脅迫而會盟，那裡可以說是會盟諸國都有相同的想法與願望呢？在這個例子中，趙匡並不以《春秋》經中內容或其他經典記載來批評《公羊》之說，而是直接訴諸事理，認爲《公羊》之說顯然不合事物的常理。

而所謂的「情理」則是指三傳之說不合儒家價值體系的人情常理。如《穀梁》有「婦人既嫁不逾竟，逾竟非禮也。」的說法，〔註71〕認爲婦人出嫁至夫家後，便不能離開他的國家，所以如果《春秋》記載婦人離開他的國家即是不遵守禮儀。趙匡批評：「《穀梁》每經下皆云：婦人既嫁不踰竟，踰竟，非禮也。若然，則父母存豈得絕其歸寧乎！」〔註72〕趙氏認爲《穀梁》之說並不合人情，因爲若出嫁之女其父母尚存，那是否連女性歸寧以全父母兒女之情的機會都沒有了？依儒家重視父母兒女親情的價值觀來看，《穀梁》的主張並不合儒家之義。這亦是用儒家對父母子女的人情之常，來說明《穀梁》對《春秋》的解釋是錯誤的。

事實上，「以例傳《春秋》」、「以他經傳《春秋》」與「以理傳《春秋》」三者的區分是大致且粗略的分別，在啖助檢討三傳說法時，常常將此三者交

〔註69〕（唐）陸淳纂：《春秋集傳纂例》，卷4，〈盟會例第十六〉，頁28。
〔註70〕《公羊》對莊公十六年冬十二月「公會齊侯、宋公、陳侯、衛侯、鄭伯、許男、曹伯、滑伯、滕子同盟於幽。」的說解。見《春秋公羊傳注疏》，卷7，頁18。
〔註71〕見《穀梁》對《春秋》中莊公二年冬，夫人姜氏會齊侯於禚；莊公五年夏，夫人姜氏如齊師；莊公十五年夏，夫人姜氏如齊；莊公十九年秋，夫人姜氏如莒；莊公二十年春，夫人姜氏如莒；僖公五年春，杞伯姬來朝其子；僖公二十五年夏，宋蕩伯姬來逆婦；僖公冬，杞伯姬來求婦；諸條都有著相同的說法。
〔註72〕（唐）陸淳纂：《春秋集傳纂例》，卷2，〈婚姻例第十三〉，頁32。

互運用。如《左傳》在解釋《春秋》之「敗某師」字時說言:「未陳而薄之曰敗某師。」〔註73〕認爲用「敗某師」是指師隊陣式還沒有排好即作戰。但啖助陸淳等人則認爲這種說法放諸《春秋》經文卻大有可疑之處,他說:「此說爲外戰例則可通,如內戰用此例並非也。若是未陳則曰敗某師,據魯敗外師凡八,皆言敗某師,豈是盡未陳乎?」〔註74〕啖助認爲《左傳》的說解對「內戰」來說並不適用,因依《春秋》所記,魯國打敗他國之軍隊共有八次,而這八次都是用「敗某師」爲言,難道這八次與他國之對戰均爲尚未排好陣式即進行作戰?就這個例子來看,啖助等人是綜合《春秋》之內部出現的經文以及衡諸事理,用以反駁《左傳》之說未免太過於牽強,由此呈顯《左傳》對《春秋》的說解並不合理。

　　相似的,啖助亦用這種方法來批評《公羊》對「人」的說解:「《公羊》又云:將卑師少稱人。按前後稱人以圍者凡十五,若將卑師少何能圍國?益知外師不可以多少爲目也。」〔註75〕《公羊》在隱公五年秋「衛師入盛」時說:「將尊師眾稱某率師,將尊師少稱將;將卑師眾稱師;將卑師少稱人。」〔註76〕認爲「某率師」、「將」、「師」與「人」各有不同的意思,其中稱「人」指的是帶兵出征的將領地位不高而且軍隊人數不多。但啖助認爲在《春秋》中有十五次提及「某人圍某」,〔註77〕如果眞如《公羊》所言,那麼軍隊人數少爲何可以常常將敵國國都包圍起來?所以《公羊》的這種說法顯然是不合事理的。由《公羊》之說不可取,啖助便可進一步強調自己所主張的「外師不可以多少爲目也」的合理性。又如趙匡說:

> 《公羊》云:喜有年。按:合禮故書,以表他年之不書爲怠慢,此存禮以示後世,豈獨爲喜哉!二百四十二年唯兩度書之,足知他年不告廟耳,不應豐年如此之少也。〔註78〕

〔註73〕啖助對《左傳》解「敗某師」的引文與《左傳》原文略有出入。根據《春秋左傳注疏》此段的說解應是在莊公十一年夏,原文爲:「凡師,敵未陳曰敗某師。」啖氏所引雖與現行《左傳》不同,但大致上並不影響意義的解讀。
〔註74〕（唐）陸淳纂:《春秋集傳纂例》,卷5,〈用兵例第十七〉,頁23。
〔註75〕（唐）陸淳纂:《春秋集傳纂例》,卷5,〈用兵例第十七〉,頁2。
〔註76〕（漢）何休解詁,（唐）徐彥疏:《春秋公羊傳注疏》,卷3,頁2。
〔註77〕如僖公六年秋,楚人圍許;十九年秋,宋人圍曹;二十五年秋,楚人圍陳;三十年秋,晉人、秦人圍鄭;文公三年秋,楚人圍江;十二年夏,楚人圍巢;等諸多例證。
〔註78〕（唐）陸淳纂:《春秋集傳纂例》,卷6,〈慶瑞例第二十四〉,頁13。

《公羊》認為《春秋》經文之所以書「有年」，是對大豐收之年表示高興歡喜之意。但趙匡認為綜觀《春秋》經文，其書「有年」之辭僅見於桓公三年冬及宣公十六年冬兩處。若依《公羊》之說，那麼春秋二百四十二年之間只有兩次豐年，豈非太過奇特？趙匡認為《春秋》書「有年」不只表示豐年，更因為桓公及宣公在豐年時舉行告廟之禮，所以方才加以記載。《春秋》特別記此是用以反襯出春秋之時的豐年，君主一般是不會去行告廟之禮的。而這正是「以例傳《春秋》」及「以理傳《春秋》」兩種方式交互運用，用以駁斥三傳之說並加強己說的說服力。

# 第四節　本章小結

　　從以上簡要的論述中，可以歸納出啖助等人詮解《春秋》大約有幾項特點：一、對孔子地位的提升，認為孔子的思想具有獨創性，所以《春秋》並不全據周典以為褒貶。二、雖然不滿三傳，但仍然承認三傳之說源自孔子，所以其中頗多採用三傳舊說。事實上，三傳之後說《春秋》者並不可能與三傳之說完全不同。所謂「《春秋》三傳束高閣，獨抱遺經究終始」，完全漠視三傳的主張，視為標宗旨立門戶之說則可，但現實上並沒有任何一家說解《春秋》者可以完全將三傳束諸高閣而不顧。就連鼎鼎有名的盧仝，其詮解《春秋》亦非完全不理會三傳，而仍有參考三傳舊說。〔註79〕三、對三傳某些部份之說加以修正，啖助等人修正三傳之說的依憑主要有「以例傳《春秋》」、「以他經傳《春秋》」及「以理傳《春秋》」三種。其中「以他經傳《春秋》」情況最少，所引經書則以禮書為多。至於「以例傳《春秋》」及「以理傳《春秋》」則是啖助使用最多的兩種方式，但同時也是最受後人批評的部份。如歐陽修（1007～1072）即言：

　　啖助在唐，名治《春秋》，摭訕三家，不本所承，自用名學，憑私臆決，尊之曰『孔子意也。』趙、陸從而唱之，遂顯于時。嗚呼！孔子沒乃數千年，助所推著果其意乎？其未可必也。以未可必而必之，則固；持一己之固而倡茲世，則誣。誣與固，君子所不取。助果謂可乎？徒令後生穿鑿詭辯，詬前人，捨成說，而自為紛紛，助所階已。〔註80〕

---

〔註79〕詳見胡楚生：〈盧仝春秋摘微析評〉，收入《經學研究論集》，頁349～369。
〔註80〕（宋）歐陽修、宋祁等著：《新唐書》，卷200，〈儒林傳〉，頁5708。

晁公武（1105？～1180）也說：

> 予嘗學《春秋》，閱古今諸儒之說多矣。大抵啖、趙以前，學者皆顓
> 門名家，苟有不通，寧言經誤，其失也固陋。啖、趙以後，學者喜
> 援經繫傳，其或未明，則憑私臆決，其失也穿鑿。均之失聖人之旨，
> 而穿鑿者之害為甚。〔註81〕

歐陽修與晁公武都認為，啖助說《春秋》能兼采三家，主要是因其沒有獨特的師承，所以自然容易用自己想法來攻擊三傳並且認為自己所說方才是《春秋》的真意。可是正如歐陽修所言：啖助所認為的孔子真意真是孔子之意嗎？孔子已死了千年，要如何知道孔子的真意呢？歐陽修、晁公武等人認為也許三傳之說失之固著，但因其來源為親受之於孔子，所以其說是有所承續的。但啖助等人則常用個人私意來臆測孔子之意，所以自然有穿鑿之弊。

這種穿鑿之弊我們可以用兩個例子來說明：一是啖助認為從《春秋》經文中可歸納出來「凡公薨必書其所……若遇弒則不地。」之例，趙匡將之用於對《春秋》襄公三十一年秋天九月記「子野卒。」的說解：「子般、子赤以被殺，故不書地，義與隱同。子野非被殺而亦不書於地，闕文也。」〔註82〕趙氏認為依《春秋》的內部義例來看，子般、子赤被弒，所以《春秋》用不書地來表示其被弒之意，這是符合《春秋》義例的。而子野並非死於被殺，但在現存的《春秋》經文中亦不書其卒地。對此趙匡在釋義上應有兩個選擇：修正自己主張的《春秋》義例或認為《春秋》於此有闕文。就採取較保守態度的詮解者來說，趙匡實應修正《春秋》中有所謂「遇弒則不地」的義例，可是趙匡卻在毫無其他證據的情況下即判定《春秋》在此處有闕文。趙匡這種說法未免太過於武斷。此外又如前文所述，啖助一方面批評杜預依《周禮》來詮解《春秋》是不對的，因為孔子之所以作《春秋》即在於彌補周朝重禮之失。但是另一方面，啖助本人又以《周禮》有「天子時聘以結諸侯之好」的主張，用來批評《穀梁》言天子不應聘諸侯的看法。啖助等人並沒有指出孔子依循《周禮》的是那些部份，不全同《周禮》的又是那些主張？而且啖氏之所以認為《春秋》這些不同於《周禮》的判斷又有什麼依據？由於在啖助等人的著作中，多僅直接陳述出自己的看法，並未對其看法的來源及立論

---

〔註81〕　晁公武：《昭德先生郡齋讀書志》（上海：商務印書館，四部叢刊三編，1935
　　　　年），卷1下，頁4。
〔註82〕　（唐）陸淳纂：《春秋集傳纂例》，卷3，〈崩薨卒葬例第十四〉，頁6。

有做交待，所以自然會受到「自用名學，憑私臆決」的批評。

但是就詮釋《春秋》的傳流來看，啖助用以詮解《春秋》的態度與方法，實在三傳傳統之外開出另一種理解《春秋》的方式，如《四庫全書總目》即說：

> 其論未免一偏，故歐陽修晁公武諸人皆不滿之。而程子則稱其絕出諸家，有攘異端、開正途之功。蓋舍傳求經，實導宋人之先路。生臆斷之弊，其過不可掩；破附會之失，其功亦不可沒也。〔註83〕

四庫館臣認爲啖助學派有功過兩方面：「臆斷」爲其過。但是也正如四庫館臣所言，啖助開創了一種新的詮解《春秋》態度與方式，即是不再將三傳視爲必然可信，而是將《春秋》視爲一可以獨立理解的經典。啖助等人相信從《春秋》經文的文本中，至少可以提供一種對解經之說的檢視功能，用以檢視各家之說是否合於《春秋》文本。

從啖助的主張來看，要理解《春秋》這部經典可能必須滿足兩個要求：內部的與外部的理解。內部的證據是指由《春秋》經本身所歸納出來的義例，任何一種對《春秋》義例的說解都必須通過由經文內部歸納檢證的考驗，否則就算是來源具有一定的權威性也不能輕信。外部的證據則是指可以透過儒家的其他典籍或事理的推定來理解《春秋》所含之大義，而不必一定要靠三傳之說解方能知道《春秋》之義爲何。在這樣的詮解方法下，三傳原先掌有的對《春秋》解釋權威就喪失了，三傳之說也必須與其他諸多解釋放在同一平台上被檢視，而這正是開啓宋人解《春秋》的重要鎖鑰。整體來看，啖助對於《春秋》經文諸多義例的歸納進行了較爲完整的研究與說解，但對於儒家核心思想的理解則少見發揮。在啖助之後，最早同時掌握這兩種解釋進路，而能完整加以發揮的當推北宋的孫覺。

---

〔註83〕（清）紀昀總纂：《四庫全書總目提要》（河北：河北人民出版社，2000年），卷26，頁688。

# 第四章　孫覺生平與《春秋經解》版本

　　啖助、趙匡與陸淳正式開啓了一種新的詮解《春秋》途徑：可以不必完全依循三傳中的一傳而能對《春秋》進行解讀。直接依循這種新的詮讀《春秋》態度與方式，並且取得豐富成果是宋代儒者的重要成就之一。

　　宋代儒者承繼唐代後期學風，在「撥棄傳注而提倡經義」與「撥棄時文（駢文）而提倡古文」兩方面都有很大的發展。〔註1〕隨之而持續開展出與「漢代注疏之學」差異頗多的學風，所謂的「新經學」亦隨之出現。〔註2〕由於這種新的解經態度與方式與前人存在著許多差異，所以解經之學至宋代亦有極大的發展。這種發展尤其是以對《春秋》的詮解爲核心。宋鼎宗（1942～）說：

> 夫宋儒所著經部書，著錄於《宋史・藝文志》者，以《春秋》類爲最夥，居諸經之首位。而作品與著者姓氏，得明著於史志者，計一百五十有四家，二百五部；作品未繫作者姓氏者，計二十有二部；王柏《左氏正傳》以下不著錄者二十有三部。〔註3〕

在宋人的諸多解經著作中，《春秋》所佔的比例最高，可見宋人對《春秋》學的重視。今人張高評更從《四庫全書》所收錄的著作中指出：

> 《四庫全書》共著錄《春秋》類一一四部，一八三八卷，其中宋人著作佔三八部，六八九卷；居三分之一部，卷數亦佔三分之一強。

---

〔註1〕 金中樞：《宋代學術思想研究》（臺北：幼獅文化事業公司，1989年），頁1。

〔註2〕 關於宋初經學的學風，請參見馮曉庭：《宋初經學發展述論》（臺北：萬卷樓，2001年），頁51～101。

〔註3〕 宋鼎宗：《春秋宋學發微》（臺北：文史哲出版社，1986年），頁36。

　　歐陽修《春秋論》、程頤《春秋傳》等尚不包含在內。〔註4〕

從數量的統計來看，即可略知宋儒對《春秋》的疏解，不論是從橫向的宋代註解群經的角度或縱向《春秋》學史的角度來看，均是具有一個非常特殊且重要的地位。在宋代學術的發展中，有兩位學者實具有關鍵性的地位：胡瑗（安定）（993～1059）與孫復（泰山）（992～1057）。孫泰山著有《春秋尊王發微》一書，最為世人所熟知。從解經方法來看，其主要是以能超脫於三傳之說為特點；在內容上又特別強調「尊王」為其主要標誌。雖然對孫泰山的《春秋》學歷來褒貶不一，但學界普遍認為孫泰山對宋儒之詮解《春秋》影響很大，幾乎所有論及宋代《春秋》學的人，都會提起孫泰山的《春秋尊王發微》一書。相形之下，胡安定的地位似乎就低了許多。但是弔詭的是在黃宗羲所編定的《宋元學案》中，第一卷即是胡瑗的「安定學案」。全祖望說：

> 宋世學術之盛，安定、泰山為之先河，程、朱二先生皆以為然。安
> 定沈潛，泰山高明；安定篤實，泰山剛健，各得其性稟之所近。要
> 其力肩斯道之傳，則一也。安定以較泰山為更醇。〔註5〕

依全祖望的判斷，胡安定對儒學的理解似乎較孫泰山更為醇正，那麼為何其在對孔子所著的最後一本典籍——《春秋》的詮解上，其影響力及地位卻遠遠不及孫泰山？其中最可能的原因在於胡安定雖有《春秋口義》五卷，但後已失傳，所以發揮的影響力自然比不上孫泰山。但值得我們注意的是，直接受胡安定《春秋》學影響的有其兩位弟子：程伊川及孫覺。程伊川著有《春秋傳》一書，雖此書並未寫完，伊川之《春秋傳》僅寫到桓公九年冬為止，其餘的部份是伊川弟子集結師說而成。嚴格來看，伊川的《春秋傳》並不能算是一本對《春秋》完整的註解。但其內容卻對後來的胡安國《春秋傳》起了很大的影響。如宋鼎宗即言：「安國之《春秋》學統，蓋淵源於泰山孫明復，及河南二程先生也。」〔註6〕令人值得玩味的是胡安定的另一位弟子孫覺，著有《春秋經解》一書，此書首尾具完，但是在經學的研究史上，卻很少人正視他的存在。對於這種現象，實難令人理解。事實上就筆者所見，《春秋經解》在詮解《春秋》的方法上，確有超越前人之處，所以對孫覺《春秋經解》的研究不論是在《春秋》解經學上或宋代《春秋》學上，均應有重要的意義。

---

〔註4〕　張高評：《春秋書法與左傳學》（台北：五南圖書出版公司，2002年），頁116。
〔註5〕　（清）黃宗羲：《宋元學案》（臺北：河洛出版社，1975年），卷1，頁23～24。
〔註6〕　宋鼎宗：《春秋胡氏學》，頁6。

經學浸有原本，文辭簡粹。」〔註29〕可見孫覺於經學上的看法在當時已深受其師友的重視。〔註30〕孫覺對《春秋》經尤有所得，根據周麟之（1118～1164）的說法：

> 先君潛心《春秋》二十年，得成說于邳上孫先生莘老其書，家傳三世矣！兵火焚蕩，遂爲煨燼。及寓居江浙，嘗誦其說以授學者，予每得竊聽之。一日先君爲予言：初，王荊公欲釋《春秋》以行于天下，而莘老之書已出。一見而有恧心，自知不復能出其右，遂抵聖經而廢之，曰：此斷爛朝報也。不列于學官，不用于貢舉者，積有年，爰自近世，是經復行，而學士大夫亦罕知有莘老說也。〔註31〕

這段話對孫覺作《春秋經解》的說解主要在兩部分：一、孫覺的《春秋經解》在當世是很有名的，甚至於連王安石本來要作《春秋》經解，但一看到孫覺此書後，於是便知無法超越，於是將《春秋》視爲「斷爛朝報」，而不將《春秋》立於學官。〔註32〕二、《春秋經解》一書也因《春秋》不列貢舉之考科，所以連帶的也逐漸不爲世人所重視。到了南宋周麟之的時候，雖《春秋》學復興，但孫覺的《春秋經解》卻仍不爲當時之人所熟知。

　　事實上，周麟之所謂「學士大夫亦罕知有莘老說」不但說的是宋朝，同樣也適用於現代。雖有學者說：「到明末清初，由於學術風氣的變化，胡書（按：指胡安國的《春秋傳》）屢被駁正，以至於科舉廢而不用。而孫書卻

---

〔註29〕　（清）黃宗羲：《宋元學案》，卷5，〈古靈四先生學案〉，頁236。

〔註30〕　孫覺對於《春秋》之外他經內容的看法與說解，現幾乎都無法得見，唯有在其他學者的著作中偶可尋得一二則殘說，如在宋時黃倫的《尚書精義》卷23中即有引用一段孫覺對國破之後君應如何自處的討論；在明朝陳第的《尚書疏衍》卷4，則有「宋儒孫覺作書解以康王喪服見諸侯爲非禮」之說，此外毛奇齡的《尚書廣聽錄》卷5中亦有類似記載，但這兩則所引述的內容均爲蘇軾之論述，而非孫覺之說，所以我們很難確實得知孫覺的主張究竟爲何。除此之外，孫覺對《春秋》以外其他諸經的說法，我們幾乎無從得見。

〔註31〕　（宋）孫覺：《春秋經解》，〈春秋經解後跋〉。爲避免繁瑣，以下所引《春秋經解》除非需要，否則均不特別著明作者。

〔註32〕　關於王安石的說法之理解，請參見第一章說解。此外楊時對《春秋》不立學官亦有他說：「熙寧之初，崇儒尊經訓迪多士，以爲三傳異同，無所考正，于六經尤爲難知。故《春秋》不列于學官，非廢而不用也。而士方急于科舉之習，遂闕而不講，可勝惜哉！」見《春秋經解·序》楊時認爲《春秋》在熙寧年間不立於學官，純粹是因爲《春秋》難解，沒有一個大家都能普遍接受的說法，因此才不立於學官。但也因爲如此，所以學子對於《春秋》之學就「闕而不講」了。

漸受重視，被編入《四庫全書》，乾隆帝也題詩稱美。《春秋經解》可以由此晦而復明了。」〔註33〕以《春秋經解》被收入《四庫全書》，加上胡安國的《春秋傳》的影響力日益消減，表示孫覺的《春秋經解》一書日漸受到重視。但是筆者遍查近人的研究目錄，發現對孫覺的研究實爲稀少。在筆者所見範圍中，論述最爲詳細的當是葛煥禮「八世紀中葉至十二世紀初的『新《春秋》學」一文。〔註34〕其中主要在論述孫復、劉敞、孫覺與蘇轍的《春秋》學特點。葛氏後又發表〈孫覺《春秋經解》四庫本訛誤考析〉一文，討論四庫全書所收《春秋經解》版本問題。〔註35〕除此之外，臺灣僅有林宜陵所著之〈孫覺生平及其與黃庭堅之交遊〉一文是以孫覺爲主的研究。〔註36〕其餘談及孫覺關於《春秋》之說，則多附於論述其他主題之下，且大都爲吉光片羽。以筆者所見，對孫覺《春秋經解》內容論述較多的當如倪天蕙：「宋儒春秋尊王思想研究」〔註37〕一文，其中第三章第四節有專節討論孫覺《春秋經解》。又如宋鼎宗之《春秋宋學發微》中有提及孫覺的主張，但因其書之內容在總體論述宋代《春秋》學，故孫覺主張散見各章節之中。趙伯雄所著《春秋學史》中有〈兩宋其他重要的《春秋》學者〉一節，中以 3 頁簡短論及孫覺的《春秋經解》內容。〔註38〕其餘談及宋代《春秋》學者之作或僅偶一提及。又如張穩蘋的「啖、趙、陸三家之春秋學研究」其間則僅有兩頁論及孫覺的主張。〔註39〕其他之著作亦類張氏，絕少有討論孫覺的篇章。由以上的研究成果來看，對全面理解孫覺《春秋經解》之內容與價值是十分不足的。而之所以如此的原因，可能與《春秋經解》一書的流布不廣有關。

---

〔註33〕 此段文字見山東友誼書社所出版《春秋經解》一書前的〈出版說明〉，因其不著書者，所以此僅以「學者」稱之。

〔註34〕 「八世紀中葉至十二世紀初的『新《春秋》學」一書爲葛煥禮博士論文（山東：山東大學，2003 年），但在筆者撰寫本書初稿爲博士論文時並未得見此論文。

〔註35〕 葛煥禮：〈孫覺《春秋經解》四庫本訛誤考析〉，《史學月刊》7（2005）：41～44。

〔註36〕 此文多據《宋史》孫覺本傳及《續資治通鑑長編》的資料，將孫覺一生做一介紹。本節對孫覺生平之說法，多參考其文。但此文對孫覺之經學，幾乎沒有討論。

〔註37〕 倪天蕙：「宋儒春秋尊王思想研究」（臺北：年政治大學中文所碩士論文，1982年）。

〔註38〕 趙伯雄：《春秋學史》（山東：山東教育出版社，2004 年）。

〔註39〕 張穩蘋：「啖、趙、陸三家之春秋學研究」（臺北：東吳大學中文所碩士論文，1999 年）。

# 第二節　《春秋經解》的版本問題

　　孫覺的作品現今大都不存，現今保留最完整的當是《春秋經解》一書。《四庫全書總目》〔註40〕對於此書的說法是：

> 《宋史・藝文志》載覺《春秋經解》十五卷，又《春秋學纂》十二卷、《春秋經社要義》六卷。朱彝尊《經義考》據以著錄，於《經解》注曰存，於《學纂》《要義》皆注曰佚。然今本實十三卷，自隱公至獲麟，首尾完具，無所殘缺，與宋志所載不符。考陳振孫《書錄解題》載《春秋經解》十五卷，《春秋經社要義》六卷，而無《春秋學纂》。王應麟《玉海》載《春秋經社要義》六卷，《春秋學纂》十三卷而無《春秋經解》，其《學纂》條下注曰：其說以《穀梁》爲本，及采《左氏》、《公羊》、歷代諸儒所長，間以其師胡瑗之說斷之，分莊公爲上下云云，與今本一一相合。然則《春秋學纂》即《春秋經解》之別名，《宋志》既分爲二書，並訛其卷數。《書錄解題》亦訛十三卷爲十五卷，惟《玉海》所記爲得其眞矣。〔註41〕

這可分爲幾點來說：第一、《春秋經社要義》一書6卷現已不存，這沒什麼爭論，因除《宋史・藝文志》著錄外，後即無人得見此書。王應麟對此書的說法僅是：「分爲類例據諸傳以解經旨，其學亦同啖趙，凡四十餘門。」〔註42〕陳振孫則依孫覺之言，說此書以《穀梁》爲本，但「雜取二傳及諸傳之說」。〔註43〕第二、《春秋經解》與《春秋學纂》應爲一書，雖然在《宋史・藝文志》中將之分記爲兩書，但之後不論是陳振孫之《直齋書錄解題》或王應麟之《玉海》都僅著錄《春秋經解》或《春秋學纂》一書，並沒有同時著錄此二書的。加上玉海所引《春秋學纂》一書中的文字與現存《春秋經解》中孫覺所言幾乎相同。〔註44〕所以四庫館臣認爲《春秋學纂》即《春秋經解》一書，而這

---

〔註40〕又依金毓黻輯：《金毓黻手定本文溯閣四庫全書提要》（臺北：中華全國圖書館文獻縮微複製中心，1999年）一書，其中之內容亦與下引完全相同。

〔註41〕（宋）孫覺：《春秋經解》（臺北：臺灣商務印書館，影印清高宗乾隆三十八至四十七年寫文淵閣四庫全書本，1983年），〈春秋經解提要〉，頁2～3。

〔註42〕（宋）王應麟：《玉海》（臺北：臺灣商務印書館，影印清高宗乾隆三十八至四十七年寫文淵閣四庫全書本，1983年），卷40，頁38。

〔註43〕陳振孫：《直齋書錄解題》（聚珍本重排本，收入「叢書集成新編」冊2，臺北：新文豐出版公司，1985年），卷3，頁57。

〔註44〕在現存《春秋經解・自序》中孫覺說：「且以《穀梁》爲本者，其說是非褒貶則雜取三傳及歷代諸儒啖、趙、陸氏之說長者從之。其所未聞，即以所聞安

種主張也沒有其他不同的記載。最後最麻煩的就是《春秋經解》的卷數問題，《宋史‧藝文志》說《春秋學纂》有十二卷，這既與《玉海》所記十三卷及《直齋書錄解題》的十五卷都不相同。若依《春秋經解》的分卷來看，歷來只有十三卷與十五卷之不同，如果《春秋學纂》與《春秋經解》同為一書，則《春秋經解》或許一開始即有兩名，而分卷亦有兩種，所以《宋史‧藝文志》即將之視為二書。但是為何會有十二卷之說？可能的原因有兩種：第一、因《春秋》所記為魯國十二公，所以因之亦分為十二卷。第二、十二卷為十三卷之誤記。依四庫館臣所謂「訛其卷數」的說法，似乎比較傾向第二種說法。此外《春秋經解》有《玉海》十三卷本與《書錄解題》十五卷本的不同記載，四庫館臣認為現存的本子為十三卷本，而且「首尾完具，無所殘缺」，所以應以《玉海》所言為是。〔註45〕依四庫全書中所收的《春秋經解》（以下簡稱「四庫本」），魯國十二公中僅有莊公分為上下兩卷，故共有十三卷。但是這十三卷的「四庫本」來源卻是很有趣的，依「四庫本」《春秋經解》正文前之〈御製題孫覺春秋經六韻〉中說：「此書於宋紹興間陽羨邵輯任高郵時鏤版，郡齋橋李張顏又因其移書以周麟之跋語附益卷末，識而弄之，今為翰林紀昀所藏，僅有鈔本耳。」依照這種說法，《春秋經解》雖曾在南宋紹興年間刊刻過，但於乾隆時已不可得見，而現今「四庫本」的來源應是為紀昀家所藏的十三卷手鈔本。所以四庫館臣依此認為《宋史》及陳振孫的十五卷本之說不可信。

但是四庫館臣的這種說法中間其實問題重重，其說很多地方並不真確，近人胡玉縉即說：

> 瞿氏《目錄》有舊鈔本十五卷，云：此書見《宋史‧藝文志》，陳氏《書錄》卷數相同。陸氏《儀顧堂續跋》云：「卷一隱上、卷二隱下、卷三桓上、卷四桓下、卷五莊上、卷六莊下、卷七閔公、卷八僖公、卷九文公、卷十宣公、卷十一成公、卷十二襄公、卷十三昭公、卷十四定公、卷十五哀公。前有莘老序，後有陽羨邵輯序、橋李張顏跋、楊時後序。楊序後低二格有新安汪綱跋，再後有周麟之跋及本

---

定先生之說解之云。」與《玉海》所錄之文意相同。

〔註45〕 王應麟說：「其說以《穀梁》為本，及采《左氏》《公羊》歷代諸儒所長，間以其師胡之說斷之。分莊公為上下。」見《玉海》，卷40，頁38。《春秋》記魯國十二公，依《玉海》所記，魯國十二公中僅莊公分為上下兩卷，故共為十三卷本。

傳，蓋從邵輯刊本影寫者，今本作十二卷，又後人合併矣。」據此
則《提要》所說皆非。陸氏《藏書志》有舊鈔本《龍學孫公春秋經
解》十五卷，據此則自有十五卷之本。〔註46〕

胡氏之說重點為：一、《春秋經解》有十五卷本，這十五卷本並非不見於歷史代
著錄，相反的如瞿鏞的《鐵琴銅劍樓藏書目錄》及陸心源《儀顧堂續跋》等都
有記載此書有十五卷本。瞿鏞說：「此平津館孫氏藏本，卷末有朱筆記云：乾隆
乙卯王端履校過。卷首有孫星衍印東魯觀察使者泉唐江氏珍藏諸朱記。」〔註47〕
而陸心源則記有：「庚寅春，張勤果約游泰山，因訪孫佩南明府寶田于尚志書院。
觀其藏書，得見此本，擬欲錄副以卒卒南旋未果，越三月佩南錄以寄余，從此
皕宋樓插架又多一北宋祕冊矣。」〔註48〕兩人都曾親眼見過十五卷本的《春秋
經解》。二、依陸氏的記載，十五卷本的分卷方式則是在魯國十二公中，隱、桓、
莊三公各分上下卷，其餘各公一卷，共十五卷。三、十五卷本除經解內容外，
尚有四種不同的序跋及孫覺的本傳。四、此十五卷的鈔本來源應是從邵輯的刊
本影寫而來。雖然瞿鏞之父瞿紹基（1772～1836），與陸心源（1838～1894）的
年代晚於四庫全書，但胡玉縉認為四庫館臣所謂沒有十五卷本的看法並不確實。

　　其實四庫館臣所謂的十五卷本，現今細細考察，其說問題不少。因為《春
秋經解》在乾隆時還有另一個本子，即是武英殿聚珍本的《春秋經解》。〔註49〕
因在當時四庫全書編纂不易，所以乾隆下令先行校輯《永樂大典》中的散簡零
篇和世所罕見的宋元善本，以活字版印出，這即是武英殿聚珍版，在這武英殿
聚珍版叢書中即有《春秋經解》一書（以下簡稱「聚珍本」）。〔註50〕

〔註46〕胡玉縉：《四庫全書總目提要補正》（上海：上海書店出版社，1998 年），頁
　　　　164～165。
〔註47〕瞿鏞：《鐵琴銅劍樓藏書目錄》（瞿氏訂正堂印本。臺北：廣文書局影印，1967
　　　　年），卷 5，頁 47。瞿氏所見應即為下述 15 卷的王瑞履鈔本。
〔註48〕陸心源：《儀顧堂續跋》（臺北：廣文書局 1968 年），卷 2，頁 15。
〔註49〕其實「聚珍本」有清乾隆時的排印本與依據原本再重新排印（即重排本）的
　　　　兩種本子。兩者內容大致相同，兩個本子都有少數刻印錯誤的地方，但因重
　　　　排版以聚珍本為原本，所以基本上視為同一本子。重排本即是收入「叢書集
　　　　成簡編」的排印本（臺北：商務印書館，1966 年）。
〔註50〕武英殿聚珍版由乾隆三十八年開始刊印，據金簡言：「命管理四庫全書一應刊
　　　　刻刷印裝潢等事，臣惟有敬謹遵循詳慎辦理，今聞內外彙集遺書已及萬種，
　　　　現奉旨擇其應行刊刻者皆令鐫版通行。」見（清）金簡：《欽定武英殿聚珍版
　　　　程式》（收入叢書集成新編，臺北：新文豐出版公司，1985 年）。其年為乾隆
　　　　三十八年十月二十八日。

在「聚珍本」的《春秋經解》前亦有一篇〈提要〉，這〈提要〉的內容絕大部分與「四庫本」的〈提要〉所言無異，但是其中仍有三個部分不同：〔註51〕第一、「四庫本」〈提要〉一開始即說：「臣等謹案：《春秋經解》十三卷」，但「聚珍本」的〈提要〉卻說：「臣等謹案：《春秋經解》十五卷」，對《春秋經解》的卷數認定上即有根本差異。第二、「四庫本」的〈提要〉中有「然今本實十三卷，自隱公至獲麟，首尾完具，無所殘缺，與宋志所載不符。」幾句，但「聚珍本」的〈提要〉中則沒有這些句子。第三、「四庫本」〈提要〉中有「並訛其卷數。《書錄解題》亦訛十三卷為十五卷，惟《玉海》所記為得其真矣。」數句，在「聚珍本」中並無「並訛其卷數」句，而其後數句則變為「《玉海》所記亦訛十五卷為十三卷，惟《書錄解題》為得其真矣」，反而認為《書錄解題》中十五卷的記載才是正確的。「聚珍本」的〈提要〉之所以會有這樣的說法，實是因為聚珍叢書所收之《春秋經解》為十五卷本，而非十三卷本。這是實在很奇特的情況，因為聚珍十五卷本刊刻在前，四庫十三卷本刊行在後，但為何四庫館臣卻說沒有十五卷本的《春秋經解》？並且以十三卷本刊行？這中間當然有一個可能，即是「聚珍本」與「四庫本」是以不同來源的本子獨立鈔錄刊行，所以才會有如此的差異。這在四庫全書的整理時偶有這種情形產生，如吳哲夫言：

> 四庫全書及四庫薈要之修纂，幾乎同時進行。但由於著錄之圖書種數龐多，因此儘量動用內府所藏及由民間徵集之圖書，供作謄錄底本，所不足者，則由各與修人員家藏支援。當時為求盡速蕆工，往往將各地採訪所得的相同書籍，未經考校，即發下抄繕。……因此造成四庫全書與薈要本間有雖係同一種著作，內容上卻有不同的現象。〔註52〕

雖然吳哲夫所言的是四庫全書與四庫薈要的差異，但同樣的也可能發生在四庫全書與聚珍本。印諸相關文獻，但似乎又不是這種情形。〔註53〕

---

〔註51〕 在金毓黻所輯的《金毓黻手定本文溯閣四庫全書提要》中雖有〈聚珍版提要與四庫本提要異同表〉一節，但其中並沒有提到以下的三個不同點，僅記「四庫本」有「四十九年十月」而「聚珍本」則無，及聚珍本「有提要而缺校上年月及纂者姓氏」兩項。因這兩點與卷數問題無關，所以本文中並不討論。詳見全書 1067 頁。

〔註52〕 吳哲夫：《四庫全書纂修之研究》，（臺北：國立故宮博物館，1990 年），頁 199。

〔註53〕 葛煥禮先在「八世紀中葉至十二世紀初的『新《春秋》』學」中判斷「十五卷本系列在後世失傳」（頁 104），後又於〈孫覺《春秋經解》四庫本訛誤考析〉中推論「當時被四庫全書處送交『聚珍處』的抄本當是紀昀家藏本，很可能

　　若實際去看「四庫本」的《春秋經解》，其內容則更令人驚異。因為在孫覺的自序後，雖然卷首題為「春秋經解卷一」，作者亦著明為「宋孫覺著」，但是其內容竟是孫復的《春秋尊王發微》！「四庫本」中竟將《春秋尊王發微》的內容完全誤植於《春秋經解》之中，這種情況非只存在卷一的首頁，而是第一及第二卷全部都是《春秋尊王發微》的內容。從隱公「元年春王正月」開始，至桓公十八年「冬十有二月，己丑，葬我君桓公。」止，全是以孫復《春秋尊王發微》的內容，一字不差的取代了孫覺《春秋經解》。「四庫本」從第三卷莊公起，方才與其他十五卷的各本內容相同，為孫覺之《春秋經解》。若單從這個情形來看，四庫館臣之所以會將孫覺《春秋經解》的卷數視為十三卷本，主要是因為《春秋尊王發微》的分卷本就是一公一卷共十二卷，所以隱公及桓公各分別只有一卷。而十五卷本的《春秋經解》則是隱公、桓公、莊公各分兩卷。「四庫本」的《春秋經解》因誤植《春秋尊王發微》中的隱公、桓公內容，所以少了兩卷，再加上《玉海》有所謂十三卷本之說。所以四庫館臣即認為孫覺《春秋經解》為十三卷本，而這竟可能是由一連串匪夷所思的錯誤造成的誤會。

　　至於在現存的《春秋經解》中，筆者另尋得兩種鈔本，一是乾隆六十年（1795）王瑞履的鈔本〔註54〕（以下簡稱「王鈔本」），一則是所謂的「舊鈔本」。〔註55〕「王鈔本」的內容為十五卷本，其書有「孫星衍印」、「東魯觀察使」、「泉唐江氏珍藏」諸朱記，與《鐵琴銅劍藏書目錄》中的記載相同，相信應即是瞿鏞所見的本子。其內容僅有《春秋經解》本文，前後並無莘老與陽羨邵輯等四人的序，也沒有孫覺的本傳附於其後，僅在正文前有〈御製題孫覺春秋經解六韻〉與〈提要〉兩文，而〈提要〉的內容則與「聚珍本」全同。在其第一卷末有「乾隆乙卯首夏五日王瑞履校」之字樣，乾隆乙卯年應為乾隆六十年，所以這個鈔本最晚在乾隆六十年時即已流傳於世，而且很可能就是「聚珍本」的鈔本，這與「四庫本」的十三卷本卷數不同。

　　此外，尚有所謂的「舊鈔本」，這個本子的題名是《龍學孫公春秋經解》，

---

　　　　『聚珍處』在校對刊印時發現了其中的錯訛，遂刪改、取用原《提要》而刊
　　　　印了另外一種版本。」（頁44）。這兩個論斷都與筆者不同，說見下文。
〔註54〕此鈔本現由山東友誼出版社收於「孔子文化大全」中的《春秋經解》（山東：
　　　　山東友誼出版社影印乾隆六十年抄本，1991年）。依其前文編輯部的說明，此
　　　　鈔本得之於北京圖書館。
〔註55〕此鈔本現存於台北國家圖書館善本室，並未著明其來源。

根據王重民的說法是：

> 《四庫》及《聚珍》印本均作十三卷，《提要》因以《宋志》及《書錄解題》作十五卷者爲誤，而不知宋代實有十五卷本也。此鈔本即從宋刻本出。原本爲紹熙間邵輯所刻，嘉定間又經汪綱修補者，卷內有「延古堂李氏珍藏」印記。〔註56〕

王重民所記「邵輯所刻」，「汪綱修補」，及卷內有「延古堂李氏珍藏」印記與筆者所見之「舊鈔本」特徵一一相合。「舊鈔本」正文前有孫覺自序，正文後則有檇李張顏跋、楊時序、汪綱跋、陽羨邵輯序、國史本傳與周麟之跋等附文。這個本子可能就是陸心源所見所錄的本子，雖然「舊鈔本」正文後的諸人序跋次序與陸心源所記不一，但內容則相同。而且最重要的是陸心源說「楊序後低二格」，舊鈔本與這個描述完全相同。而且這個「舊鈔本」也是十五卷本，亦非十三卷本。〔註57〕

　　除此之外，《春秋經解》還有另外有兩個十五卷的刊本，即爲《通志堂經解》中所收錄印行的本子（以下簡稱「通志堂本」）及道光二十年的汪氏《正誼齋叢書》的重刊本（以下簡稱「正誼齋本」）。〔註58〕這兩個本子的淵源頗深，我們先看「通志堂本」。

　　「通志堂本」的《春秋經解》情況也相當特殊，「通志堂經解」叢書依關文瑛的說法至少修訂刊印過三次：

> 「始事於康熙十二年癸丑，告竣於康熙十九年庚申」爲康熙本，「乾隆五十年，乃由四庫全書館臣將版片之漫漶……時上距是書雕成之歲，凡一百五年」是以康熙本補刊，因藏於內府，故稱內府藏本。至同治十二年「粵東鹽政鍾君謙鈞請於制府……而謙鈞及粵中大史各爲文以識其原委，時上距乾隆補刊之歲凡八十八年。〔註59〕

---

〔註56〕 王重民：《中國善本書提要》，（臺北：明文書局，1984年），頁24。

〔註57〕 王重民說「四庫本」及「聚珍本」都是13卷本，「四庫本」爲13卷本不錯。但不論是乾隆時刊印的「聚珍本」或是民國重排的「聚珍本」都是15卷本，王氏所言13卷的「聚珍本」不知何據。而根據《中國叢書綜錄》第二冊頁122的記載：武英殿聚珍版書（武英殿木活字本、福建本、廣雅書局本）的《春秋經解》都是15卷本，其中並無13卷本。

〔註58〕 以筆者所見，這兩個刊本均只存於國立臺灣大學圖書館的善本室，其他各圖書館均無所得見。

〔註59〕 關文瑛：《通志堂經解提要》（據《書目類編》1934年排印本影印，臺北：成文出版社，1978年），書首。

這三次分別是康熙十九年本、[註60]乾隆五十年內府藏本與同治十二年粵東書局本。但是不論是依據那個本子的《通志堂經解》目錄，其中均沒有著錄有《龍學孫公春秋經解》一書。如翁方綱所著《通志堂經解目錄》一書中亦沒有收錄《春秋經解》一書。依據姚元之的說法為：

> 《通志堂經解》納蘭成德容若校刊，實則崑山徐健菴家刊本也。高宗有「成德借名，徐乾學逢迎權貴」之旨。成德為明珠之子。徐以其家所藏經解之書薈而付梓，鐫成德名，攜板贈之，序中絕不一語及徐氏也。書中有宋孫莘老《春秋經解》十五卷，而目錄中無之。山東朱鳶湖在武英殿提調時得是本，以外間無此書，用活字板印之，蓋以通志堂未曾付刻也。其時校是本者為秦編修敦甫恩復。秦家有通志堂刻本，持以告朱，朱愕然，不知當日目中何以缺此也。秦云，據其所見，為目中所無者尚不止此。豈是書有續刻歟？[註61]

姚元之這段話有幾個要點：第一、「通志堂經解」實際主編成書的是徐乾學，而非納蘭成德。這是「通志堂經解」編著者的問題與本文所討論的問題關連較淺。第二、朱鳶湖在武英殿任職之時，因外間沒有《春秋經解》一書，所以朱氏即以活字板印行《春秋經解》，這應是所謂的「聚珍本」。第三、若康熙本的「通志堂經解」中曾刊刻《春秋經解》一書，沒有理由到了乾隆三四十年時尚說外間並無《春秋經解》的刊本。而且康熙本的《通志堂經解》雖有刊行《春秋經解》一書，但在《通志堂經解》的目錄中卻無登錄此書。第四、姚元之認為這個現象實在難以理解，所以他猜測《通志堂經解》是否在康熙十九年完刻後尚有續刻，所以才會產生這種現象。葉德輝對此有一說解，他說：

> 吾按：是書隨刻隨印亦隨時排目，故其目錄有多寡之不同。據邵注四庫書目亦云：林栗《周易經傳集解》三十六卷，當時已經刊成，因栗曾劾朱子，遂燬其板，然則目錄與刻書之不合，信有之矣。[註62]

---

〔註60〕《通志堂經解》的康熙年間的刊本到底是在幾年所刊是有所爭議的，本文依關文瑛及黃志祥的說法為：「始於康熙十二年，『踰七年，迄工』，則成於康熙十九年矣！」見黃志祥：〈通志堂經解輯、刻者述辨〉《孔孟月刊》：30.7（1992年3月）。

〔註61〕（清）姚元之：《竹葉亭雜記》（收入史料三編，臺北廣文書局，1969年），卷4，頁98～99。

〔註62〕葉德輝：《書林清話》（臺北：文史哲出版社，1973年）〈書話九〉，〈納蘭成德刻通志堂經解之三〉，頁14。

葉德輝認爲《通志堂經解》並不是一次刻成，所收之書籍亦是隨刻隨時排目，
所以目錄與內容上可能會有差異，林栗也有因爲政治上的關係的使得《周易
經傳集解》內容與目錄不合的類似情況。有趣的是這種內文與目錄不相符合
的情形在後來的乾隆本及同治本並沒有發生，因爲在乾隆及同治所刊行的《通
志堂經解》中不論目錄或內容，均已不見《春秋經解》一書的蹤跡。所以《春
秋經解》也僅見於康熙本的《通志堂經解》。鄧愛貞說：

> 季氏與翁氏之書目，同樣缺孫覺所撰之《春秋經解》一書。今檢臺
> 灣大通書局同治年間版之《通志堂經解》，亦沒有收錄此書。今《中
> 國叢書綜錄》在《通志堂經解》一項下，標有孫覺之《春秋經解》，
> 未知何所據。〔註63〕

楊立誠所編的《四庫目略》則在《春秋經解》下注記「通志堂單刻」，〔註64〕
這可能是「通志堂經解」並沒有正式收錄此書，所以後來也沒有持續的刊印
出來。由此可見康熙年間通志堂本的《春秋經解》本來刊印的數量就少，傳
世更少。

　　而康熙通志堂本的《春秋經解》也是十五卷本，其分卷與「聚珍本」、「王
鈔本」及「舊鈔本」相同。但不同的是在十五卷的正文前尚有納蘭容若的序、
孫覺自敘、孫覺傳、周麟之後序、陽羨邵輯敘；在正文後則僅有張顏的跋。
與「舊鈔本」相較，多了納蘭的序但卻少了楊時的序。納蘭在序中說：

> 是書宋南渡已不常見，故海陵周之麟有學士大夫罕知之歎。至紹熙
> 癸醜，陽羨邵輯始得之而刊於覺社。其後慶元乙卯橋李張禎，嘉定
> 丙子新安汪綱皆增爲序跋。三君皆官於其地，爭與表章先賢經術，
> 可謂知所先務矣。先生別有《春秋經社》六卷，晁氏言其本啖趙凡
> 四十門，惜乎不可復得而並行於世也。

此說基本上與其他說法差異不大。唯納蘭在此序中標明的時間爲康熙丙辰，
實應爲康熙十四年，而非如姚元之所猜測的爲續刻之作。依此「通志堂本」
的《春秋經解》是除了「舊鈔本」外，現存最早的本子。

　　至於《春秋經解》另外一個刻本是十五卷的「正誼齋本」，這個本子所有
的序都在正文之前，包含有：孫覺自序、楊時、汪綱序，國史傳、周麟之後

〔註63〕鄧愛貞：「論通志堂經解刊行之經過及其影響」（香港：新亞研究所中國文學
　　　　組碩士論文，1992年）頁93。
〔註64〕楊立誠編：《四庫目略》（臺北：臺灣中華書局，1960年），頁44。

序、邵輯、張顏序。此刻本與「通志堂本」相較，沒有納蘭容若的序但多了楊時與汪綱的序。此外「通志堂本」張顏的序置於正文十五卷末，「正誼齋本」則於正文前。此外「正誼齋本」還多了「通志堂本」所沒有的「目錄」。雖然從以上各點來看，似乎「通志堂本」與「正誼齋本」兩者有諸多不同，但筆者判斷「正誼齋本」是從「通志堂本」而來的修刻本。雖然在《正誼齋叢書》前的陳逢衡的〈序〉中，沒有交待此書的來源為何。但筆者從以下幾項特點認定這個本子實為「通志堂本」的修刻本：一、兩個本子的版式相同，均是一頁十一行，一行二十字。二、兩個本子各卷頁數、行數均相同，僅有第三卷「通志堂本」多一行，及卷十四「正誼齋本」多一頁空白頁。三、兩個本子頁中所記的各頁刻工雖不完全相同，但自第二卷後，每卷最後一頁的刻工姓名均相同。〔註65〕四、「通志堂本」每卷末均有「後學成德校定」等字樣，「正誼齋本」則通常沒有此行字。但「正誼齋本」在十四卷末卻有「後學成德校定」等字樣，與「通志堂本」相同。五、此兩個本子的闕義部分幾乎完全相同。〔註66〕從以上五點來判斷，「正誼齋本」的來源應是「通志堂本」。

　　以上所言各種本子，除了卷數的差別外，目次及所附諸人的序各所有不同，現將《春秋經解》各版本的差異表列於下：

| | 舊鈔本 | 通志堂本 | 正誼齋本 | 四庫本 | 聚珍本 | 王瑞履鈔本 |
|---|---|---|---|---|---|---|
| 卷數 | 十五 | 十五 | 十五 | 十三 | 十五 | 十五 |
| 內文次序 | 孫覺自序 | 納蘭成德序 | 孫覺自序 | 乾隆御製題詩 | 四庫提要 | 乾隆御製題詩 |
| | 目錄 | 孫覺自序 | 楊時序 | 四庫提要 | 目錄 | 四庫提要 |
| | 經解正文 | 國史孫覺傳 | 汪綱序 | 邵輯序 | 經解正文 | 目錄 |
| | 張顏序 | 周麟之序 | 國史孫覺傳 | 楊時序 | 楊時序（後人補） | 經解正文 |
| | 楊時序 | 邵輯序 | 周麟之序 | 汪綱序 | 周麟之序（後人補） | 補遺（後人補） |
| | 汪綱序 | 經解正文 | 邵輯序 | 孫覺自序 | 胡玉縉補正（後人補） | |
| | 邵輯序 | 張顏序 | 張顏序 | 經解正文 | | |
| | 國史孫覺傳 | 目錄 | 目錄 | 周麟之序 | | |
| | 周麟之序 | | 經解正文 | 張顏序 | | |

<hr>

〔註65〕第2卷至15卷，各卷末頁的刻工分別為：張奇、祁生、爾后、祁生、高宇、于亮臣、玉公、王盛、鄧尹、王韵、鄧漢、沈芳欣、王韵及王明。

〔註66〕由於《春秋經解》各本均或多或少有闕文，所以對闕文的說明詳見下文。

　　「舊鈔本」、「通志堂本」、「聚珍本」、「四庫本」與「王鈔本」這五種的《春秋經解》，〔註67〕除了各種序言多寡及排列次序差別外，其在內容上亦存在著些許差異。現將這些差異分舉條列如下：

　　一、對於「無傳之經文」的著錄：《春秋經解》中對有些《春秋》經文並沒有說解，各本對此「無傳之經文」大都依然著錄，僅有「舊鈔本」及「四庫本」不錄「無傳之經文」。如襄公六年冬，《春秋》經文中有「叔孫豹如邾。季孫宿如晉。十有二月，齊侯滅萊。」孫覺對此段經文並無說解，「舊鈔本」及「四庫本」即不加著錄，但其餘各本均有著錄此段《春秋》經原文。

　　二、對「桓」字的避諱：「舊鈔本」、「通志堂本」與「四庫本」在內容上有一點特別引人注意的地方：即是對「桓」字避諱。「舊鈔本」、「通志堂本」與「四庫本」在提及「桓公」時幾乎都將之改為「威公」，如對《春秋》桓公「元年春王正月」的說解為：「而威公在位十八年，書月書王者四，不書王者十有四，此聖人之意也。」這是將「桓公」改為「威公」。又如解莊公九年「齊小白入于齊」的經文時說：

> 孔子曰：桓公九合諸侯，一匡天下。又曰：微管仲，吾其被髮左衽矣！蓋桓公有大功於天下，雖孔子之聖，猶謂當時無之，將不免於左衽矣。若桓公之事，宜有取于孔子矣。〔註68〕

齊小白即為歷史上赫赫有名的齊桓公，但在「舊鈔本」、「通志堂本」與「四庫本」中則一律將「桓公」字改為「威公」。之所以如此改動的原因是因為北宋欽宗的名字為「桓」，而在宋朝又極為重視諱避之禮，所以「舊鈔本」在遇到「桓」字之時一律將之改為「威」字。依陳垣說：「桓改為狟，為威，或為魋。齊桓公改威公，桓魋改威魋。」〔註69〕周廣業更舉出一些書籍皆有因避宋欽宗「桓」字之諱而改「桓」為「威」之例，他說：

> 御名見于經傳義訓者或以威武為義……其前代謚號，亦當讀曰威……呂東萊《春秋博議》齊魯二桓公皆作威公，《論語集注考證》或問子產章威公奪伯氏之邑，正而不譎章，注威公伐楚。《玉海》齊威公、漢威公，凡宋人所著書及宋刻書類然。〔註70〕

---

〔註67〕武英殿與叢書簡編兩種「聚珍本」算是同一個本子，「正誼齋本」與「通志堂本」的內文完全相同，故在此亦不特別視為一種獨立的本子。
〔註68〕《春秋經解》，卷5，頁134。
〔註69〕陳垣：《史諱舉例》（臺北：文史哲出版社，1997年），頁155。
〔註70〕周廣業：《經史避名彙考》（臺北：明文書局，1981年），卷20，頁325～328。

可見將「桓」字避諱改爲「威」字在宋朝所著或所刊的書中是很常見的,《春秋博議》、《論語集注考證》及《玉海》等書都有類似的情況。這在「舊鈔本」、「通志堂本」及「四庫本」中的情況相同。由此亦可知「舊鈔本」的來源爲「本爲紹熙間邵輯所刻」之說應屬不誤,因紹熙爲南宋光宗年號,理應避宋欽宗之諱。至於「聚珍本」與「王鈔本」則並不避「桓」字,所以對「魯桓公」或「齊桓公」等諸侯均依一般稱號書寫。

　　三、對「夷狄」二字的避諱與改易:清朝以外族入主中原,所以有時對「夷狄」二字深加避諱。除「舊鈔本」與「通志堂」本外,其他三個本子對於「夷狄」二字或多或少都有加以改易。其中改易最多的當推「聚珍本」與「王鈔本」,兩個本子在內容幾乎不曾出現「夷狄」二字。這兩個本子,將原在「舊鈔本」及「通志堂本」中之「夷狄」二字,將其改爲「外裔」、「四裔」、「荊蠻」等辭,甚至直接將之刪去。如「舊鈔本」中莊公下二十三年:「夷狄之國,至于彊盛,而來聘諸侯」,「聚珍本」與「王鈔本」均作:「荊蠻之國,至于彊盛,而來聘諸侯」;〔註71〕而文公二年「舊鈔本」作:「秦乘其喪,以伐同姓,則書曰晉人敗秦師,以外秦於夷狄。」在「聚珍本」與「王鈔本」中均刪去「於夷狄」三字。〔註72〕「聚珍本」與「王鈔本」相較之下,「聚珍本」更爲注重對「夷狄」二字的改易,如莊公九年「舊鈔本」中爲:「至論其攘夷狄、尊中國之效,又盛稱其美。」「聚珍本」作:「至論其攘外裔」,〔註73〕而「王鈔本」則爲「至論其攘外夷」,一爲「外裔」一爲「外夷」,由此可見,「聚珍本」對於「夷狄」二字的避諱是較「王鈔本」更爲謹愼仔細。而「四庫本」則僅在十三卷中(也就是最後一卷)才將「夷狄」二字改易,其餘各卷均有「夷狄」二字而未加改易。〔註74〕如前舉莊公九年「至論其攘夷狄」句,「四庫本」亦作「夷狄」二字,並沒有加以改易;但在最後一卷裡,「四庫本」會如「聚珍本」、「王鈔本」一樣將「夷狄」改易成他辭,只「四庫本」之改易方式又不一定與「聚珍本」、「王鈔本」相同。如哀公十三年「舊鈔本」中作:「夷狄之會,稱國而離之」,「聚珍本」、「王鈔本」均將「夷狄」改易爲「外裔」,〔註75〕而「四庫本」則將「夷狄」改易爲「蠻荒」二字。

---

〔註71〕《春秋經解》,卷6,頁166。
〔註72〕《春秋經解》,卷9,頁254。
〔註73〕《春秋經解》,卷5,頁135。
〔註74〕「四庫本」前兩卷誤爲《春秋尊王發微》,故不予論述。
〔註75〕《春秋經解》,卷15,頁379。

　　四、各本闕文的情況：《春秋經解》的五個主要本子，均有闕文，其中「聚珍本」與「王鈔本」兩者所闕的文字幾乎相同。如對桓公二年的經文「蔡侯鄭伯會于鄧」的解釋，「聚珍本」與「王鈔本」在「欲伯中國，蔡鄭二國」以下的文字全部缺失，而「通志堂本」及「舊鈔本」則仍有「國小而偪於楚，始懼而謀自安之。」等等數語。此外，同年孫覺對「九月入杞」、「公及戎盟于唐。」、「冬，公至自唐」三條經文的說解，「聚珍本」與「王鈔本」均註明「闕」，「通志堂本」及「舊鈔本」則完好保存。但在某些條目中，「聚珍本」與「王鈔本」保有全文，但「通志堂本」及「舊鈔本」則缺漏了幾個字。如對僖公七年秋六月，「公會齊侯、宋公、陳世子款、鄭世子華，盟于寧母。」的詮解中，「通志堂本」及「舊鈔本」各有缺字，「聚珍本」與「王鈔本」則全文具足。「通志堂本」及「舊鈔本」作「寧母之盟，蓋鄭屢為齊所伐，勢不自安，故遣其□子盟齊威，以舒一時之難。然鄭伯知附楚之□，□求伯者，又不能以身下之，而徒遣其子，卒之齊□□□，故眺之盟，鄭伯不與，而至于乞也。禮之□道，自敵□□，□□失也，況天下之盟主哉！」「聚珍本」與「王鈔本」則作：「寧母之盟，蓋鄭屢為齊所伐，勢不自安，故遣其世子盟齊威，以舒一時之難。然鄭伯知附楚之罪，以求伯者，又不能以身下之，而徒遣其子，卒之齊人不悅，故眺之盟，鄭伯不與，而至于乞也。禮之為道，自敵以下，不容失也，況天下之盟主哉！」「舊鈔本」與「通志堂本」所缺之字，「聚珍本」與「王鈔本」均完好保留。其中「舊鈔本」與「通志堂本」所闕，細分下又有些微的差別。如莊公23年經文「祭叔來聘」下，除「舊鈔本」外，均作「宰渠伯糾下聘威公弒君之人，不書其名，則無以見獎惡之罪。」「舊鈔本」則缺「不書」二字。從整體上來說，「聚珍本」與「王鈔本」所闕之字多為整條漏失，而「通志堂本」與「舊鈔本」則偶闕文中數字，其中又以「舊鈔本」所闕之字較「通志堂本」為多。〔註76〕

　　總而言之，現在看到的《春秋經解》各種本子大都是十五卷本，十三卷本僅有「四庫本」。至於這幾個本子的關係，筆者猜測是「舊鈔本」為最早，是其他各本的來源，也就是說「通志堂本」是由舊鈔本刊刻而成。筆者之所以如此推論是從闕文來看，「舊鈔本」與「通志堂本」差異不太，其中有些「舊鈔本」闕文的部份，「通志堂本」則直接省略不刻亦不留空白；如《春秋經解》卷八「僖公七年夏，小邾子來朝。」「舊鈔本」作：

---

〔註76〕《春秋經解》各版本之闕文對比請詳參見本論文之附錄。

> 郳黎來自莊公五年來朝□□□不見經，于是來朝稱小邾子者，蓋其
> 隨從齊威伯□□□□稱王命爵之，……所以□□□之興，而附庸小
> 國，類多稱爵，《春秋》因而書之，□以見當時之爵或降或升，惟伯
> 者之所欲爲爾。其罪□不可勝誅之也。

而「通志堂本」則爲：

> 郳黎來自莊公五年來朝，不見經，于是來朝稱小邾子者，蓋其隨從
> 齊威伯稱王命爵之，……所以之興，而附庸小國，類多稱爵，《春秋》
> 因而書之，以見當時之爵或降或升，惟伯者之所欲爲爾。其罪不可
> 勝誅之也。

「舊鈔本」中間有空格之處似有漏失之文，但「通志堂本」則一律將空格刪去，讓人在格式上看起來沒有闕漏。有些情形則是「舊鈔本」所無，而「通志堂本」有字的部份，這可能是「通志堂本」在刊刻時隨上下文意補上的。如《春秋經解》卷六莊公「三十二年冬，十月，己未，子般卒」孫覺對此有一段說解，「通志堂本」作：

> 《春秋》之法：君薨未逾年，君稱子。承繼父之業，不忍有變也。
> 自稱曰子，人子之心，不忍其君父之亡。于未逾年，猶曰父在云爾。
> 稱名，君之殯猶在，尸柩之前，則君父之前也，臣子不可不名焉。

而「舊鈔本」則作：

> 《春秋》之法：君薨未逾年，君稱子。□□□□繼父之業，不忍有
> 變也。自稱曰子，人子之心，不忍其□之亡。于未逾年，猶曰及在
> 去爾。稱名，君之殯猶在□□□，尸柩之前，則君父之前也，臣子
> 不可不在焉。

乍看之下，「通志堂本」似乎較「舊鈔本」更爲完整。但是細繹其中文句，「通志堂本」除了將「舊鈔本」的「猶曰及在去爾」改爲「猶曰父在云爾」是將可能抄寫錯誤的文字改正外，另外則是對於「舊鈔本」缺字的部份做適當的補足，使得上下文意更加通暢。如果「通志堂本」是由「舊鈔本」而來，而根據所引姚元之的說法，「聚珍本」又是根據「通志堂本」而來，那麼則「通志堂本」、「聚珍本」及「王鈔本」都是由「舊鈔本」衍生而來。

　　至於「四庫本」之所以成爲十三卷本，到底是因爲另有一個與「舊鈔本」不同來源的本子，還是有其他原因？筆者比較傾向認爲「四庫本」其實與其他各本是同一個來源，因爲透過闕文的對比，「四庫本」除了誤抄爲《春秋尊

王發微》的前兩卷外，其餘的部份均與「聚珍本」十分類似。加上在〈御製題孫覺春秋經解六韻〉注中言：「此書於宋紹興間陽羨邵輯任高郵時鏤版，郡齋橋李張顏又因其移書以周麟之跋語附益卷末，識而弃之，今爲翰林紀昀所藏，僅有鈔本耳。」來看，「舊鈔本」也都符合這些特徵。所以「四庫本」很可能是由「舊鈔本」而來。但是爲什麼「四庫本」會成爲十三卷，則原因不明，而且令人難以理解。因爲依崔富章所言：

> 《四庫採進書目》載「《春秋經解》十五卷，宋孫覺著，四本。」《浙
> 江採集遺書總錄》詳爲著錄，云：「《龍學孫公春秋經解》十五卷，
> 天一閣寫本。」〔註77〕

似乎「四庫本」在採進書時亦有十五卷本，並非是後來所見的十三卷本。但此十三卷本之說，在一段期間中竟普遍爲學界所接受引用。〔註78〕事實上，就筆者來看，除「四庫本」外，《春秋經解》究竟有沒有十三卷本實是很可懷疑。雖依今人崔富章說：「《總目》及庫書皆據兵部侍郎紀昀家藏十三卷本著錄，今上海館藏清抄本《龍學孫公春秋經解》十三卷存二卷（三至四），是確有十三卷本。」〔註79〕似眞有十三卷的殘本。但依前所述，「四庫本」的第三、四卷亦本爲莊公，而一、二卷的內容才是關鍵所在。但筆者未能親見此本，所以也不敢輕易斷言。

## 第三節　本章小結

　　孫覺所處時代，大約與宋朝另一《春秋》名家的劉敞（1019～1068）相當。但不論在日後所受到的重視或引起的討論均遠爲不及。其中的原因不明，但是不論是從學派的承傳與詮解《春秋》的成果來看，孫覺顯然沒有得到其應有的地位。這情形從《春秋經解》一書的流佈中即可窺之一二。

　　《春秋經解》在孫覺著成時赫赫有名，傳聞甚至使王安石做出廢《春秋》都與此有關，但《春秋經解》的流傳顯然並不順遂。我們並沒有看到清以前的刻本，現存的本子中幾乎全是清以後的本子，而且從「通志堂本」及「四

---

〔註77〕崔富章：《四庫提要補正》（杭州：杭州大學出版社，1990年），頁155。
〔註78〕如李學勤及呂文郁所主編的《四庫大辭典》（吉林：吉林大學出版社，1996年），其中雖提及《春秋經解》有「通志堂本」、「天一閣抄本」及「叢書集成初編本」，仍謂此書爲十三卷。見是書頁349。
〔註79〕崔富章：《四庫提要補正》，頁154。

庫本」的情形來看，《春秋經解》在歷史上發生了有許多意想不到的阻礙。

在現存的《春秋經解》諸本中，除了「四庫本」外，最大的差異是收錄各家的序多寡不同、對「夷狄」二字的改易及在某些字句上有不同的缺漏外，基本上差別不大，而這些差異也不會對研究《春秋經解》產生決定性的影響。但其中「通志堂本」、「正誼齋本」及「舊鈔本」分別僅存於臺灣大學圖書館與國家圖書館，一般查尋不易。〔註80〕「四庫本」分卷與其他本子不同，且對「夷狄」二字改易不定，再加上前兩卷的誤植，所以本文在引用《春秋經解》原文時基本採用較為通行的「聚珍本」為主，〔註81〕若遇「夷狄」二字時則採「通志堂本」、「舊鈔本」以之校定，除有特殊原因外並不另行標出。至於「桓」字則依「聚珍本」與「王鈔本」並不加以避諱。至於「四庫本」雖非善本，但其流傳較廣易於查找，其所收錄各家的序最為完整，所以若有引用到「聚珍本」所未收的序文時，則以「四庫本」為主。

〔註80〕 筆者認為「通志堂本」應為較好的本子，但筆者所見僅台大圖書館善本室藏有此孤本。

〔註81〕 以「聚珍本」與「王鈔本」相較，「王鈔本」在鈔錄之時偶有脫漏之情形，如卷2第9頁即漏鈔一大段內容，卷8第54頁亦有脫漏一條。所以本書之引用基本上是以「聚珍本」為主。為求查閱頁碼方便，又以鉛字排版之「聚珍本」為佳。此即收於「叢書集成簡編」，由臺灣商務印書館印行的本子。

# 第五章 　《春秋經解》的書法內涵與問題

　　現今我們得以了解孫覺對《春秋》的詮解全據《春秋經解》此書。孫覺在書中所使用詮解《春秋》的方法，乍看之下與《公羊》、《穀梁》無異，都是大量的以「書法義例」來詮解《春秋》。但是孫覺與《公羊》、《穀梁》甚至啖助等人用「書法義例」來詮解《春秋》，最大的不同在於以下兩點：一、孫覺是自覺的將「書法義例」做更有層次的區分與運用。二、孫覺對於《春秋》中不合「書法義例」的部份亦試圖加以解說並尋求其原因。雖然孫覺這兩點的努力未必完全成功，但是從中可以看到孫覺試圖將「書法義例」此一方法更加予以系統化與合理化，以期在三傳之外能有一更堅實的方法用以詮解《春秋》。當然在這同時也更凸顯出了「書法義例」本身的問題。在本章各節之安排為：首先論述孫覺對《春秋》的定位，因為這是每一位詮解《春秋》者的前提，同時也是了解其對《春秋》的基本立場。第二節則論述孫覺對《春秋》中「書」與「不書」的看法。第三節則分述孫覺對「一字褒貶」類別的區分。第四節則是說明孫覺對《春秋》經文中不合「書法義例」的記載，其所用以說明解釋的幾種方法，並由其中看出以「書法義例」這種方式來詮解《春秋》會遭遇的困境及問題。

## 第一節　從〈自序〉看孫覺對《春秋》的定位

　　如前文所敘述，任何一位試圖詮解《春秋》的學者，在想解釋《春秋》前，一定會對《春秋》做一定位，這種定位主要包括兩點：《春秋》作者與《春秋》性質。在孫覺的理解中，《春秋》作者是孔子是毫無疑問的，而《春秋》

的內容則在於借魯史以爲經。

首先就作者來看，孫覺說：

> 《春秋》者，魯國之史，孔子老而後成之書也。孔子曰：「吾自衛反
> 魯，然後樂正，雅頌各得其所。」又曰：「加我數年，五十以學《易》，
> 可以無大過矣。」是刪《詩》、《書》，定《禮》、《樂》在於反魯之年，
> 而贊《易》在於五十之後也。《春秋》止於獲麟，而孔子沒於獲麟之
> 後二歲耳。是孔子於未沒之前，猶記《春秋》之事，則《春秋》之
> 於六經最爲晚成也。〔註82〕

孫覺引用《論語》中的兩段孔子自述話語來對《春秋》做一定位：《春秋》爲
孔子所作諸經中之最後一部。〔註83〕因爲孔子在周遊列國返魯後，首先修訂
了《詩》、《書》、《禮》、《樂》等經，而後再參贊《易》經。《春秋》所記的最
後一件事爲「獲麟」，而「獲麟」之年則在魯哀公十四年春，哀公十六年孔子
即逝世。所以《春秋》可謂孔子親自修訂的最後一部經典，其價值亦有其獨
特之處。他說：

> 孔子於未老之前不作《春秋》，必其老而後作者，蓋孔子尚壯，猶冀
> 當時之君有能感悟而用之者矣。……孔子之年益老而天下之亂不
> 止，至於臣弑其君子弑其父，而天子不加誅，方伯不致討，三綱五
> 常掃地俱盡。孔子於是因魯之史以載天子之事，二帝三王之法於是
> 乎在。《春秋》之所善，王法之所褒也；《春秋》之所惡，王法之所
> 棄也。至於修身正家理國治天下之道，君臣父子兄弟夫婦之法，莫
> 不大備。〔註84〕

這段話中有三個重點：一、孔子原初之志本不在著述，而是希冀能行道於天
下。但在周遊列國之後才發現當時沒有任何一位君主能完全讓他實現理想，
所以最後方才返魯。但在孔子返魯且年老之時，天下越益紛亂，而且人倫價
值也日益崩解，以致父子君臣彼此殘害的情形層出不窮。孔子想對此世情有

---

〔註82〕因爲「聚珍本」之《春秋經解》並沒有收孫覺的〈自序〉，所以本文所引孫覺
的〈自序〉均以「四庫本」爲主（臺北：臺灣商務印書館，影印清高宗乾隆
三十八至四十七年寫文淵閣四庫全書本，1983年），爲免繁瑣以下均不另註明。

〔註83〕雖然在孫覺所用《論語》的這兩段引文中並沒有提及孔子作《春秋》一事，
但孫氏直接就認爲《春秋》爲孔子所作。並且因爲《論語》中沒有載錄《春
秋》，所以其更認定《春秋》爲孔子晚年所著。

〔註84〕《春秋經解》，〈自序〉。

所改易，於是才修成了《春秋》一書。二、孔子作《春秋》並非憑空而造，而是透過魯國史書的記載才修成《春秋》的。孫覺一方面強調「《春秋》者，孔子因魯史成之，其詳略皆因舊史。」〔註85〕認為《春秋》就記載的資料來說，其來源為魯國的史書；但在另一方面又說：「《春秋》假魯史以載王道者也。」〔註86〕認為《春秋》並非一般的史書，而是內含「王道」之典籍，與一般的史籍是有絕大的分別。所以孫覺對杜預將《春秋》定位為史籍、孔子為史官的說法，是深為不滿的，〔註87〕孫氏認為若依杜預之說，則：「《春秋》既曰作之，又徒因其記注即用舊史，則聖人何用苟為書也？」〔註88〕魯史自會傳世，那麼孔子為何要寫定《春秋》？孔子之所以作《春秋》即因其與魯史不同，所以孔子的地位才能遠邁一般的良史。三、至於《春秋》中所含的「王道」的內容為何，孫覺認為最重要的還是要從《春秋》之所以作的原因來看：「《春秋》之作，蓋以天下無王而孔子以王法正之。」〔註89〕春秋之時，周天子之權威盡失，所以倫常崩解。孫覺認為《春秋》所含蘊的就是這「王法」，「王法」的來源當然可以上推至二帝三王，但當時的現實來說，尊崇周天子實為王法的一種重要具體展現。在這樣的脈絡下，孫覺認為何休等《公羊》學者主張所謂的「黜周王魯」之說根本是曲解了孔子之意，孫覺反問：「孔子為天下無王，乃作《春秋》，何得云黜周王魯？」〔註90〕其並舉《春秋》經中種種證據，說明「尊王」是孔子非常明確的主張。如孫覺說：

> 如經書王正月者，大一統也。先王人者，卑諸侯也。不書王戰者，以見天下莫之敵也。書王而加天者，別吳楚之僭偽也。《春秋》尊王如此，安得謂之黜周乎？〔註91〕

孫覺認為《春秋》書王就是「尊王」的明確表現，而不書記諸侯與周王戰，也是不將諸侯國與周王室放在同一階層來看；既然《春秋》中對周王如此尊

---

〔註85〕《春秋經解》，卷5，頁144。
〔註86〕《春秋經解》，卷12，頁320。
〔註87〕孫覺云：「杜預之說則曰周德既衰，官失其守，諸所記注，多違舊章。仲尼因魯史策書成文，考其真偽而志其典禮，其教之所存，文之所害，則刊而正之，其餘則皆即用舊史。若如其說，則孔子乃一史官爾。」雖然這種批評未必是杜預能服氣及接受的。見《春秋經解》，〈自序〉，頁2。
〔註88〕《春秋經解》，〈自序〉，頁2。
〔註89〕《春秋經解》，〈自序〉，頁2。
〔註90〕《春秋經解》，〈自序〉，頁2。
〔註91〕《春秋經解》，〈自序〉，頁2。

崇，所以何休主張《春秋》中含「黜周」之說根本是無稽之談。〔註92〕

　　孫覺不但對《春秋》的價值做了一個明確的界定，並且認爲歷來解《春秋》之人，大都不能眞正完全了解《春秋》中所含的意思，孫覺評定歷史上最了解《春秋》之義的首推孟子。孫覺認爲孟子對《春秋》一書最重要的理解，在於孟子掌握了《春秋》中具有「代天子行賞罰」的功能。他說：

　　　　孟子之意，以謂王者之號令尚行於天下，而於號令之中有過差失繆，
　　　　則詩人得以刺規而正之。至其大亂而王道板蕩、號令不行，天子名
　　　　存而已。則孔子作《春秋》以代其賞罰也。〔註93〕

就現實世界來說，周王其實有一個重要的責任：將抽象的「王法」在現實的世界中施展開來。但當時周王已無能力以「王法」維護世界，所以孔子作《春秋》在某個意義上來說是代周王行「王法」，代行周王的「賞罰」之權。這個「賞罰」並非僅只爲當世的，它代表的是一種價值意義重建。但是後來詮解《春秋》的儒者，根本忘了孔子這個最初也最重要的意圖，以至於無法正確的理解《春秋》。孫覺批評漢代解《春秋》者的主要問題是：

　　　　其後遂有《春秋》五傳，《鄒氏》、《夾氏》久已不傳。《左傳》、《公》、
　　　　《穀》代興於漢，然其祖習傳受傳記不明。如習《左傳》者，即託
　　　　爲丘明，言與孔子同其好惡，又身爲國史，所載皆得其眞。然左氏
　　　　之書然亦失繆，此亦黨左氏之言也。習《公》、《穀》者，又言孔子
　　　　經成獨傳子夏，公羊高、穀梁赤皆子夏門人。若二子同出子夏之門，
　　　　不應傳有同異，此亦黨《公》《穀》之言也。〔註94〕

孫氏認爲《鄒氏》、《夾氏》不傳，故無可論，其他三傳的主要問題有：一、爲了試圖掌握詮釋的權威，所以分別假造了其與孔子的關係。但事實上，三傳都沒有足夠證據來支持這種說法。二、在詮解《春秋》時本身的不一致。甚至等而下之，竟出現了用災異讖緯等說來解釋《春秋》。孫覺說：「作傳者既不解孔子所以作《春秋》之意，而注釋者又妄爲之說，至今好怪之徒，更增引血書端門諸讖緯之說以解《春秋》。」〔註95〕由此可知，孫覺對以讖緯來詮解《春秋》是相當不滿的。對孫覺來說，這種種的誤讀當然與《春秋》經書寫隱微的特性

---

〔註92〕孫覺對何休的批駁基本上是延續了啖助的看法。啖助何休之說的批評詳請見
　　　　前章。
〔註93〕《春秋經解》，〈自序〉，頁3。
〔註94〕《春秋經解》，〈自序〉，頁3。
〔註95〕《春秋經解》，〈自序〉，頁2。

有關，孫覺說：「《春秋》既成，孔子不久而已沒，又其書刺譏誅絕多病當時之人，不可顯傳於世，故門弟子受業《春秋》者無聞焉。」〔註96〕但是孫覺亦認為漢儒解《春秋》並非一無可取，如孫覺就對杜預主張《春秋》之名是因：「史之所記，必表年以首事。年有四時，故錯綜以爲所記卜之名也。」〔註97〕贊同《春秋》源於史書記事之說。孫覺並認為：「《左傳》多說事迹，而《公羊》亦存梗概。」、「《穀梁》最爲精深」凡此種種都是對三傳的正面評價。孫覺認爲要眞正掌握《春秋》的要旨，除了來自《春秋》經本身所提供的內容外，尚可以參考三傳及前代諸儒之說解《春秋》的主張。孫覺說：「其說是非褒貶則雜取三傳及歷代諸儒，唐啖、趙、陸氏之說，長者從之。其所未聞，即以所聞安定先生之說解之云。」〔註98〕孫覺不但消解了三傳解《春秋》的權威，並且將之與「歷代諸儒」、啖助、趙匡、陸淳與胡安定等人之說並列。〔註99〕

　　整體而論，孫覺對《春秋》的理解與定位大約如下：一、作者爲孔子。二、來源爲魯史。三、《春秋》非史籍而爲經書，所以內容並非僅止於記實，更重要的是寓含褒貶之辭。四、《春秋》之表達隱微，所以一般人並不容易理解。五、三傳解《春秋》有可取處，但卻不具備絕對的權威。所以詮解《春秋》必須兼採眾家之說。持平而論，這幾項主張有許多是研究《春秋》者的共同看法，所以我們就在這些前提下，更深入探求孫覺詮解《春秋》的方法。

　　孫覺認爲《春秋》這部書不僅爲孔子最後親手所修訂之經典，更是一部非常嚴謹的書，孫覺說：「孔子之于《春秋》，委曲詳盡，無一字苟然者，所以傳信萬世，示人以法也。」〔註100〕孫氏認爲《春秋》中內含可傳萬世之法，但是其字數極少，所記之年又多，所以自然是「無一字苟然」，每個字都含具深意。孫覺又說：「《春秋》一字，聖人必盡心無苟然者。」〔註101〕可見他認爲孔子修訂《春秋》必是字字斟酌，而非隨意著筆。認爲《春秋》字字有義，這與其說是孫覺對《春秋》獨特的看法，勿寧說是在《春秋》經典化之後必然產生的結果。因爲將《春秋》視爲孔子以至於儒家重要經典的人都會面臨

〔註96〕《春秋經解》，〈自序〉，頁3。
〔註97〕《春秋經解》，〈自序〉，頁4。
〔註98〕《春秋經解》，〈自序〉，頁4。
〔註99〕孫覺雖自言其解春秋「以《穀梁》爲本」，但是從其詮解的內容來看，這種說法也未必可信。詳見後文。
〔註100〕《春秋經解》，卷4，頁90。
〔註101〕《春秋經解》，卷5，頁129。

一個問題：《春秋》到底是如何表達出其所欲傳達的「義」？《春秋》的書寫是有規律的，還是隨意的？孫覺認為《春秋》當然不是隨意之作，《春秋》的書寫方式及內容都是非常有法度的，在《春秋經解》中我們常看到所謂的「《春秋》之法」、「《春秋》之例」與「《春秋》之義」三詞，〔註102〕孫覺透過這三個詞的引導，對《春秋》的書寫做了至少兩個不同層次的說解。

其中第一個層次是「書」或「不書」的問題。《春秋》內容極少，孔子有沒有一套標準來評定何者應該寫入《春秋》？何者則不該記載？其實這個問題並不是個《春秋》學中的新問題，「常事不書」的原則在孫覺之前的詮解《春秋》諸家中即常被使用，如《左傳》五十凡中即有九條關於這個的論述。而《公羊》在桓公4年解「公狩於郎」中亦即有「常事不書」之說。〔註103〕但《公羊》中運用到這個原則的僅有三處，除了以上所舉的例子外，尚有桓公八年及十四年分別對桓公舉行「烝」及「嘗」的典禮所發的議論。總的來看，《公羊》對於「常事不書」這個原則並沒有普遍的運用。在《穀梁》則有「恆事不志」之說，《穀梁》在莊公二十四年解「公如齊逆女。」時說：「親迎，恒事也，不志。」〔註104〕可見早在《公羊》《穀梁》時即意識到《春秋》的書記應有一定的標準。其後啖助等人亦約略對此問題有所論述。但是對於這個問題前儒並沒有一個能貫穿整體《春秋》的說法。這個想法到了孫復的《春秋尊王發微》則快速的發展為「《春秋》所書皆有罪」之說。宋鼎宗說：

> 孫氏《尊王發微》，蓋本《穀梁》常事不書之義，以為凡經所書者，
> 皆變古亂常則書之。故曰《春秋》有貶無褒，凡書者皆惡之也。
> 〔註105〕

就孫覺來看，《春秋》當然有書或不書的標準，但其說又與前儒之說不同。所以接下來筆者即主要在說明孫覺認為《春秋》何者當書，何者不當書的理解與標準。

而在討論了《春秋》「書」與「不書」的問題之後，後世所看到的《春秋》

---

〔註102〕這三個詞從文字表面上看，似乎「《春秋》之例」是在說《春秋》的書法，「《春秋》之義」則在說明《春秋》微言大義，「《春秋》之例」則介於以上兩者之間。但事實上，在孫覺的《春秋經解》中並沒有這樣的區別，這三詞後所陳述的內容並無一定的偏向。

〔註103〕（漢）何休解詁，（唐）徐彥疏：《春秋公羊傳注疏》，卷4，頁11。

〔註104〕（晉）范寧集解，（唐）楊士勛疏：《春秋穀梁傳注疏》，卷6，頁6。

〔註105〕宋鼎宗：《春秋宋學發微》，頁38。

內容都是已「書」於《春秋》了,那麼在《春秋》所「書」的事件中,如何「書」及如此書寫在表達什麼意思?則是第二個層次的問題。在這部分筆者會整理出孫覺所認為《春秋》的「一字」褒貶的意指究竟是什麼?孫覺又如何運用這種方式來詮解《春秋》?最後筆者會透過孫覺對《春秋》中不合書法義例的處理,說明以「書法解《春秋》」其中所蘊含的問題。

## 第二節 孫覺論《春秋》「書」與「不書」

孫覺認為《春秋》所記歷二百四十二年之久,其間史事繁多,自不可能鉅細靡遺的事事詳加記載,況且《春秋》亦非史書,自無「君舉皆書」的必要。所以孫覺認為孔子寫《春秋》時,一定有一套內在的標準來揀取何者當書,何者又不當書。在孫覺看來這個標準並非是單一的標準,而是由許多的準則匯集而成,其中有些是孔子自身所擬定的,但也有某些是孔子無法確實掌握的部份。現分別說明如下。

孫覺認為《春秋》的書不書第一個重要準則就是:「常事不書」。他說:「《春秋》常事不書,書之必有意也。」〔註106〕孫氏認為《春秋》本非實錄之史書,所以並非事事物物皆要詳記,二百四十二年之史實記於《春秋》中者必是孔子希望從中可見其義,所以一般普通例行之事,孔子並不會將其寫入《春秋》經中。反過來說,將之寫入《春秋》之中的事,即一定具有孔子想表達之義。孫覺說:「《春秋》常事不書,書之者,皆有所見也。」〔註107〕即為此意。在這樣的脈絡下,「不書」是因其平常,「書」則是因其反常。孫覺認為這「反常」的事類最主要又分為「失禮之事」與「特異之事」兩大類。

先討論「失禮之事」,孫覺說:「《春秋》之法:常事不書,失禮非常,則書之。」〔註108〕「禮」為人所應行的常道、常行,人的行為合於禮節是應有之義,此事不勝枚舉,所以不書。相反的,春秋時禮儀雖然逐漸喪失,但不守禮儀的程度還不到事事如此,所以孫覺認為孔子在《春秋》中所記所書大部分都是「失禮之事」。孫覺在說解《春秋》莊公三年,「五月,葬桓王。」的經文時說:

---

〔註106〕《春秋經解》,卷12,頁338。
〔註107〕《春秋經解》,卷3,頁72。
〔註108〕《春秋經解》,卷5,頁130。

天王崩葬，《春秋》載之甚詳，周之告崩，則書崩。魯之會葬，則書葬，義無可疑也。然而啖趙之徒，皆以爲萬國之數至眾、封疆之守至重，故天子之喪，諸侯不得越境而奔喪。修服于國，卿往弔送，既葬卒哭而除喪。若此，則文九年，叔孫得臣如京師，葬襄王，爲得禮也。《春秋》常事不書，得禮者又書之，則失禮者如何見乎？按：天王崩葬，當從孫復之說。古者天子崩，諸侯近者奔喪，遠者會葬。故《周禮‧大行人》，若有大喪，則詔相諸侯之禮。此說是也。說《春秋》者，多議春秋之時，書魯如京師者一，若魯公實有會葬天王之事，則于經當書。經不書其事，安知魯公之自往也。蓋《春秋》常事不書，其非常者則書之。叔孫得臣、叔鞅之如京師，以其君不自往，故著其使臣之罪也。若魯公自往，乃是禮當然者，合禮則不書也。《春秋》書諸侯之葬，未嘗言所往之臣，其書之，如公子遂如晉葬晉襄公者，蓋以使卿會葬，其禮太重，見其失禮，故書之也。葬天王而使臣者，罪公不自往也。〔註109〕

《春秋》經文中記載在這年的五月，周桓王下葬。於此《春秋》並沒有記錄魯莊公確有前往會葬的文字，所以啖助、趙匡等人主張此次周桓王的葬禮，魯莊公並未親自前往會葬。這是因爲諸侯守國之責任重大，所以不能輕易的離境奔喪。正常的做法是要在封國內服喪，派卿士前往弔送，所以在文公九年時《春秋》經文記載著叔孫得臣會喪周襄王，這是合禮的做法。基於這個原因，啖助、趙匡等人認爲此次喪禮，《春秋》中無魯莊公會喪之文，而莊公亦遵守禮儀確實沒有參與會葬。但是孫覺的看法就與啖助等人不同，孫覺引述《周禮》與孫復之說，〔註110〕認爲從禮制上來看，周王崩逝，諸侯應該親自奔喪，所以莊公如京師會喪是合禮之事，也是莊公所行之事。當然孫覺在此也有考慮到：若莊公親自會喪，則爲何《春秋》中並無記載？或者問：若《春秋》中沒有記莊公會喪，那我們如何知道莊公有參加會喪之事？孫覺對此的回答是：「《春秋》常事不書，其非常者則書之。」周天子崩逝，魯國君主親自前往乃爲禮之當然，所以不必記之於《春秋》之中；文公九年時，叔

---

〔註109〕《春秋經解》，卷，5 頁 116～117。
〔註110〕在這個例子上孫覺雖然接受的孫復的說法，但是孫覺對「有書皆罪」的主張卻不完全同意，認爲並非《春秋》所書皆孔子所罪。詳見後文對「不書」類中「特異之事」的說解。

孫得臣、叔鞅卿士會喪，乃是諸侯不合禮的行為，所以《春秋》記之以示諸侯違禮。孫覺並舉諸侯之喪為例，認為在《春秋》中對諸侯之喪少有關於他國派來臣子參與喪禮的記載，孫覺認為這並不代表都沒有他國臣子參與喪禮，而是諸侯之君亡，他國派臣子與喪為常事，所以《春秋》不必特別記載。《春秋》只對違反了常禮的行為要特別記載，這就是「常事不書，失禮非常，則書之」的意思。孫覺並更從《春秋》全部的記錄來論述其主張是對的，他說：

> 魯公之如京師葬天王，得禮，不書也。書公如京師者一，罪成公因會伐秦而遂事也。古者諸侯即位，必朝于天子。春秋之時，其禮多廢。莊三年葬桓王，因會葬桓王遂如周也。宣三年葬匡王、襄二年葬簡王，皆因會葬而往也。〔註111〕

通觀《春秋》的記載，唯有在成公十三年三月中記載著「公如京師」，可是這次《春秋》之所以記載著成公前往京師會喪，這並非在褒揚成公守禮，反而是因為魯成公此次前往京師主要的目在於會合晉、齊、宋等諸侯國共同圖謀攻伐秦國。孔子認為成公這樣的行為並不合禮，所以才會在《春秋》中記述其至京師的事，〔註112〕而這正是「失禮則書」原則的展現。此外，孫覺並舉宣公三年匡王喪與襄公二年簡王喪之例，說《春秋》經文中並無記載魯公有親自會喪或派臣子與喪，但依《春秋》常事不書的原則來看，此兩次天王之喪，魯宣公與襄公是有親自前往京師會喪。宣公三年匡王之葬，孫覺說：「《春秋》常事不書，公如京師葬天王，事之常者，故不書爾。」〔註113〕與襄公二年簡王之喪：「不曰公如京師，常事不書。」〔註114〕都認為匡王與簡王之喪，魯宣公與魯襄公都有親赴京師會喪，但因常事不書之故，所以不見明文著於《春秋》之中。在此我們應該特別注意的是：孫覺提出《春秋》「常事不書」的原則時，其實是緊扣著《春秋》並非史書，所以歷史中的重要事件在《春秋》中也不一定會有記載；相對的，《春秋》中沒有記載的事也不代表其沒有發生，重點在於《春秋》中記述的應是孔子認為值得記載的事。

---

〔註111〕《春秋經解》，卷5，頁117。
〔註112〕孫覺對《春秋》記成公「公如京師」說：「春秋常事不書，公如京師朝天王，常事當略。而經書之者，蓋以其如京師主于伐秦，因過京師，遂行朝禮爾。」見《春秋經解》，卷11，頁308。
〔註113〕《春秋經解》，卷10，頁286。
〔註114〕《春秋經解》，卷12，頁315。

　　孫覺認為《春秋》的這種特質常被解經者遺忘或忽略，所以歷代的解經者常會誤認《春秋》所記之事即為合禮之事。孫覺批評那些說法對《春秋》來說是一種根本的誤解。所以每當遇到這種情況時，孫覺總是再三強調「常事不書」是《春秋》書記事件的重要原則，不了解這個原則，就不能對《春秋》有恰當的了解，如其解文公六年「冬，十月，公子遂如晉，葬晉襄公。」的經文時說：

> 《春秋》之法：常事不書，失禮非常則書之。葬諸侯者，不言某人之往，常事得禮也。公子遂如晉葬晉襄公，失禮非常也。古者大國不過三卿，而諸侯之葬，輒往一卿，則國家之事無關乎？故《春秋》之法：葬諸侯、使微者，則無譏焉。卿行、則譏之。以為彊者脅弱，而弱者畏彊也。〔註115〕

在《春秋》經文中，諸侯之葬例皆不書某人前往會葬，在此處卻書公子遂前往會葬。但這不是說整個《春秋》時代只有晉襄公之喪有他國諸侯之使者會喪，相反的，孫覺認為諸侯之喪他國君主依禮均會派使者前往會喪，只是所派使者的官位不高而已。而此次魯國派公子遂前往會喪實為失禮，因為公子遂為莊公之子、魯國之卿。魯國依禮不過僅有三卿而已，動輒一卿離國，則國事必然荒廢。所以孫覺認為《春秋》在此記公子遂如晉參加晉襄公的喪禮，是一個典型「失禮則書」的例子。〔註116〕也就是說《春秋》所記所書，其中有一大部分是因為「失禮」的關係。

　　當然孫覺也不是認為所有記之於《春秋》中的事均為「失禮」之事，其中亦有另一種情況。如他在隱公七年三月「叔姬歸于紀。」的經文下說：

> 內女歸為諸侯夫人，則書。雖非夫人，失禮則書。以它事見者，亦書。婦人無外事，與外事而有惡，可以為後世之戒者，則書。其餘則否。若有賢行，則詳書之，以見其善。婦人無外事，有賢者之行，不大耀於人，故特書其終始之詳，以見其善，且以為後世法也。內女見於經者一十有四：紀伯姬、杞伯姬、鄫季姬，以夫人書；莒慶叔姬、宋蕩伯姬、齊高固叔姬，以失禮書；子叔姬、杞叔姬，以惡行書。僖九年，伯姬卒；文十二年，子叔姬卒。末嫁而卒，以恩書。

---

〔註115〕《春秋經解》，卷9，頁260。
〔註116〕對此段經文，三傳均無說解，僅《左傳》言：「襄仲如晉葬襄公」，並無他說。
　　　　見《春秋左傳注疏》，卷19上，頁10。

陳人之婦，以公子結遂盟書，記其始終之詳，及法不當書而書者。《春秋》變例，以見其賢。紀叔姬、宋共姬是也。〔註117〕

孫覺認為《春秋》對「內女」有幾項書與不書的原則。書之於經有幾個可能：為諸侯夫人、失禮與以它事。孫覺說：「內女歸為諸侯夫人，則書歸，重之也。其尊敵公，公為之服故也。」〔註118〕因為內女為諸侯夫人，其地位幾與諸侯相同，為了表示對他的重視，所以將之書於《春秋》。至於它事的部分不論善惡皆書。孫覺統計了《春秋》中的內女，共有十四位書之於經。其中如莒慶叔姬、宋蕩伯姬、子叔姬和杞叔姬等人，皆是有失禮之行抑或是行惡，將之書於《春秋》，這是「非禮則書」原則的表現。但在《春秋》的記載中，不但記著紀叔姬與宋共姬兩個魯之內女，而且對他們的記載還非常詳細。這兩位內女並無違禮或惡行，這並不符合「非禮則書」的原則。孫覺認為《春秋》之所以將兩女書之於內，最主要的原因就是女子本無外事而且其行事縱使賢淑亦不為外界所得知。現有魯內女之行事超凡而為人所知，所以孔子將之記入《春秋》以彰顯其德並希望能為後人所仿效。這樣的情況與前文所謂「非禮則書」是有些不同的，先看紀叔姬之例，孫覺言：

> 諸侯一娶九女，其國以姪娣從者，常事也，法不當書。叔姬為伯姬之媵，待年於國，至是歸紀。而經書之者，蓋以見叔姬之賢也。叔姬為伯姬之娣，紀侯大去其國，紀季以酅入於齊，復存紀之宗社，叔姬又歸于酅，以承紀之宗祀。紀之國侵削殆盡，其所存者，宗祀而已。紀侯又已去，主紀之祀者，紀季而已。而叔姬不以國之盛衰繫其懷，不以夫之存亡易其慮，而惟宗祀之是依，惟籩豆之是供。春秋之時，禮義消亡，男女淫奔，而叔姬之行如此。聖人安得不賢之乎！故書歸酅辛葬之詳，以見其賢也。共姬歸宋，以傅母不至，不下堂，卒死於火。聖人賢其高絕之行，特書納幣致女來媵辛葬之詳，以著其賢。若叔姬共姬之行，雖王道之行，所未易有。況如春秋之時哉！聖人既書其賢，又以見當時之亂也。〔註119〕

《春秋》對叔姬的記錄頗令人覺得奇特，因為在隱公七年時即有「叔姬歸于紀」的記錄，其後在莊公經文十二年時又記「紀叔姬歸于酅」，到了莊公二十九年則

〔註117〕《春秋經解》，卷2，頁39。
〔註118〕《春秋經解》，卷1，頁13。
〔註119〕《春秋經解》，卷2，頁39～40。

書「紀叔姬卒」，莊公三十年尚有「葬紀叔姬」之文。也就是說從叔姬出嫁開始，
《春秋》對其有四次記錄，而叔姬的身份僅是伯姬之妹而且爲媵，身份並不高，
但是《春秋》對其記載竟有四次之多，這在《春秋》中實在很特別。事實上，
關於紀叔姬之行事，三傳都沒有什麼記載，甚至陸淳認爲叔姬並非嫁給紀侯，
而是嫁給季侯之弟紀季。孫覺所言紀叔姬供奉紀之宗祀的事跡亦不見於記錄。
但是不論如何，歷來解《春秋》者均認爲《春秋》四記叔姬之事，其中必有特
異之處。〔註120〕孫覺認爲《春秋》之所以多次書記紀叔姬是因爲叔姬在紀亡國
之後還能持續供奉紀國的宗祀，並不因爲離開紀至鄼而改變。這樣的行爲在禮
義日漸消亡的春秋時代是非常難得的，所以《春秋》詳細書記紀叔姬之重要事
件，這是在表達對其行爲有著極高的褒揚之意。也正因如此，所以孫覺主張《春
秋》記紀叔姬之事，並非是因其非禮而書之，而是因其特異而書之。

此外對共姬之記載亦復如此，孫覺說：

> 伯姬之行，蓋婦人之伯夷也。方春秋之際，人倫大亂，而婦德掃地
> 矣。伯姬立淫亂無禮之世，而爲高潔難行之行，寧殺其身于火以死，
> 不苟其生于有過之地。雖其身不幸于一時，而萬世無禮不潔之人，
> 小聞其風，則知所愧矣。孔子賢之，于納幣、致女、歸媵、卒、葬，
> 雖法所當略者，一切書之。所以樂道人之善，而使不潔之人懼也。
> 左氏、陸淳之徒，不能深達孔子之意，而妄爲之說曰：共姬女字不
> 婦。夫以伯夷之賢，不見稱于孔子，則亦西山之餓夫。共姬之行，
> 不見列于《春秋》，則亦小國之愚婦爾。爲伯夷共姬，又何恨哉！亦
> 信其志而已矣。〔註121〕

關於宋伯姬〔註122〕之死的原因，三傳記載詳略不一，其中《左傳》只簡單說是
因宋大災，伯姬爲「待姆」而亡。《公羊》及《穀梁》的記述較詳，說伯姬是因
其面對火災時，傅母不在，爲謹守「保母不在，宵不下堂」之禮，最後終至於
被燒死。〔註123〕孫覺在事情上主要是採《穀梁》之說。至於評價的部分，《左

---

〔註120〕楊伯峻：《春秋左傳注》，頁52。
〔註121〕《春秋經解》，卷12，頁337。
〔註122〕因伯姬嫁與宋共公，所以《春秋》中亦稱其爲宋共姬，見楊伯峻《春秋左傳
注》頁1174。
〔註123〕對伯姬之死的敘述，《公羊》並不在此條下，而是於襄公三十年秋七月「葬宋
共姬」下方言。《公羊》《穀梁》在敘述上有一點小差異，《穀梁》認爲「傅母」
即是「保母」，而《公羊》則是將「傅」與「母」分而言之，並說當時「傅至
矣，母未至也。」伯姬因此而被燒死。孫覺在《春秋經解》卷二中採《穀梁》

傳》說：「君子謂宋共姬女而不婦。女待人，婦義事也。」認爲伯姬所行實爲未出嫁女子之禮，並非婦人所當守，伯姬已爲人婦，當可不守此禮。言下之意似乎認爲伯姬所行非當。《公羊》則說《春秋》記伯姬之喪因爲「隱之也」，即傷痛伯姬之死。《穀梁》則進一步說：「婦人以貞爲行者也，伯姬之婦道盡矣！」認爲伯姬之行值得贊許。若僅憑此，我們很難判定《左傳》與《公羊》、《穀梁》之說何者爲是。孫覺對伯姬的評價與《公羊》、《穀梁》相同，認爲《春秋》是褒揚伯姬。但其與《公羊》、《穀梁》不同的是，孫覺還舉出了《春秋》內部的其他記載來加強並支持他的說法。《春秋》對伯姬之記錄共有五則，分別是：成公八年「宋公使公孫壽來納幣」、成公九年「季孫行父如宋致女」、同年又記「伯姬歸于宋」，之後在襄公三十年記「宋伯姬卒」，旋即又記「叔弓如宋，葬宋共姬」。伯姬並非重要人物，其對宋國也不見任何具體的重大影響，但是《春秋》經對伯叔的記載從納幣開始終至其葬，所記之事甚至較其他卿士爲多，若《春秋》如《左傳》所言，孔子並不認同伯姬的行爲，那即很難解釋爲何在《春秋》書中對伯姬特別重視。依照孫覺的看法，孔子之所以特重伯姬是因當時社會紛亂，人倫隳壞，而宋伯姬竟能如此謹守禮節，可謂女中之伯夷，所以孔子才會特別加以贊許。而孔子對宋伯姬表達贊許的方式即爲對其嫁卒及葬等事一一著明。這與紀叔姬的情況一致，《春秋》中多有爲非禮則書的情況，但有時候書之於《春秋》也可能是表示贊許之意，而不是違反禮儀。

　　事實上如前所言，孫覺在論述《春秋》「不書」時，常將「常事不書，失禮非常則書之」連言，如果我們仔細的區辨，「失禮」與「非常」可以是兩個不同的概念。因爲，這「非常」之「常」可以指的是「常禮」也可以指的是「常事」。將禮節視之爲「常」，則所謂的「非常」指的是違禮之事；但若將當時一般人的行徑視之爲「常」，則所謂的「非常」指的就是異於一般人所行之事。而前文所舉叔姬與伯姬之例，即是屬於異於當時一般人之行徑的「非常」。

　　將《春秋》中書記之文視爲「非常」，《春秋經解》中亦有不少例子。如魯文公元年二月，《春秋》的經文爲「天王使叔服來會葬」，孫覺的說解爲：

　　　諸侯之卒，天王固當使人弔且葬之。叔服會僖公之葬，誠禮之宜者。
　　　然《春秋》之法：常事不書，書者皆非常也。《春秋》十二公，卒葬
　　　之見于經者十一，天王使人會之者一，僖公而已。……《春秋》一
　　　切著之，用見周之不君，而魯之不臣也。《公羊》、《穀梁》皆以謂叔

之説，將「傅母」連言，視爲一人。

服之葬得禮故書，不知《春秋》著是以記非也。〔註124〕

諸侯死亡，周天子本應派人至諸侯國中參與葬禮，若單單就此而言，周王派叔服來魯參加僖公葬禮是為合禮的行為，若依「合禮不書」的原則，即不應該記於《春秋》之中。但孫覺認為天王派叔服會葬本為「常禮」，但在《春秋》所記的魯十二公之中，唯有僖公之葬天王有派人參加，其餘均沒有記載有派大臣與葬，而這是周天子失禮之處，也同時是魯侯平時有不臣之心所致。在此孫覺認為若僅依此條來理解《春秋》所欲傳達之意，就會像《公羊》或《穀梁》所詮解的那般，〔註125〕認為孔子是在贊許周天子守禮。但是孫氏認為只是理解到這一層並不能完全體認到《春秋》所蘊涵的深微之意。因為《春秋》中僅此一次記有周天子因僖公喪而派叔服會葬，魯國其餘十一公之喪因天子並無派人與葬，所以《春秋》中沒有記載，這代表《春秋》所要記的不僅是此次周天子之行為合禮，更要傳達的是在大部份的時候周天子與魯侯並不守禮。所以從整體上來看，魯國國君死亡周天子是否派大臣會葬，《春秋》的態度則是「一切著之」、「著是以記非」，也就是透過少數合禮之事的記載來凸顯其他大部份不合禮之行為。

綜合以上兩種情況，我們可以說《春秋》的記事書寫原則為：「少」，也就是「異常」。本來對以禮節立國的周朝來說，違禮者較少，所以《春秋》書之，而合禮者多故不書；但在某些情況，遵禮者變少而違禮者變多，這時《春秋》就記少數的遵行禮儀者給予贊揚，並同時藉以反襯出多數不守禮儀的情況。這兩種情況的「書」看起來一樣，其實所欲強調的重點並不相同：「失禮則書」的重點在於《春秋》所明白書寫出來的部份，這是《春秋》特別標舉出來要給予貶斥的地方，也就是其重點在於「所言」的部份；而另一種「著是以記非」的書寫方式，雖然也強調《春秋》所書之事的可貴與褒揚之意，但更重要的部份在於其同時批評大多數「非是」的行為，也就是說《春秋》是透過「書」來貶斥那「不書」的部份，也就是其「所不言」的部份。但是不管是「失禮則書」或「著是以記非」的書記，其實《春秋》仍有一個共通的原則：「為少則書」。也就是《春秋》所記之事，均為較少發生的事。這就

〔註124〕《春秋經解》，卷9，頁253。
〔註125〕《公羊》說：「其言來會葬何？會葬禮也。」見《春秋公羊傳注疏》，卷13，頁1。《穀梁》則說：「葬曰會，其志重天子之禮也。」見《春秋穀梁傳注疏》，卷10，頁1。兩者均認為《春秋》記此表示天子派人會葬合理，且周天子之行為是。

是前文所說的《春秋》書記特異之事。所以在解讀《春秋》時不僅要讀出其「所言」，亦要讀出其「所不言」，才能算是完整的理解。

孫覺認為《春秋》所書之事以「少」為原則，其實是很清楚的，這不但適用於人事，同時也適用於天時的書記。在解僖公三十三年十二月「隕霜，不殺草，李梅實。」的經文時說：

> 春秋之十二月，夏時之十月也。十月隕霜，而草不死、李梅實，皆異之大者也。《春秋》之法：為災而及于民物者，則書。為異而反常者，則書。十月之霜，草當殺而不殺；十月之李梅，不當實而反實。天地陰陽之義，非常可怪者也。〔註126〕

在十月之時，本來草應該枯萎而李梅則應尚未結成果實，但在今年所見則大異平常。孫覺認為這是天地陰陽的變異，是「異而反常」的事，〔註127〕所以《春秋》將其記之於書中。《春秋》經中關於此類的記載不少，如在文公二年，《春秋》記有「自十有二月不雨，至于秋七月。」之文，孫覺也說：「陰陽之異，而天地反常，不可以不書。」〔註128〕認為這種天象「反常」之事，《春秋》一定會書寫記載。《春秋》之所以記載天候反常之事，並不是出於純粹的好奇心，而是因為天候反常常伴隨而來的即是農民並不能正常的收成，以致人民有饑饉之事產生，所以孫覺也才會說《春秋》之法書中「為災而及于民物者，則書」。如在莊公七年秋，《春秋》記「大水」之後即記「無麥苗。」孫覺說：

> 春秋之秋，夏時之夏。夏之時，麥已大成，而禾苗方盛，大水之災，而麥也苗也皆無也，災之甚者，故書之。……《公羊》曰：一災不書，待無麥而後書無苗。按：聖人重穀愛民，為災而及民物者，《春秋》未嘗遺之也。一災不書，則隕霜殺菽亦一災耳，何為書之乎？

---

〔註126〕《春秋經解》，卷8，頁251。

〔註127〕對於這段事，先秦時已有記載：「魯哀公問於仲尼曰：『春秋之記曰，冬十二月，霣霜不殺菽。何為記此？』仲尼對曰：『此言可以殺而不殺也。夫宜殺而不殺，桃李冬實，天失道，草木猶犯干之，而況於人君乎？』」（《韓非子·內儲說上》）依文意來看，孔子也認為是天時不正，所以應該枯萎的沒枯萎，不該結實的反而結實了。雖然楊伯峻先生認為《韓非子》此段所記「難信」，因「孔丘明知周正不合四季之正，故《論語·衛靈公》載其主張『行夏之時』」何至謂『宜殺而不殺』？」（《春秋左傳注》，頁494）但無論如何「不殺草」與「桃李實」兩者同時出現，實非天候自然之常，所以孫覺言此為「異而反常」應無疑義。

〔註128〕《春秋經解》，卷9，頁256。

此非也。〔註129〕

孫覺認爲當時的時節爲夏時，本來麥子都已長成結穀，而黍稷之苗則已下種，但此時的大水讓麥子與禾苗都沒之於水。〔註130〕《公羊》認爲《春秋》之所以書是因爲麥與苗兩者受損，農家無麥且無苗，所以書之於經中。〔註131〕但孫覺將之修正爲：孔子愛民，而穀糧爲人民重要的生活支柱，所以一旦有災而危及人民的生活時，《春秋》一定會加以書記，《公羊》所謂「一災不書」的說法是有問題的。孫覺認爲不論幾災，只要對人民的基本生活有所傷害的，《春秋》的慣例是一切書之。在《春秋》中類似的例子頗多，又如在莊公十七年冬，《春秋》記有「多麋」，孫覺說：

> 《春秋》之法：以有爲災，則書有，有蜮是也。以無爲異，則書無，無冰是也。至于麋者，常有之物，雖有之，不足以爲異。惟其多而害五穀，則書之。《公羊》曰：記異者。按：異者，非常可怪也。如麋者，常有之物，雖多不足以爲怪，其爲災，則書害也。杜預曰：以災，故書。此說是也。〔註132〕

在《春秋》書與不書的慣例上，反常則書，所以應該結冰之時卻沒有結冰，則《春秋》書「無冰」以記異。《春秋》書「無冰」至少有三次，分別是桓公十四年、成公元年以及襄公二十八年，孫覺的解釋是：「《春秋》書災異之法，有曰無者，無冰是也……無者，對有之辭也。之冰曰無，未嘗有也。」〔註133〕，認爲《春秋》之所以書是因「記異」的緣故。但值得注意的是，孫覺認爲《春秋》「非常則書」原則在某些情況下是並不適用的。整本《春秋》中只有此次記有「多麋」，三傳中也只有《公羊》解此爲「記異」，其他兩傳無說。孫覺認爲麋是常見之物，《公羊》說麋爲可怪之物，這種解釋是不夠充份的。孫氏

---

〔註129〕《春秋經解》，卷5，頁129。
〔註130〕《左傳》解此段說：「秋，無麥、苗，不害嘉穀也。」依孔穎達說：「苗」指的是「五稼之苗」，而之所以記是因「黍稷尚可更種」（《春秋左傳注疏》，卷8，頁15），孫覺對此說法並不贊同：「《左氏》曰：不害嘉穀也。按：經先書大水，而後言無麥苗，蓋爲害矣。一穀不登，民有受其飢者，謂之不害嘉穀，非也。」認爲《左傳》所謂「可更種」之說並不可信。但這個爭論並不包含在《春秋》「書」與「不書」的問題中，所以在此並不詳加討論。
〔註131〕《公羊》云：「無苗，則曷爲先言無麥，而後言無苗？一災不書，待無麥，然後書無苗。何以書？記災也。」見《春秋公羊傳注疏》，卷6，頁20。
〔註132〕《春秋經解》，卷6，頁156～157。
〔註133〕《春秋經解》，卷4，頁89。

依杜預之說，認為「多麋」則會傷五穀而成為人民之災，而孫覺認為《春秋》對於人民之災則必書，所以在此書「多麋」是完全符合《春秋》書記的原則。

值得注意的是，孫覺認為《春秋》所記之事雖少，所以必然有許多事件與人物都沒有加以記載，但是《春秋》對於與人民生活息息相關的事物一定有詳加記載，而這樣的記載方式基本上與前面所說「非禮則書」的原則是不太一樣的。除了為災《春秋》必書之外，孫覺認為《春秋》還有一種事是一定要記載的，與其合禮不合禮並不相干，這件事就是「興作」。《春秋》經中記載著許多「城」、「築」、「新」及「新作」的事跡，其中又以「城」的記載最多。《春秋》之所以記載「城」某，三傳的解釋不一：

《穀梁》認為《春秋》書「城」是譏刺的意思，如解隱公七年「夏，城中丘」的經文時說：「城，為保民為之也。民眾城小，則益城。益城無極。凡城之志，皆譏也。」〔註134〕認為《春秋》中記「城」皆含譏貶之意。但在其中有一種例外，如在襄公 29 年，解釋經文：「仲孫羯會晉荀盈、齊高止、宋華定、衛世叔儀、鄭公孫段、曹人、莒人、邾人、滕人、薛人、小邾人，城杞。」時說：「古者天子封諸侯，其地足以容其民，其民足以滿城以自守也。杞危而不能自守，故諸侯之大夫，相帥以城之。此變之正也。」〔註135〕杞國自己不能守住城池，所以各諸侯國的大夫一起來幫助杞國修城，這時《穀梁》認為這種做法是「變之正」，顯然又不以為《春秋》書「城」為譏刺之意。《公羊》則認為《春秋》之所以書「城」是代表「重視」的意思，如《公羊》解隱公七年「夏，城中丘」的經文時說：「中丘者何？內之邑也。城中丘，何以書？以重書也」〔註136〕認為中丘為魯國境內的城邑，修築城邑是很重大的工作，所以將之記於《春秋》中。除此之外，《公羊》對「城」幾乎沒有其他的說解。《左傳》則以「時」或「不時」為《春秋》書記的理由，如《左傳》解隱公七年「夏，城中丘」的經文時說：「書不時也」，〔註137〕但在桓公十六年解經文「多，城向。」時說：「書時也」。〔註138〕也就是說《春秋》對「城」

---

〔註134〕（晉）范寧集解，（唐）楊士勛疏：《春秋穀梁傳注疏》，卷2，頁7。

〔註135〕（晉）范寧集解，（唐）楊士勛疏：《春秋穀梁傳注疏》，卷16，頁12。

〔註136〕（漢）何休解詁，（唐）徐彥疏：《春秋公羊傳注疏》，卷3，頁9。

〔註137〕（周）左丘明傳，（晉）杜預注，（唐）孔穎達疏：《春秋左傳注疏》，卷 4，頁5。

〔註138〕（周）左丘明傳，（晉）杜預注，（唐）孔穎達疏：《春秋左傳注疏》，卷 7，頁22。

這件事時也書記，不時也書記。在種情況三傳的理解不但有所差異，而且三傳都沒有回答一個問題：《春秋》經中為何對「城」的記載至少有二十八筆之多？〔註139〕就《春秋》而言這是個非常大的數字。對於這個問題，孫覺的說法是：

> 《春秋》之義：興作皆書，不以其時之得失，功之緩急也。聖人之意猶曰：甚矣，吾民之力有限也，春而耕，夏而耘，秋而斂，冬而藏。無農事，則又治其乘屋。晝于茅而夜索綯。以父母之身，有限之力，而勤動乎終歲，無一日之休也。奈何為之上者，於不足之時，驅有限之力，以治無用之功哉！故《春秋》興作皆書，失時無用之役則具文可見矣。雖得其時而治乎至急之務，猶有罪焉。況非其時以興無用之功也。此《春秋》重民力而責人上者之意也。……《左氏》曰：城中邱，書不時也。如《左氏》之說，是得時者無譏也。《公羊》曰：以重書也。《穀梁》曰：凡城之志，皆譏也。二說近之。〔註140〕

孫覺的意思可分為兩層來說明：第一、是對三傳的評說，孫氏認為《公羊》、《穀梁》之說，是接近孔子之意的，因為都傳達出珍惜重視民力之意。至於《左傳》的說解孫覺認為並不合理，因為若如《左傳》之說，則官府於農閑時驅使民力，可以毫無愧色，孫覺認為這並非孔子之意。因為孫覺認為官府的興作，在某種程度上都帶有一點不道德的成份。當時一般人民之生活都極為艱苦，所以即使官府在適當農閑時動用民力，其實對人民來說都是一種負

---

〔註139〕這二十八次分別是：隱公七年「夏，城中丘。」、九年「夏，城郎。」、桓公五年「城祝丘」、十六年「冬，城向」、莊公二十九年「城諸及防」、莊公三十二年「春，城小穀」、僖公元年「齊師、宋師、曹師城邢」、二年「春，王正月，城楚丘。」、十四年「春，諸侯城緣陵」、文公七年「遂城郚」、文公十二年「季孫行父帥師，城諸及鄆。」、宣公八年「城平陽」、成公四年「冬，城鄆。」、成公九年「城中城」、襄公二年「冬，仲孫蔑會晉荀罃、齊崔杼、宋華元、衛孫林父、曹人、邾人、滕人、薛人、小邾人于戚，遂城虎牢。」、七年「城費」、十三年「冬，城防。」、十五年「季孫宿、叔孫豹帥師城成郭。」、十九年「城西郭」、「城武城」、二十九年「仲孫羯會晉荀盈、齊高止、宋華定、衛世叔儀、鄭公孫段、曹人、莒人、邾人、滕人、薛人、小邾人，城杞。」、昭公三十二年「冬，仲孫何忌會晉韓不信、齊高張、宋仲幾、衛太叔申、鄭國參、曹人、莒人、邾人、薛人、杞人、小邾人，城成周。」、定公六年「城中城」、十四年「城莒父及霄」、十五年「冬，城漆。」、哀公三年「季孫斯、叔孫州仇帥師城啓陽。」四年「城西郭」、五年「春，城毗。」以及六年「春，城邾瑕。」其以《春秋》所記之事簡少，其對城的書記不可謂不多。

〔註140〕《春秋經解》，卷2，頁40～41。

擔，更何況是農忙的時節？就算是在農閑之時動用民力，那也不一定代表是合理的，因爲可能整個國家都是國貧民困，若在此時驅使人民從事不急之務，那就算是合時也是不合理的。孫覺說：

> 《春秋》興作，不以時不時皆書之，所以重民力而愛民財。若但以時爲義，則得時者何用書乎！如莊之三十一年，一歲而築臺者三，使皆得時，而《春秋》書之，可無罪乎！此非也。〔註141〕

孫覺此說之意主要在對《春秋》何以連君王適時興作亦書，做出一個合理的解釋。孫覺對「城」的第二個層次的說解在於，其認爲《春秋》對「城」這件事書或不書有一個根本的看法：「興作皆書」，也就是說不論這「興作」是否合理適時，因爲其使用到大量民力，所以《春秋》對其態度是一切書之。從一切均書之中，可以得見孔子不以一般「非禮則書」的原則來處理此事，因此更可得見孔子對人民生活的重視。這同時也在說明爲何《春秋》中出現那麼多次「城」的記載。當然孫覺所謂的「興作」指的不止有「城」這件事，其對「築」、「新」及「新作」的看法也是一樣，如在莊公二十九年，經文：「春，新延廄」中說：

> 《春秋》凡興作皆書，不以其時之得失，功之當否也。勞民之力、費民之財，皆聖人所重故也。有國家者，不可忘戰，馬戰之具，故國必養馬焉……廄者，馬之所在，不可以不修。然莊公不務治其國家，一無麥禾，告糴他國。于甚歉之歲，又興作以勞民，蓋莊公之新延廄。于《春秋》興作之罪又甚焉。……《左氏》曰：不時也。
>
> 按：去年之歉如此，今年新廄雖時，得無罪乎！〔註142〕

就認爲《春秋》記「春，新延廄」不止是《左傳》理解的不時之意，因爲若依《左傳》說，那麼在冬天興作難道就不必貶斥了嗎？孫覺認爲根本的問題還是在對民力的使用態度上來看。

筆者前文論及孫覺對《春秋》的定位時曾提過：孫覺並不認爲《春秋》是史書，所以沒有「君舉必書」的必要。事實上，以《春秋》的字數及內容來看，這也是不可能的事，所以孫覺認爲《春秋》書與不書有一定的標準即：「常事不書，失禮非常，則書之。」但是孫覺認爲《春秋》在「興作」這件事上卻是個例外，其原則是「興作皆書」。持平而論，若大部份的事都如「興作」一般「皆

---

〔註141〕《春秋經解》，卷6，頁181。
〔註142〕《春秋經解》，卷6，頁180。

書」的話，那麼《春秋》即會變成史書，因為就變成了「君舉必書」了。可是孫覺認為《春秋》只有在極少數的事情上是「皆書」的。〔註143〕所以從這極少的「例外」中，也正可以看出孔子為什麼那麼重視這特殊的部份。也就是說從更廣的視野來看，《春秋》「常事不書」是《春秋》書法的「常」；而「君舉必書」則是《春秋》書法的「反常」。孫覺認為從這「反常」中更可看出《春秋》的微旨。這是孫覺所理解《春秋》中的兩個層次「常事不書」的原則。

## 第三節　「一字為褒貶」的類型

若說《春秋》的「書」與「不書」是決定何者可以成為《春秋》內容，那麼「如何書」則是關於已書於《春秋》內容的表達方式。由於孫覺認為《春秋》是孔子所親為的最後一部典籍，所以特別對內容謹慎與重視。在二百四十二年間的史事，孔子將其分類揀擇，何者當書何者又不當書，這是《春秋》書法的第一個層次；而決定當書之於《春秋》後，如何用適當的字詞表達出來，則是《春秋》書法的第二個層次。

孫覺認為《春秋》在「如何書」的部分，詮解者第一個要注意到的原則即是：「《春秋》一字為褒貶。」〔註144〕認為《春秋》以一字為褒貶並非孫覺首創，這從三傳起即有很長遠的歷史，吳樹平即言：

> 鄭樵認為治《春秋》者有三派：一派主張《春秋》一字有褒貶，一派主張《春秋》有貶無褒，一派主張《春秋》無《褒貶》。統觀由漢至清《春秋》學的發展大勢，一字褒貶說最具影響。《公羊傳》、《穀梁傳》就是這一派的創始之作。所謂一字褒貶說，即謂孔子修《春秋》設有一定的「義例」，或褒或貶，在于一字棄取之間。〔註145〕

---

〔註143〕除了「興作」之外，筆者所見孫覺認為《春秋》皆書的僅有另一類事：「大夫見殺」。他說：「《春秋》大夫之見殺者，不論有罪無罪，皆書之。以其事無禮之君，不能去，而又死之也。」（《春秋經解》，卷10，頁290～291。）但因這類的事因涉及較複雜的君臣相處之道，筆者擬在下一章中對此再做詳細討論，故在此並不深論。又，雖然孫覺曾說過：「《春秋》之法：善惡皆書，不以一善而掩其終身之惡；不以一惡而廢其它事之善。」（《春秋經解》，卷2，頁29。）可是這「善惡皆書」指的是對個人之善行或惡行的記錄，《春秋》不會因為一個人基本上是好人而隱藏他的惡行，反之亦然。但這與我們在此討論的《春秋》書或不書的原則並不相關。

〔註144〕《春秋經解》，卷12，頁323。

〔註145〕（清）顧棟高輯，吳樹平李解民點校：《春秋大事表》（北京：中華書局，1993

「一字有褒貶」說顯然是許多《春秋》詮釋者所共同接受的說法，而這亦有其內在理路：因爲《春秋》若爲孔子所修的經典，其文字表面亦幾乎沒有褒貶的意思，但一般詮解《春秋》者又認爲其中寓含褒貶，所以最順遂發展出來的詮解方式即是：認定《春秋》中所使用的簡短普通字詞中其實是含有褒貶之意的，只是一般讀者無法讀出。於是如何理解《春秋》字詞所寓含的褒貶，便成爲詮解者一個重要的目標。孫覺認爲「《春秋》一字係于懲勸」〔註146〕從這個標準來看，孫覺也應主張《春秋》「以一字爲褒貶」。但是孫覺是否就認爲《春秋》中的「每一字」都傳達出「褒貶」之意來呢，其實又未必，孫覺對《春秋》中的「一字」所使用的情況大致有以下的幾種解釋方式。

## （一）僅由字詞的表面的單純意義來說解

孫覺在詮解《春秋》所使用的字詞時，有時僅就單純的字詞意義上予以說解，並不一定代表有所謂的褒貶之意，如其對《春秋》使用「初」字的解釋即爲如此。《春秋》中使用了兩次「初」字，一爲隱公五年的「初獻六羽」一則爲宣公十五年的初稅畝。孫覺對《春秋》用「初」字的解釋爲：「前未有此，而今行之者謂之初。」〔註147〕認爲《春秋》用「初」這個字僅在表達首次施行之意，其中並不蘊涵褒貶之意。孫覺之所以這樣說解其實是根據《春秋》的內容而來的，因爲孫氏認爲「初獻六羽」是：

> 仲子之宮既成，遂陳六羽而獻之。……羽數之禮，當從《左氏》之義：天子八、諸侯六、大夫四、士二。魯在隱公之前，因成王賜天子禮樂於周公，故諸公之廟，相承僭之，皆用八佾。此隱公爲桓考妾母之宮，始降從六。聖人善其復禮，書之曰初獻六羽。……宣公之稅畝言初，始變古也；隱公之獻羽言初，始復禮也。凡言初者，自此始爾。〔註148〕

解「初稅畝」爲：

> 宣公之時，患公田之不善，而豐凶無常也，於是畝畝而稅之，定其常入之數，而使供焉。始墮井地之制，而亂公田之法也。《春秋》罪之，故書曰：初稅畝。公穀皆以爲稅畝者，履畝而稅也。履畝者，

年），〈顧棟高和他的春秋大事表〉，頁22。
〔註146〕《春秋經解》，卷9，頁268。
〔註147〕《春秋經解》，卷2，頁34。
〔註148〕《春秋經解》，卷2，頁34～35。

謂履踐其良者而收之。若實若此，魯國之廣，歲歲履畝，不亦勞乎！

經言初，則是終其國而行之，履畝而稅，勢亦不能久也。〔註149〕

孫覺認爲《春秋》兩用「初」字，一爲贊同隱公從越禮之八羽降爲合禮之六羽；另一則在責備宣公因勞逸不均、豐凶無常而將井田制度改爲稅畝之法，從此之後井田之制亦從此消失。《春秋》於這兩者一褒一貶，並不相同，並且其褒貶並不是由《春秋》使用「初」字來決定的。孫覺認爲《春秋》用「初」字時僅在表達「自始爾」的單純字詞意思，並沒有特別具有褒貶之意。〔註150〕

## （二）以一字定難易之迹

孫覺認爲《春秋》中的用詞並非隨意使用，有時在相類似的情況中從其所用詞的差異，可以看出事情的難易差別，這就是所謂的「《春秋》以一字定其難易之迹」。〔註151〕如其對《春秋》中用「歸」、「入」、「復歸」及「復入」四詞，認爲其各自代表不同的意思：

> 易者曰歸，難者曰入，復其位曰復歸，復其惡曰復入。鄭突因祭仲之援，逐世子忽出，奪而後歸焉。蓋易也。故書曰：「突歸于鄭」；忽嘗有鄭伯之位，突見逐而出奔，忽歸無難，而位又復也。故書曰：「鄭世子忽復歸于鄭」；齊小白外有糾之爭立，內無大臣之爲援，遽以兵歸而奪國焉。歸之難也。故書曰：「齊小白入于齊」；宋魚石既奪于楚，藉楚而入于彭城。明年，宋嘗會數國之師而圍之，出奔，嘗有惡矣。入又據其邑以叛，復其惡而不悛也。故曰：「宋魚石復入于彭城」。《春秋》以一字定其難易之迹，故有書歸、復歸、書入、復入四者之異。
>
> 然其事之善惡，迹之逆順，則皆隨其所書而可見矣。〔註152〕

「突歸于鄭」在桓公十一年、「鄭世子忽復歸于鄭」在桓公十五年、「齊小白入于齊」在莊公九年，「宋魚石復入于彭城」則在成公十八年。這四個情況都是世子因難而離開國家，之後又回到自己國家。公子突是鄭莊公之子，莊公死後原爲世子忽即位，公子突即前往宋國。之後在權臣祭仲的幫助下，迎回公子突即位，是爲厲公，而世子忽則出奔至衛國。到了桓公十五年時，因

---

〔註149〕《春秋經解》，卷10，頁296。
〔註150〕在孫覺解「一字」中有一類爲「褒貶同詞」，其實「初」的使用有點類似「褒貶同詞」，但在此孫覺沒有特別標舉，所以筆者亦不將其歸爲一類。
〔註151〕《春秋經解》，卷4，頁94。
〔註152〕《春秋經解》，卷4，頁94。

厲公得罪了祭仲，生怕被祭仲所殺，所以自行出奔至蔡國。而公子忽則順勢回到鄭國，是爲昭公；齊桓公小白則因齊襄公治國無方而出奔，之後襄公被弒而立公孫無知，公孫無知旋即亦被雍廩殺死。齊國無君，於是公子小白與子糾相互攻戰爭國，最後爲公子小白即位，是爲齊桓公；宋國的石魚原於成公十五年因與宋右師華元相爭，失敗而後出奔至楚。成公十八年時則藉由鄭與楚兩國之力回到宋國並佔領彭城。華元向晉國求援，晉國亦派兵協助，最後在襄公元年彭人投降，晉人於是將石魚等人帶離彭城安置在瓠丘。

　　孫覺認爲這四人的情況雖然大致類似，但其中亦有稍許的差異：公子突回國最易，所以《春秋》用「歸」字；世子忽則因出奔前即已短暫爲鄭君，所以《春秋》用「復歸」；齊桓公則因自己的努力克服困難，所以用「入」字；魚石則因其不斷挑起戰爭，所以《春秋》用了「復入」來書記。其實三傳對這四個詞的使用亦有各自不同的說法，《左傳》即言：「凡去國，國逆而立之曰『入』；復其位曰『復歸』；諸侯納之曰『歸』；以惡曰『復入』。」〔註153〕《公羊》則說：「復歸者，出惡，歸無惡；復入者，出無惡，入有惡。入者，出入惡。歸者，出入無惡。」〔註154〕《穀梁》則有兩個不太一樣的說法，一謂：「以好曰歸，以惡曰入。」〔註155〕一曰「曰歸，易辭也。」〔註156〕但孫覺認爲《左傳》對「入」說的說解不當：「小白入齊，大夫盟于蔇，故魯納子糾，不得曰國逆也。」〔註157〕又說認爲《公羊》之說解《春秋》用四詞之意皆不確：「鄭忽之出，權臣逐之，非自爲惡也；宋魚石奔楚，要楚以伐宋，出非無惡焉；許見入于鄭，許叔因鄭亂而復之，出入無惡也；鄭突篡兄奪嫡，見制權臣，出入非有善也。」又批評《穀梁》以「好」說「歸」，以「惡」解「入」：「鄭突之歸，安得好乎？許叔之人，安得惡乎？此亦不通矣。」於是孫氏採取《穀梁》以「易」解「歸」和《左傳》對「復歸」及「入」的說解。孫覺認爲孔子修《春秋》時是非常的小心與仔細，所以會詳細區分各種不同的狀況而用不同的詞彙，以求精準的傳達出其意旨；相對的，詮解《春秋》者也必須能仔細的分辨解讀，才能由這些不同的詞彙中解讀出孔子原來的意旨。

〔註153〕楊伯峻：《春秋左傳注》，頁911。
〔註154〕（漢）何休解詁，（唐）徐彥疏：《春秋公羊傳注疏》，卷5，頁15。
〔註155〕（晉）范寧集解，（唐）楊士勛疏：《春秋穀梁傳注疏》，卷5，頁14。
〔註156〕（晉）范寧集解，（唐）楊士勛疏：《春秋穀梁傳注疏》，卷4，頁5。
〔註157〕《春秋經解》，卷4，頁95。以下同。

### （三）具貶斥義的字詞

孫覺認爲《春秋》中有許多常使用的字詞是有具有褒貶之意，在數量上
譏貶之意的字詞又多於褒揚。如認爲《春秋》用到「次」字時，都是在表達
譏貶之意，其解莊公三十年夏「師次于成」的經文時說：

> 《春秋》之義：凡次皆譏。兵者，量力而動，動而必中者也。莊公
> 之於紀，世爲婚姻之國，紀亡，而附庸于齊。鄣、紀之附庸，未能
> 下齊，而自處于僻陋。齊桓志欲滅之，莊公以紀之，故將往救鄣，
> 又畏齊而不敢也。書曰師次于成，所以見莊公不量其力，妄動而勞
> 民。師已成矣，又畏懼而不進，徒次于成焉，罪之也。〔註158〕

孫氏認爲《春秋》用到「次」字時都有譏貶之意，因爲興兵作戰是國之大事，
所以爲國者一定要謀定而後動。莊公既然已經起兵救鄣，但其後卻又因懼齊
而駐兵不前。若是懼齊則一開始即不應興兵，既已興兵就不應懼齊國之威盛。
現興兵而不進，徒然浪費民力，所以《春秋》用「次」字來表示譏貶之意。
孫覺認爲孔子不僅在此用「次」字表達譏貶，而是在《春秋》十六次使用「次」
字時，都同樣表示譏貶之意。又如在解僖公元年「齊師、宋師、曹師次于聶
北，救邢。」的經文時說：

> 《春秋》之義：凡次皆譏，未有次而言救者。力能救之，則救之可
> 也。不能救矣，又徒次焉，蓋罪之也。《春秋》言救言次者二：襄二
> 十三年，叔孫豹帥師救晉，次于雍榆。及此年次于聶北救邢是也。
>
> 聶北之次，先次而後救；雍榆之次，先救而後次，皆有罪矣！〔註159〕

此時因爲狄人入侵邢國，所以齊桓公、宋桓公及曹昭公率領軍隊去解救邢國。
這本是義舉，但孫覺認爲若三國的能力可以驅逐狄人，爲何不直接作戰？又
何必駐軍不動呢？所以雖然救邢爲義舉，但就駐軍不動來說，實爲不當，所
以《春秋》仍是用「次」字來表示對三國的譏貶之意。〔註160〕

---

〔註158〕《春秋經解》，卷6，頁182。

〔註159〕《春秋經解》，卷8，頁199。

〔註160〕對於此次三國會師救邢之舉，《公羊》與《穀梁》都認爲《春秋》是在譏貶三
國，而之所以認爲如此的理由都是：「救」與「次」兩者不應相連而言，《公
羊》說：「救不言次，此其言次何？不及事也。」《穀梁》則認爲：「救不言次，
言次，非救也。」而沒將孔子用「次」字之意單獨來看。至於《左傳》則對
「次」字無說，而言：「師遂逐狄人，具邢器用而遷之，師無私焉。」從結果
來看，三國軍隊不但趕走了狄人，而且還沒有取用邢國的財貨，似乎是次仁
義之舉。孫覺的判斷之所以異於三傳，除了對「次」字的用法認定有別外，

事實上孫覺在詮解《春秋》時，認爲這一類的字詞很多，如提及「天王求」時亦是表示貶斥之意。桓公十五年經文有「天王使家父來求車」，孫覺說：

> 《春秋》書天王之求者三：求賻、求金、求車是也。夫以天王之尊，苟天下所有者，皆其所有。爲諸侯者，受之地而爲之主爾。故王道之行，則天下之有者畢入于京師，有天子無求于下也。周衰，至于春秋之時，天下無王，而諸侯自恣矣。王室之卑，僅如列國，諸侯貢賦不入，而天王益貧，至于賻死之物、車服之用，闕而不貢，使來求之。天王以天下之大，不能有之，而至于求。諸侯分天下之土，不時入貢，而使來求之。曰求者，兼譏之辭也。〔註161〕

在《春秋》的內容中，周天子曾三次派人至諸侯國要求入貢，除了這次外，還有隱公三年秋天「武氏子來求賻」及文公九年春天「毛伯來求金」。三傳對「求」的詮解都較偏重在周天子失禮處，如《公羊》在桓公十五年求車的傳文中說：「王者無求，求車非禮也。」〔註162〕相對於二傳之說，孫覺在詮解「求」字時，則較偏重對諸侯的貶斥。他說：「王道之行，固無求矣。然爲臣子而君父有求于己焉，則所以事之之禮得無未盡其道歟！」〔註163〕孫覺認爲周天子之所以向諸侯「求」物，主要是因爲當時諸侯都不入貢，所以周天子日益貧乏。到最後連喪葬、車馬等用品都需要主動向諸侯索求，由此可見當時諸侯之驕恣。當孫覺說：《春秋》用求字是「兼譏之辭」時，一方面當然也認爲周天子主動向諸侯索取物品是非禮的行爲，因爲周天子本是不應向諸侯索求；但也強調其之所以違禮的原因還是在於諸侯沒有事天子以禮，所以天子才會向諸侯索求。這即是孫覺主張《春秋》裡存在一些本身即具有貶斥義字詞的例子。

## （四）姓名書法例

在《春秋》的書法中，孫覺認爲書人之「名」或「字」亦是表達褒貶之意的一個重要指標，所以在《春秋》中書「字」或書「名」，是因其地位不同而有所不同。如雖然都是「大夫」，孫覺認爲一般諸侯的大夫依例是書「名」，〔註164〕他說：「《春秋》內外大夫例書名。」〔註165〕但是周天子的大夫則依例

---

此外尚牽涉到孫覺對齊桓公整體的評價問題。對此部份下章第四節中會有更詳細說明。

〔註161〕《春秋經解》，卷4，頁92～93。

〔註162〕（漢）何休解詁，（唐）徐彥疏：《春秋公羊傳注疏》，卷5，頁14。

〔註163〕《春秋經解》，卷4，頁93。

〔註164〕至於內外大夫有無差別，孫覺僅於隱公四年中說：「春秋內大夫皆書氏書名」

並不書名，孫覺說：

> 天子大夫，視小國之君。《春秋》小國之君，例皆書爵。諸侯大夫，
> 例皆書名。天子大夫，當如小國之君書爵，以其未爵，故特書字，
> 以比小國之君，稍尊于諸侯之大夫。祭伯、南季、家父、榮叔，皆
> 字也。〔註166〕

周天子的地位高於諸侯，周天子的大夫亦不應與諸侯大夫地位相等，所以孫覺認爲周天子的大夫應將其視爲小國之君而書爵，〔註167〕但又因大夫並沒有爵位所以要書「字」，用以表示周天子大夫的地位是高於諸侯大夫而低於小國之君。孫覺並舉祭伯、南季、家父與榮叔之例，認爲《春秋》中的記載都是書字，〔註168〕與一般諸侯大夫不同。此外，若是諸侯大夫受天子賜邑，則依例亦應書「字」。在《春秋》莊公二十五年經文：「陳侯使女叔來聘」孫覺說：。

> 諸侯大夫，天子賜之邑，使之歸國，則書氏書字，鄭祭仲、魯單伯、
> 陳女叔是也。所以別諸侯之臣，尊天子之命也。《左氏》曰：嘉之，
> 故不名。按：春秋之時，諸侯大夫，來聘者眾，何獨嘉女叔乎？《穀
> 梁》曰：天子之命大夫。此說是也。〔註169〕

《左傳》對女叔之所以不稱名的解釋是「嘉之」，其理由爲這是陳國首次與魯結親。但孫覺批評《左傳》這種說法並不眞確，因爲春秋之時，各國聘於魯國者甚多，爲何只有陳嘉女一人稱字呢？於是孫氏採用《穀梁》之說，認爲陳嘉女之所以稱字是因爲其受周天子賜邑，地位與一般諸侯大夫不同，所以《春秋》才「書氏書字」。〔註170〕可見諸侯大夫若不與周天子有關，其例皆書名，若書

---

見《春秋經解》，卷2，頁28。但在這個例子中，因隱公是暫代桓公而立，所以「不命大夫」。孫氏也認爲：「故終隱之世，大夫皆不氏。」所以諸侯大夫内外之別似乎並不那麼明確。

〔註165〕《春秋經解》，卷1，頁7。

〔註166〕《春秋經解》，卷2，頁42。

〔註167〕孫覺說：「有罪之人，當使無罪者治之，天子賞之爵矣！則是有道而無罪者也。有道而無罪，則是可以治有罪之人也。故執有罪者，《春秋》書爵以許之。至于無罪而執之者，則書之曰人，雖公侯之尊，不與其爵也。」見《春秋經解》，卷4，頁83。可見在合理的情形下，諸侯是應「書爵」的。但若其行不合禮制，則又不書其爵。

〔註168〕在三傳中，並沒有特別指出祭伯等4人是否爲字，僅《穀梁》解隱公九年「天子使南季來聘」經文時說：「南，氏姓也。季，字也。」

〔註169〕《春秋經解》，卷6，頁172。

〔註170〕楊伯峻說：「春秋之世，命卿來聘於魯者計三十次，不稱名者，惟女叔一人而

「字」時則表示地位較高之意。雖然諸侯大夫例皆書名,但孫覺認為其死後則「例書字」,如在莊公二十七年經文:「公子友如陳,葬原仲」孫覺說:

> 原、謚也。仲、字也。以字稱之者,《春秋》之例:內外大夫既沒之
> 後,不稱其名,但書謚書字而已。僖十五年,震夷伯之廟,亦是也。
> 〔註171〕

原仲為陳之大夫,孫覺認為稱「原仲」是因為其已死,《春秋》記諸侯大夫有「生書名」、「死書謚書字」的慣例。又《春秋》僖公十五年經文:「震夷伯之廟」,孫覺說:「夷伯、魯大夫。春秋魯大夫既卒之後,例書其字,公子友如陳葬原仲是也。」〔註172〕亦是舉陳原仲為例說明。除了陳原仲之例外,僖公十五年中記「震夷伯之廟」,「夷伯」為魯大夫的謚字,也是與此情況相同。

此外,與諸侯大夫相同,生時例當書「名」的還有所謂的「附庸之國」的君主,孫覺解《春秋》隱公元年3月「公及邾儀父盟于蔑」時說:。

> 邾,附庸之國也。儀父,其名也。其不書爵者,附庸之君未爵命,
> 例以名通。〔註173〕

認為邾是附庸國,而其君的名字為「儀父」。《春秋》之所以沒有稱其爵位,是因為周天子沒有授予附庸之國爵位,所以僅能依例書其名於《春秋》之中。〔註174〕孫覺主張「儀父」為邾君之名的這個說法,其實與三傳不同,三傳都認為「儀父」是邾君的字而非其名。《左傳》說:「公及邾儀父盟于蔑,邾子克也。未王命,故不書爵。曰『儀父』,貴之也。」〔註175〕《公羊》則說:「儀

---

〔註171〕已。今年以前,陳未嘗來聘,故此次來聘而嘉之。陳之來聘,見於《經》《傳》者亦僅此一次。」(《春秋左傳注》頁 231)楊氏以「陳始聘」為陳叔女書字的原因。但孫覺則認為各國與魯均有聘,為何獨厚陳與叔女?所以才依《穀梁》之說,認為在此書字。

〔註171〕《春秋經解》,卷6,頁176。
〔註172〕《春秋經解》,卷8,頁220。
〔註173〕《春秋經解》,卷1,頁3。
〔註174〕三傳在《春秋》經文的部份即有差異,《公羊》作:「公及邾婁儀父盟于眛。」《穀梁》則為:「公及邾儀父盟于眛。」其差別有二:一在對「邾」國名稱的差別。二在所盟之地的差異。據楊伯峻說「邾」在諸書中除《公羊》所載「邾婁」一名外,尚有《孟子》、《國語》所謂的「鄒」,都是指同一個國家。至於「蔑」與「眛」是同音假借。所以雖然文字不同,但所記並無差別。楊說詳見《春秋左傳注》頁7。
〔註175〕(周)左丘明傳,(晉)杜預注,(唐)孔穎達疏:《春秋左傳注疏》,卷2,頁14。

父者何？邾婁之君也。何以名？字也。」〔註176〕《穀梁》則說：「儀，字也。父，猶傳也，男子之美稱也。其不言邾子，何也？邾之上古微，未爵命於周也。」〔註177〕顯然三傳異口同聲的認為「儀父」是字而不是名。更何況《左傳》依《春秋》莊公十六年「邾子克卒」的經文，明白指說「克」才是邾君的名。那麼孫覺為何要違反三傳之舊說，而主張「儀父」為「字」呢？這是因為孫覺認為就《春秋》的書法來看，附庸之國君稱名是常例，他並舉《春秋》莊公五年經文「郳犁來來朝」為例，說：

> 郳犁來，傳七年之小邾子也。於是之時，霸者未起，但為附庸，而居郳之地。附庸之君，《春秋》例以名書，以其國附庸于大國，而爵秩之高下裁能當大國之大夫。《春秋》諸侯大夫例書名，故附庸之君，未有爵命者，亦書名。〔註178〕

孫覺認為當時郳〔註179〕亦為附庸之國，並未受到周天子之冊封，所以其地位與諸侯之大夫相等，而諸侯大夫例當稱名，故「犁來」為郳君之名。〔註180〕孫覺也由這「犁來」為郳君之名的說法上反推回去，認為邾儀父亦未受周王之冊封，其記載方式亦應與郳君相同，故「儀父」是邾君之名而非其字。〔註181〕孫覺認為《春秋》對附庸之君書名的主張。孫覺除了舉郳君為例外，尚舉桓公十五年「邾人、牟人、葛人，來朝。」之例說：「此邾、牟、葛，皆附庸之國。……于此來朝三國之君，皆書以人，謂之其臣，則不當來行朝禮，謂之其君，則不書

---

〔註176〕（漢）何休解詁，（唐）徐彥疏：《春秋公羊傳注疏》，卷1，頁13。

〔註177〕（晉）范寧集解，（唐）楊士勛疏：《春秋穀梁傳注疏》，卷1，頁3。

〔註178〕《春秋經解》，卷5，頁123。

〔註179〕三傳對「郳犁來」之記載亦小有差異，《公羊》作「倪犁來」，《穀梁》作「郳黎來」，《左傳》則為「郳犁來」。其實均同指一人。

〔註180〕「犁來」為郳君名這點三傳均同，但為何書「名」的原因，則三傳小有不同。《公羊》認為是因「微國也」《春秋公羊傳注疏》，卷6，頁14。《左傳》說是「未王命也」《春秋左傳注疏》，卷8，頁10。《穀梁》則說：「微國之君，未爵命者也。」《春秋穀梁傳注疏》，卷5，頁9。其中《左傳》之說最為有趣，因其解說邾儀父的例子時認為：「未王命，故不書爵」；但此時則又認為書「名」是因「未王命」，兩者顯然有些差異。

〔註181〕以「儀父」為邾君之名而非字，並非僅有孫覺如此主張。清儒顧棟高雖不認為《春秋》有書字書法之法，但其也認為儀父為名，其所持的理由與孫覺相同，顧氏言：「且邾儀與介葛廬、郳黎來均為附庸，則不宜有差別。今以儀父為字，而以葛廬與黎來為名，可乎？」見《春秋大事表·春秋無書字之法論》，頁2600。文中並舉方苞亦主張儀父為名而非字的說法，來支持自己的主張。

名。」〔註182〕認爲此次來朝只派臣子，所以不書其君之名。所以綜合看《春秋》全文，附庸國之君並無稱字的例子。

這個原則之所以重要，是因爲孫覺認爲《春秋》對不同地位的人書名或書字都有一定的常規，若一旦在《春秋》中所記不符合常規，則是孔子於其中寓有褒貶之意。如若諸侯大夫生時書「字」而不書「名」，則是孔子認爲其值得褒揚。《春秋》隱公二年經文：「紀子帛、莒子、盟于密。」孫覺說：

> 《春秋》之法：事在可善，則書字以貴之。莒魯嘗有怨隙，紀既昏魯，裂繻嘗爲之逆，因聘女事畢，遂爲魯盟莒子，以解二國之仇。子帛、裂繻字也。聖人之意：以莒魯結怨，則相與侵伐、相與勝負，兵革之所加，則殘民而傷本，土地之所侵，則耗財而失實。子帛一朝，不由兵革、不矜彊大，一言而平二國之難，使魯莒復安，而無防戍之役。遂除境外之憂，與夫獻俘斬馘、屠城略地之功。而莒魯得息民之實也。書其字而貴之。〔註183〕

紀子帛即紀裂繻，子帛爲其字，爲紀國大夫。本來《春秋》諸侯大夫例皆書名，但是紀子帛爲魯與莒兩國平怨，將原有仇隙並相互攻伐的莒與魯兩國，因爲紀子帛的努力而相互結盟以保持和平，使得兩國之人不再兵戎相見。孫覺認爲紀子帛這樣的成就是孔子非常稱許的，所以打破了諸侯大夫書名的常例，而採取「書字以貴之」，用以表示對紀子帛的贊許。這是「書字」以示褒揚的例子，《春秋》中還有一些例子書名，但卻是「書名以貶」的情況。

在書名以示貶的例子中，最多的情況就是對諸侯書名。諸侯在《春秋》中原例應書爵，但若諸侯「失地」「失國」的情況下則要書名以示貶。在《春秋》莊公六年經文「衛侯朔入于衛。」孫覺說：

> 《春秋》諸侯失地則名：衛侯于桓十六年出奔，於是始復其國，出入皆名，罪其以國君之尊，不能守位，而見逐於人，以匹夫處之，故書名也。〔註184〕

諸侯本應於《春秋》中例當書爵，但是如果這個諸侯之君喪失了君位，則不論其是否復國，《春秋》在書記之時，即認爲其與一般人無異，均會標舉其名以示之。如衛惠公朔，其於桓公十六年時因爲爭王位所以設計殺了急子及壽

---

〔註182〕《春秋經解》，卷4，頁96。
〔註183〕《春秋經解》，卷1，頁13～14。
〔註184〕《春秋經解》，卷5，頁127。

子兩兄弟，但這樣的行爲深爲左右兩公子洩及職所不滿，洩與職於是就立了公子黔牟，於是衛惠公被迫出奔。《春秋》在桓公十六年十一月時記「衛侯朔出奔齊」，又在莊公六年時記「衛侯朔入于衛」，兩處都標舉衛惠公之名「朔」，孫覺認爲這都是因爲其失國的關係。此外書記鄭伯突亦是相同的情況。桓公十五年五月，《春秋》經文中載「鄭伯突出奔蔡。」孫覺的說解是：

> 諸侯不生名，以爲有一國之地，而長一國之民，爵受之于天子，而德見尊于國人。天下之達尊三，而諸侯兼之者二，故不名于經，所以尊之，且責之以諸侯之道也。然而失地則名之。受天子之爵，而長一國之民，是有德有爵者也。德不足以保其國，而至于出奔，則無德矣。己之爵土不守，而亡于它邦，則無爵矣。向之所以尊之，德與爵也，德與爵俱亡矣，則是匹夫也。匹夫者何尊于《春秋》哉！
> 《春秋》之法：諸侯失地則名之，無德無爵故也。鄭突篡兄之位，在國五年，不能守，至于出奔。書曰鄭伯突出奔。〔註185〕

「突」爲鄭厲公之名，爲鄭莊公之子，於桓公十一年時即位，但因懼怕權臣祭仲專權，所以說服了祭仲女婿雍糾去刺殺祭仲。但雍糾旋即又因謀事不密以至於其被祭仲所殺，之後祭仲還將雍糾的屍體陳列於周氏之汪表示示威，鄭厲公在害怕之餘就出奔至蔡國。孫覺認爲諸侯君主之所以不被《春秋》書名，是因諸侯本應有爵有德，孔子本透過不書名來表示對諸侯君主尊崇之意，進而要求諸侯在行爲上要滿足諸侯之道。但若君主失德而導致失爵，那《春秋》又何必用不書名以表示尊崇呢？所以孫覺認爲《春秋》對失地失位之諸侯例以書名，以表示對其貶抑。

綜合以上的四類書法，孫覺對《春秋》書法的主張大約可綜合成以下幾點：

一、孫覺認爲《春秋》中所書所記，皆非孔子任意或隨手記下，而是字字斟酌愼重才下筆的，所以不論一字一詞，其實都隱含了孔子深意。詮解《春秋》者，若不能深自體會這個意思，那麼孔子在《春秋》中所含的大義即會被忽略。

二、孫覺不但認爲《春秋》中許多的字詞含有特殊之意，而且還力求這相同字詞所含的意旨在經中各處出現時是一致的。如在「邾儀父」的例子中，就認爲《春秋》對附庸之君的書法是一致的，若犁來爲郳君之名，則儀父也應爲邾君之名才是。又如在「次」與「求」的兩個例子中，我們看到孫覺在詮解《春秋》時，有一個很強烈的預設：認爲《春秋》所用的字詞都一律代

〔註185〕《春秋經解》，卷4，頁93～94。

表某些特定的褒貶含意，所以詮解者在理解《春秋》時一定要找出在《春秋》經文中的這個內在規律。

三、若能發現《春秋》經在書記事件與人物時的內在規則，這個內在的規則在詮解《春秋》的有效性及說服力頗高，在孫覺的使用中甚至高過於歷來皆認爲傳承自孔子的三傳。如「儀父」三傳均記作邾君之「字」，但孫覺就認爲依例應爲「名」，雖然孫覺並沒有提出其他歷史記錄爲此說的佐證，但其仍以例來支持他的看法。

孫覺試圖在三傳之外找到詮解《春秋》的基礎，所以一方面確定《春秋》的特質，再加上對《春秋》內在的書法的歸納，以期能讓《春秋》中所含大義能由經典本身即可獨立且客觀的呈現。但孫覺不論對《春秋》「書不書」及「如何書」的詮解如何費盡心力加以說解，其依然有一些問題無法解決。所以在下節中，筆者擬討論孫覺以「書法」詮解《春秋》所遇到的困難，及孫覺如何面對這種困難。

# 第四節　以「書法」詮解《春秋》的困境及解決方法

在歷史上，孫覺並非是第一個試圖以「書法」來詮解《春秋》的人，但是在《春秋》學的研究歷史中，事實上也沒有任何的詮釋者可以由《春秋》中即歸納出幾條單純的「條例」，即可適用於整本《春秋》。其中最常遇到的問題即是：任何一個「書法」原則通常都不能盡括《春秋》中的情形。也就是說，由《春秋》中所歸納出的「書法」，並非能完全適用在《春秋》全書之中，總是有些「例外」的情形。而孫覺也同樣面臨這種困境。

例如孫覺以「書法」解《春秋》的第一層次原則爲「常事不書，違禮非常，則書之」。前文指出孫覺其實是以「少數事件」做爲《春秋》書寫的原則：遵禮之事多，所以書違禮之事；違禮之事多，所以書少數謹守禮儀之事。但是《春秋》經中眞的就如同孫覺所言如此來書記事件嗎？其實不然，如：

> 《春秋》天王書葬者五，君往者三，臣往者二。公往者不書，公如京師，常事得禮，法當略也。臣往者悉書其人，以爲天王之喪，君不自往，而使臣焉，則是無君父之恩，而廢臣子之禮。公子遂如晉葬襄公、叔孫得臣如京師葬襄王，是天王之尊下同於列國，而大夫之往無間於天王也。用見周道衰而魯不臣矣！《公羊》曰：王者不

書葬。案：《春秋》書葬而不言其人者三，皆公自往也。公往葬，則記之，何謂不書葬乎？又曰：不及時，書；過時，書。案：時與不時，何與於魯？惟其往不往，則爲魯事爾。又曰：我有往者則書。《公羊》之說，惟此一言合《春秋》之義。〔註186〕

在整本《春秋》經中，對周桓王、襄王、匡王、簡王及景王記書葬，其中襄王、景王之喪分別由叔孫得臣與叔鞅會葬，其他三次則僅書葬而已。〔註187〕從魯王並沒有親自會葬而派臣子與葬來說，書魯臣之會葬，是「非禮則書」。也就是視魯君親自會葬爲常，臣子會葬爲違禮、非常；但是對於桓王、匡王與簡王之喪，《春秋》都有記「葬桓王」、「葬匡王」與「葬簡王」，則又是爲何？面對這種情況，《公羊》的說解是周王之葬依例不書，但是遇到「不及時」、「過時」及「我有往」這三種情形則書。〔註188〕孫覺認爲這種說法太過於複雜，認爲葬之「時」或「不時」與魯君前往與否並不相干，所以孫覺認爲《公羊》所謂的「我有往則書」才是正確的說法。但問題是，孫覺在說魯君不當派臣子會葬時，認爲合於禮節的行爲是魯君親自會葬。若果真如此，那魯君會葬則是「常事」，依《春秋》「常事不書」的說法，這三次魯君會葬都不應該出現在《春秋》之中才是，但是《春秋》中又明書三王之葬，這明確的違返了「常事不書」的原則。而且《春秋》所記二百四十二年之中，並不止有五位周王駕崩，但是《春秋》亦不記其葬。這都顯然是不同於《春秋》「常事不書」的原則。

其實《春秋》中違反「常事不書」的例子尚不止一例，又如其在解《春秋》莊公十一年秋「宋大水」時說：

大者，非常之辭。水之爲災非常，故曰大水也。《春秋》書曰大水者八，外大水唯此爾。按《左氏》之意，以爲公使弔之，故書爾。《穀梁》曰：王者之後也。蓋曰外災不常書，宋爲商後，故特書之爾。《公羊》曰：及我也。蓋亦曰外災不當書于魯史，此以書者，以其災及于我故也。……。如《左氏》之說，則是外諸侯之災患，皆當弔之，弔之輒書，《春秋》豈能盡紀之也。如《穀梁》之說，則是外災唯王

〔註186〕《春秋經解》，卷9，頁265～266。
〔註187〕三次魯君前往會葬事見前文。
〔註188〕《公羊》僅在文公九年的傳文中說：「王者不書葬，此何以書？不及時書，過時書，我有往者則書。」見《春秋公羊傳注疏》，卷13，頁17。

者之後書爾。如莊二十年，書齊大災，豈齊亦王者之後乎？如《公
羊》之說，則是外災及我則書，如僖十六年，書隕石于宋五，六鷁
退飛，過宋都，豈是石鷁之異亦能災我耶！皆不通矣。〔註189〕

此年記宋國有大水災實是《春秋》中非常獨特的事情，因爲《春秋》中共有
九次「大水」的記錄：分別是：桓公元年、十三年、莊公七年、十一年、二
十四年、二十五年、宣公十年、成公五年及襄公二十四年。其中八次發生的
地點都是魯國，只有莊公十一年的「大水」爲宋國之災。依孫覺「爲災而及
于民物者，則書」的原則，將大水災書於《春秋》中並無問題。但宋爲他國，
依《春秋》之例應當不書，因《春秋》中並沒有其他諸侯國中曾有大水的記
錄。但此竟書宋國大水於《春秋》之中，這實在是令人費解。三傳其實也注
意到了這個問題，所以各自提出說解。《公羊》曰：「何以書？記災也。外災
不書，此何以書？及我也。」〔註190〕《穀梁》則曰：「外災不書，此何以書？
王者之後也。」〔註191〕《左傳》的記載最爲詳盡，中不但記有莊公說：「天作
淫雨，害於粢盛，若之何不弔？」的話，還引臧文仲、臧孫達的話加以評述。
〔註192〕總體來說，《公羊》《穀梁》都認爲《春秋》是「外災不書」，但此次爲
特例；《左傳》雖然沒有「外災不書」的說法，但認爲此次之所以書，原因應
是「公使弔焉」。〔註193〕總之三傳大約同意在一般狀況下，外災是不書的，而
《春秋》在此書記外災，實是異數。但孫覺認爲三傳的說解都有問題：若依
《左傳》弔災之說，則其他諸侯之災豈不要盡弔之？《春秋》中根本沒有那
麼多弔災之文。依《公羊》災「及我則書」來看，則僖公十六年《春秋》記
「隕石于宋五。是月，六鷁退飛，過宋都。」又做何解？難道宋的六鷁退飛
亦會災延至魯嗎？至於《穀梁》所謂宋國爲商朝之後代，所以《春秋》書之。
但莊公二十年夏，《春秋》亦記「齊大災」，齊又非商朝後代，那又爲何書之？
〔註194〕孫覺認爲三傳的說解放在《春秋》全書中加以檢視，其實都是有問題

---

〔註189〕《春秋經解》，卷5，頁143～144。
〔註190〕（漢）何休解詁，（唐）徐彥疏：《春秋公羊傳注疏》，卷7，頁11～12。
〔註191〕（晉）范寧集解，（唐）楊士勛疏：《春秋穀梁傳注疏》，卷5，頁17。
〔註192〕（周）左丘明傳，（晉）杜預注，（唐）孔穎達疏：《春秋左傳注疏》，卷9，
　　　　頁4。
〔註193〕楊伯峻說：「其實則禍災不僅水火，凡凶災皆可弔，文十五年《傳》所謂『賀
　　　　善弔災』，昭十一年《傳》所謂『賀其福而弔其凶』，文八年《傳》又云『弔
　　　　喪』是也。」見《春秋左傳注》，頁187。
〔註194〕《穀梁》對「齊大災」的解釋則爲：「其志，以甚也。」認爲那次是很嚴重所

的。而這問題本身也是孫覺用「書法」來詮解《春秋》的一個難題。孫覺對《春秋》僅此一次書記「宋大水」，也覺得無法有一合理且普遍的說解，於是他說：

> 按：《春秋》者，孔子因魯史成之，其詳略皆因舊史。蓋孔子亦曰：吾猶及史之闕文。則是《春秋》之文，無妄加之者矣！舊史所載，孔子因之，以爲懲勸爾。其若未修之前，不可復知也。故彊知之，亦或疑而不通，蓋不知其所不可知者，孔子謂之知，若三家者，或未知乎！〔註195〕

孫覺這段話大約有兩個重點：一、《春秋》爲何要記「宋大水」實是不可解，三傳的說解都不合理，所以孫覺主張對這種無可理解的情況就不必強通。孫覺這種說法乍看之下似乎沒有正面回答以上的問題，但這正是孫覺自覺的將詮解《春秋》系統化的表現時會面對到的困境，因爲任何對《春秋》之例的說解都必須放入《春秋》全書中來看，所以並不能任意自創條例，在這同時也必須指出其自身無法說解的問題。二、孫覺推測《春秋》之所以會產生這種情況，主要是因爲《春秋》雖爲孔子所修，但資料來源卻是魯國舊史。若舊史之記錄本來就殘缺不全，則孔子亦不可能自行加入其他內容。也因爲如此，《春秋》中當然存在一些用「書法」不可詮解的情況。

事實上，孫覺在詮解《春秋》時，遇到無法用一般「通例」書法加以說明時，通常用以下五種方式來處理：一、認爲那是舊史之缺。二、認爲那是《春秋》在傳流時的闕文。三、用《春秋》中「責其所可責；不責其所不可責。」的原則加以說明。四、以「變例」加以說明。五、用「褒貶同詞」來說解。現對此五種情況略加說明。

## （一）舊史之缺

正如前舉的「宋大水」之例，書記外災在《春秋》中是不常見的，尤其是書宋國大水更是《春秋》僅見之例，這樣的情況放在《春秋》全書中並不容易解釋。因爲除魯外其他諸侯國在《春秋》二百四十二年中發生水災次數絕對不只這一次，爲何《春秋》特別單只記此次水災？其中必然有特別的意思，否則的話《春秋》的記錄就成了隨意記錄史實的雜記簿。孫覺對此並不能順遂的詮解，所以他認爲這是《春秋》承繼魯國舊史而來的記錄，孔子並

以加以記錄。

〔註195〕《春秋經解》，卷5，頁144。

不能隨意加以增刪。因魯史所記的時、事本就有所殘缺，所以《春秋》僅能就魯史所記之事加以記述。魯史沒有記錄的東西，《春秋》並不會也無法任意的添加。如《春秋》的常規為一年之中，一定會書記四時，但在桓公四年時卻沒有記「秋」「冬」二時，孫覺說：

> 孔子曰：吾猶及史之闕文也。蓋孔子修《春秋》，皆因舊史。舊史之所載，不可以為勸懲，則孔子削之；舊史之所無，雖如日月之可考知者，孔子亦不妄加也。如經所載首時，皆首時之下舊有事，孔子以其無足勸懲，略去。非無事而獨存其首時也。舊史一時或二時其下無事，則不書，孔子亦不加之。此年無秋冬二時是也。亦有雖非首時，而事適在於其月，孔子但去其事，亦不改為首時也。莊二十二年，書夏五月是也。推此以求之，足知孔子於《春秋》無虛加者，不惟闕所不知，亦以傳信於萬世也。〔註196〕

這裡所謂孔子修《春秋》「皆因舊史」，雖沒有指明「舊史」即魯國舊史，但依孫覺認為《春秋》由魯史而來，似乎孫覺認為孔子作《春秋》除魯史以外並沒有參閱其他各國史書，孔子修《春秋》只有依魯國舊史。「皆因舊史」之意為只有刪改而沒有增加，也就說連舊史中明顯所缺如四時的記錄，孔子都沒有加以增加。孫覺認為這是孔子修《春秋》以「傳信于萬世」的重要原則。由於孫覺認為舊史之記時、事本就有所缺漏，所以連帶《春秋》中的記錄亦不完整。這同時也是孫覺反對所謂的「日月例」的理由。如在桓公十二年十一月，《春秋》經文：「丙戌，公會鄭伯，盟于武父。丙戌，衛侯晉卒。」孫覺說：

> 丙戌之日，再見于經者，誤文耳。《穀梁》以為決日義也。案：《春秋》不以日月為例。有書之者，但因舊史而詳略之耳。《穀梁》謂之決日，非也。〔註197〕

就認為《穀梁》主張《春秋》記事時，有時俱有日月，有時則無，而認為其中含有孔子從中隱含褒貶之義。但孫覺則主張《春秋》之所以不記日月，並非孔子特意為之，而是舊史本無，孔子又何能於《春秋》中記之？在這其中並沒有《穀梁》所謂的深意。

　　同時也因如此，所以《春秋》中有時會出現一些不符常例的情況。如莊公二十六年，《春秋》經記：「曹殺其大夫」，孫覺說：

---

〔註196〕《春秋經解》，卷3，頁67。
〔註197〕《春秋經解》，卷4，頁87。

《春秋》殺大夫三十有八：有書國殺之者、有書人殺之者，未嘗有書爵者也。蓋聖人之意猶曰：大夫者，人君之所尊任，而與之治國家之人也。同體之相須，同業以相濟，求取之不精，任用之不當，則已有罪矣，何至于殺之乎？……曹殺其大夫，則是曹君殺之，不言其爵，不許其專殺大夫也。《春秋》殺大夫三十有八，而不名者三，非賢之，史失之也。舊史失其名，孔子安得而妄加之也。爲人臣而見殺焉，則所以事之之道未備。〔註198〕

孫覺歸納《春秋》中記殺大夫之書例有兩個特點：「不書爵」與「書大夫之名」。或如僖公十年「晉殺其大夫里克」、文公九年「晉人殺其大夫先都」，或僅書「國」名或加書「人」，都沒有書晉君之爵位。相對的，被殺的大夫一爲「里克」、一爲「先都」，都明白書記被殺大夫之名。其最主要的原因在孔子認爲大夫爲人君所任命，是與國君一同治理國家之人。若大夫有過，則任命之君主在當初任命時即有不當，又怎麼可以在後來殺掉大夫呢？所以孔子用「不書爵」與「書大夫之名」同時表示一國之君與臣的過失。但是在《春秋》記殺大夫共有三十八例之中，卻有三例沒有記被殺大夫之名。除了莊公二十六年的例子外，尚有僖公二十五年「宋殺其大夫」與文公七年的「宋人殺其大夫」兩例。對於這三條經文爲何不書被殺大夫名，三傳並沒有一致的說法。如對文公七年「宋人殺其大夫」《公羊》說：「何以不名？宋三世無大夫，三世內娶也。」〔註199〕《穀梁》則僅謂「稱人以殺，誅有罪也。」〔註200〕並不對無大夫之名做解釋。《左傳》則說：「不稱名，衆也，且言非其罪也。」〔註201〕又如對僖公二十五年「宋殺其大夫。」僅有《穀梁》做出：「其不稱名姓，以其在祖之位，尊之也。」的解釋。〔註202〕至於莊公二十六年「曹殺其大夫。」《公羊》說：「何以不名？衆也。曷爲衆殺之？不死于曹君者也。」〔註203〕《穀梁》則謂：「言大夫而不稱名姓，無命大夫也。無命大夫而曰大夫，賢也。爲曹羈崇也。」〔註204〕可見三傳在說解何以《春秋》不錄大夫之名時，其所提出來的原因就不一致，而且相類的原

〔註198〕《春秋經解》，卷6，頁174～175。
〔註199〕（漢）何休解詁，（唐）徐彥疏：《春秋公羊傳注疏》，卷12，頁13。
〔註200〕（晉）范寧集解，（唐）楊士勛疏：《春秋穀梁傳注疏》，卷10，頁11。
〔註201〕（周）左丘明傳，（晉）杜預注，（唐）孔穎達疏：《春秋左傳注疏》，卷19上，頁13。
〔註202〕（晉）范寧集解，（唐）楊士勛疏：《春秋穀梁傳注疏》，卷9，頁7。
〔註203〕（漢）何休解詁，（唐）徐彥疏：《春秋公羊傳注疏》，卷8，頁14。
〔註204〕（晉）范寧集解，（唐）楊士勛疏：《春秋穀梁傳注疏》，卷6，頁9。

因也會被三傳用在不同事件的詮解上。但大致而言可歸納成「宋三世無大夫」、「眾也,且言非其罪」及「以其在祖之位,尊之也。」三個不同的原因。而孫覺認為這些說法都不確切:

> 《春秋》之義:殺大夫不書爵,不與其專殺大夫也。為大夫而見殺,
> 則其賢否可知矣!故不以其有罪無罪皆無與辭。宋殺大夫不書名,
> 史失之爾,無所見也。《公羊》曰:宋無大夫。案:經書大夫,安得
> 曰無大夫也。《穀梁》曰:以其在祖之位而尊之。案:孔子作《春秋》
> 以垂萬世,豈可因其在己祖之位,尊而不名乎!若然,則《春秋》
> 乃孔子家史,非國史也。二傳之說皆非。〔註205〕

孫覺認為大夫被殺即可知其不賢,所以孔子不必用特殊的書法來表示這層意思;〔註206〕而所謂的「宋無大夫」之說根本不合史實;因孔子的祖先在位而避諱之說更屬無稽。孫覺認為三傳的種種說解都是不對的。雖然如此,孫氏也認為有必要對此三次為何無錄大夫之名做出解釋,最後他的說法卻是:「史失之爾」。也就是說此三例都是在舊史時就沒有記錄被殺大夫之名,孔子依魯之舊史所修的《春秋》,而孔子又如何能知其名?在這裡我們看到孫覺認為《春秋》對諸侯殺大夫是有一定的「書法」,但是這個「書法」又無法遍用在每一條記錄時,孫覺並不認為這個「書法」有誤或有其他特殊欲表達之意,而直接認為那是原始史料上的缺漏。這是孫覺第一種用以處理「書法」有例外時的方式。

## (二)在《春秋》流傳過程中產生的闕文

這個理由與「舊史之闕」的主張很類似,都是認為書籍記錄在流傳的過程中有所闕失,所以才會造成《春秋》在某些地方的用例與慣例不合。只不過這類是指孫覺認為《春秋》本身在流傳過程中也有少部分的逸失。現今我們看到的《春秋》與孔子原著的《春秋》中間有兩三千字的差距幾乎已是研究《春秋》者的共識。〔註207〕孫覺時所見的《春秋》與現今所見《春秋》完全相同,所以他認為《春秋》中某些不合書法之處,或是因為《春秋》在流傳過程中有所遺失所致。如孫覺解《春秋》襄公三十一年秋天九月「子野卒。」時說:

---

〔註205〕《春秋經解》,卷8,頁233。
〔註206〕嚴格來說,孫覺關於「諸侯殺大夫」的評價問題,並不純粹是書法上的緣故,其更關涉到對「《春秋》之義」內容上的理解。詳見下章第四節中有更詳細的討論。
〔註207〕關於今本《春秋》與孔子所著《春秋》字數差異,請參見第一章中的論述。

《春秋》未逾年之君書卒者三：子赤、子般，以弒，不地。子野之
卒，又不書地。……趙子以子野卒爲有地，而疑脫之，未可知爾。
〔註208〕

孫覺認爲《春秋》中僅有三次記諸侯之君即位但未滿一年即死亡的例子，除子
野外，尚有莊公三十二年的「子般卒」及文公十八年的「子卒」。《春秋》這三
次記「未逾年之君」書卒有共同的一個特色：稱「子」。孫覺認爲這是因爲：

君薨未逾年，嗣君稱子。承祖之國，繼父之業，不忍有變也。自稱
曰子，人子之心，不忍其父之亡。於未逾年，猶曰父在云爾。稱名，
君之殯猶在焉，尸柩之前，則君父之前也，臣子不可不名焉。〔註209〕

父喪未逾年，子不忍言父之亡，所以本即應稱子稱名，用以表示自己的哀痛
及身份。孫覺認爲「子卒」之所以沒有記其名「惡」是因爲「不名之，文公
已葬，無所名也。」〔註210〕但是這三位未逾年之君之死原因又有差別：子般、
子惡死於被弒，〔註211〕但子野之死並非他人所殺。〔註212〕孫覺認爲子般、子
惡未著明其死於何處，是因兩人被弒，所以「不書地」。但子野並非爲人所殺，
《春秋》不書地即不可解，〔註213〕所以孫覺認爲趙匡主張《春秋》本有記地，
但後來因《春秋》之文脫漏之說似乎可信。

又如《春秋》僖公二十八年記「晉人執衛侯，歸之于京師。」又於成公
十五年記「晉侯執曹伯，歸于京師。」，孫覺說：

《春秋》諸侯執諸侯、諸侯執大夫者，貶之曰人，以其執非其罪，
又不歸之京師。晉執衛侯歸京師，可以爲伯討矣！然《春秋》書曰
晉人，不與其受元咺之譖而執衛侯，直其臣而曲其君，不可訓也。
衛侯歸衛、元咺奔晉，而晉執衛侯，晉之執之，以何罪歟？受臣之
譖，而執人之君，雖歸之京師，不得以爲伯討。執曹伯歸于京師，

---

〔註208〕《春秋經解》，卷12，頁338。
〔註209〕《春秋經解》，卷6，頁188。
〔註210〕《春秋經解》，卷9，頁279。
〔註211〕根據《左傳》的記載，子般是被「慶父」指使圉人「犖」殺死的。而子惡死
於被「仲」所殺。
〔註212〕若依杜預的看法爲：「過哀毀瘠，以致滅性」（《春秋左傳注疏》，卷40，頁14）。
那麼子野可以說是個孝子了。
〔註213〕孫覺在此認爲未逾年之君被弒應不書地，但其又主張「君薨書地，所以定其
常處，而防禍亂之萌也。」見《春秋經解》，卷6，頁161。認爲《春秋》記
君主死一定要書地，這是明瞭君之所以死亡的原因，並且可以防亡禍亂。

> 不曰歸之，執衛侯而加之焉，此非衍文，則彼必闕文也。聖人之意
> 如何爾。歸于、之于，不足校也。而《公羊》有罪定未定之說，何
> 其迂哉！《穀梁》以爲緩辭，亦非也。〔註214〕

本來在春秋之時，諸侯伐諸侯，都沒有受命於周天子，爲私自征伐，故《春
秋》中例當稱人以貶之。晉文公在僖公二十八年因要攻打曹國而向衛國借道，
但衛侯不允，於是晉國繞道攻下了曹，並且將衛侯、曹侯送往京師。又於成
公十五年時，晉屬公因曹成公殺宣公太子而自立，於是與衛、鄭、宋、齊等
國會盟於戚，隨即也將曹成公擒住送往京師。這兩次晉君均將所擒的衛、曹
兩君送於京師，但爲何《春秋》一曰「晉人」一曰「晉侯」？孫覺認爲差別
在於僖公二十八年晉文公之所以「執衛侯」是因爲受到衛臣元咺的影響，所
以雖然都是送其他諸侯到京師，但此次晉伐衛「不得以爲伯討」，故《春秋》
書記晉君時有所不同。但特別的是《春秋》此兩則除了晉人、晉侯的差別外，
還有一記「歸之于京師」一則記爲「歸于京師」的差別，兩事在用字上有些
許不同。《公羊》《穀梁》均從「歸之于」與「歸于」的差別，申述《春秋》
在此有隱含之義。〔註215〕但孫氏認爲《公羊》《穀梁》的說法並不合理，而主
張這兩條之間一定有一條是記錯的，不是一條多了「之」字就是一條少了「之」
字，而認爲《春秋》於此並無特別之意。

　　以上兩個例子都是孫覺在詮解《春秋》時，遇到與其所認爲的「書法」
不一致時，以其所見的《春秋》本身脫漏爲理由，用以說明爲何《春秋》所
記與書法不一致的原因。

## （三）《春秋》有「責其所可責；不責其所不可責」的原則

　　在《春秋》經文中，有些情況若依照書法慣例，理應書爲貶責之詞，但
《春秋》在實際書記時卻又沒有以貶詞書之，對於這種情況，孫覺提出《春

---

〔註214〕《春秋經解》，卷8，頁243。
〔註215〕雖然《公羊》在僖公二十八年與成公十五年的經文都是「歸之于」但是在僖
　　　　公二十八年的傳文卻有：「歸之于者何？歸于者何？歸之于者罪已定矣，歸于
　　　　者罪未定也。罪未定，則何以得爲伯執？歸之于者，執之于天子之側者也，
　　　　罪不定，已可知矣。歸于者，非執之于天子之側者也，罪不定，未可知
　　　　也。」認爲「歸之于」是罪已定，而書「歸于」則其罪未定的區分。可見《公
　　　　羊》於成公十五年經文多了「之」字。參見阮元〈校勘記〉。《穀梁》則認爲：
　　　　「歸之于京師，緩辭也，斷在京師也。」認爲「歸之于」是罪尚未定，至京
　　　　師才知其有罪無罪。

秋》存有一特殊原則：「責其所可責；不責其所不可責。」即是以主角可擔負起或應擔負起的責任爲褒貶標準的原則。如《春秋》僖公二十一年秋記「宋公、楚子、陳侯、蔡侯、鄭伯、許男、曹伯，會于盂。執宋公，以伐宋。」孫覺說：

> 《春秋》因會而執諸侯，惟二處爾。盂之會，楚人執宋公，而不言楚人。溴梁之會，晉侯執莒子邾子，而斥言晉人。二事略同，而書之異辭者，聖人之意也。《春秋》之義：責其所可責，不責其所不可責。盂之會，執宋公者、楚子也。而聖人以諸侯共執爲文。蓋楚子夷狄之君，而無知之人也。中國之諸侯，隨盟主而會夷狄，夷狄執其盟主，又隨夷狄而伐之，夷狄何足責也？中國之諸侯有罪爾。〔註216〕

孫氏將《春秋》此段經文與襄公十六年三月的經文：「公會晉侯、宋公、衛侯、鄭伯、曹伯、莒子、邾子、薛伯、杞伯、小邾子于溴梁。戊寅，大夫盟。晉人執莒子、邾子以歸。」相互對比：一盟于盂，一則盟于溴梁；一是「執宋公」一則爲「執莒子、邾子」。兩者的情況非常類似。但是可疑的是「執宋公」的是楚國，而「執莒子、邾子」的是晉國，《春秋》經文卻將楚君書爲「楚子」、〔註217〕而將晉君書爲「晉人」。同樣是「執」諸侯，爲何一稱「晉人」一稱「楚子」？孫覺認爲晉之所以稱人是因爲「晉侯會諸侯于溴梁，將以號令而安之。會而執二國之君，《春秋》罪之，故曰晉人也。」〔註218〕依《春秋》書法之例，諸侯例當書爵，但若諸侯有失德則《春秋》貶稱爲「人」，所以書晉君爲「晉人」是表示貶斥的意思。但依同樣的原則，楚君亦應該書「人」才是，爲何《春秋》稱其爲「楚子」？孫覺在此提出《春秋》有「責其所可責，不責其所不可責。」的條例，用以說解這種現象。認爲《春秋》褒貶責罰的原則爲：責備可以及應當責備之人，對於無法責備之人則不加要求。楚爲夷狄，夷狄之所以爲夷狄就是因其沒有禮節。既然其已經習於沒有禮節，那又怎麼會有違反禮節的問題呢？《春秋》不會且不該用沒有遵守禮節去責備夷狄之人。

---

〔註216〕《春秋經解》，卷8，頁229。

〔註217〕楚在《春秋》中的稱呼不同或稱「荊」或爲「楚人」、「楚子」。楊伯峻於僖公21年經文「執宋公以伐宋」下說：「《經》於楚君稱『楚子』始於此。其後間有稱『楚人』者，自宣公九年以後，則全稱『楚子』矣。」見《春秋左傳注》，頁389。孫覺則認爲：「春秋于其始，賤而外之，以賓于夷狄。至其漸盛則稱人稱爵，同之中國矣。」見《春秋經解》，卷5，頁140。在此時楚之稱謂的原則應同於其他諸侯。

〔註218〕《春秋經解》，卷12，頁327。

孫覺說：「楚子夷狄，不足責之，可責者、諸侯也。晉侯、中國之君，禮義之出，信會而詐執之，可責者、晉侯也。」〔註219〕所以雖然楚亦「執宋公」，但因楚國不足責，所以《春秋》依然記其為「楚子」，並沒有將其依書法之例貶稱為「楚人」。

類似的說法在《春秋經解》中常常可見，如《春秋》莊公十三年夏六月經文：「齊人滅遂」孫覺說：

> 齊桓自滅遂之後，歷莊閔二十年，伐宋、伐郳、伐鄭、伐我西鄙、伐徐、伐衛、救鄭、降鄣、伐山戎、救邢、遷陽，皆稱人；救邢、城邢，但稱師。至僖四年，侵蔡，遂伐楚，始書曰齊侯。……于是之際，能帥諸侯以尊天王、攘夷狄，以彊中國者，惟齊桓公。而桓公又以其私而報平生之讎，奪諸侯之土，行師二十餘年，始伐楚以責苞茅之不入，而彊中國之威。故伐楚之前，悉貶之曰人、曰師。至伐楚之後，遂以爵稱之，謂其一匡天下也。春秋諸侯無道而行師者多矣，而經未嘗去爵以貶之，至桓公之盛，而聖人罪之尤深，責其可責者也。〔註220〕

齊桓公為五霸之首，但是《春秋》在僖公四年以前，將其全部稱「人」，之後才稱其爵。若依孫覺所主張的《春秋》書法，記諸侯稱人為貶斥之意，則孔子對僖公四年前的齊桓公所做所為均無好評。問題是在春秋之時，諸侯彼此相互攻戰之事不少，而其君主尚且多稱其爵位，為何單單對齊桓公貶稱「人」呢？若齊桓公興兵侵伐他國應受貶斥，那麼其他諸侯之君為何又不受貶斥呢？孫覺的解釋是在當時能尊王攘夷的人當只有齊桓公，但齊桓公在即位之初不思為此，反而多為報私人的怨仇而興兵，所以《春秋》才會將其貶斥稱「人」。這個貶斥有兩層的意思：第一、興兵伐戰本為錯誤的行為，但孫覺認為《春秋》實際上多不會以此做為表貶斥諸侯的理由。但較特別的是，《春秋》中用此為由加貶斥最深的僅有齊桓公一人而已。第二、《春秋》之所以會對齊桓公有特別加重貶責之意，都是因孔子認為齊桓公在當時所能及所應負的責任較其他諸侯更為重大，但桓公卻沒有正面承擔起這個責任，所以《春秋》才會以多稱其為「齊人」予以貶責。〔註221〕在這樣的脈絡中，貶責的另一面

---

〔註219〕《春秋經解》，卷8，頁229。
〔註220〕《春秋經解》，卷5，頁147～148。
〔註221〕孫覺對齊桓公的說法其實亦與其對「《春秋》之義」的理解息息相關，詳見下

意思於是被呈顯出來：「責其可責者也」。

此外還有一種情況與「責其可責」相類似的，就是「有罪在可貶而不貶者，皆有所見也。」如《春秋》在僖公二十八年記「衛侯出奔楚。」孫覺說：

> 晉侯伐衛，而楚人救之。衛附夷狄而叛中國，其迹明也。於是晉侯敗楚師，而衛侯不安其國，至于出奔。《春秋》之法：諸侯失地則名。衛侯奔楚，獨得不名者，非赦之也，以晉侯之迫出奔，其重者晉也。《春秋》之義：有罪在可貶而不貶者，皆有所見也。國滅而出奔者，法當書名也。隨軍以歸者，罪又重焉，不得不殺出奔者之名，以爲以歸者之重也。諸侯失地，則生名矣！衛侯之奔也，晉人迫之，《春秋》欲重迫者之罪，不得不殺衛侯之名以見之也。若衛侯者，聖人非不欲名之。名之，則不見晉侯之罪，聖人是以不名焉，非赦之也。
>
> 〔註222〕

在這一年春天晉文公想征伐曹國，本想向衛國借路，但衛國不同意。之後晉繞道攻曹，晉國與齊國並在歛盂相互結盟。這時衛君反因恐懼而想參與這次結盟，但晉國不願意，於是衛侯就想聯絡楚國以抗晉。但衛國人想討好晉國，所以將衛君趕出國都，衛侯只好居住在衛的襄牛。這時楚國聽到這個消息於是派兵來援救衛君，但沒有得勝。到了夏四月時，楚晉兩國終於在城濮決戰，最後楚國被晉國打敗了。衛侯聽到楚國兵敗的消息，於是很害怕的逃亡到楚國去了。本來依照《春秋》書法「諸侯失地則名」的原則，此時應該記的是衛成公之名「鄭」出奔，而非是「衛侯出奔」。但孫覺認爲《春秋》在此記「衛侯」而非「衛鄭」，主要是因爲在整個事件中，衛侯雖然出奔楚這個夷狄之國，但衛侯之所以出奔的原因在於晉國的侵伐。而晉之所以要伐曹、衛則是因爲在前一年（僖公二十七年）時，楚國伐宋，宋向晉求救，晉文公本想趁此成就霸業，於是答應解宋之危。在戰略上又根據狐偃的建議，認爲楚與曹同盟又與衛聯姻，若晉伐曹、衛兩國，則楚國必然前往救援，則一方面可解宋難並可同時佔得有利的位置。也就說是，如果晉國沒有伐曹、衛一事，那麼衛侯也就不會出奔了。孫覺主張孔子在這件事上的態度爲：晉侯之罪較衛侯之罪更爲嚴重。衛侯失國奔楚，是很明顯的失職。但晉侯擅興兵革逼迫衛國之惡，則不易爲世人所見。所以主張《春秋》中有「有罪在可貶而不貶者，皆

---

有所見也。」的原則，認爲孔子透過這樣的書法，傳達出較一般人更爲精深的看法。

不論是「責其所可責，不責其所不可責。」或「有罪在可貶而不貶者，皆有所見也。」都是孫覺用以說明爲何《春秋》經中存在著一些並不合乎一般書法的情況。對面這些情況，孫覺並不認爲是其所歸納的「書法」有問題，反而是認爲孔子透過違反這一般的「書法」，用來表達更深一層的意思。

## （四）用「變例」說明例外

孫覺處理《春秋》中不合書法的第四種方式爲直接標明其爲「變例」。以書法例解《春秋》的學者其實很早就提出了「變例」一詞，但所謂的「變例」至少有兩種意思：一是指相對於周公所設的「例」，孔子加以改易發揮，故謂之「變例」。杜預說：「其發凡以言例，皆經國之常制，周公之垂法，史書之舊章，仲尼從而修之，以成一經之通體。……諸稱書，不書，先書，故書，不言，不稱，書曰之類，皆所以起新舊，發大義，謂之變例。」〔註223〕這個「變例」就是指與周公所設之舊例不同，所以又可稱爲「新例」。第二種「變例」則是指在《春秋》中已存在一種普遍的書法，但有些時侯孔子爲了表達某些意思而不依照這種「常例」加以書記，這就叫做「變例」。雖然《公羊》及《穀梁》並沒有「變例」的名稱，但其實都有存著這樣的概念。如昭公十三年冬十月經文：「葬蔡靈公。」《穀梁》說：「變之不葬有三：失德不葬，弒君不葬，滅國不葬。然且葬之，不與楚滅且成諸侯之事也。」〔註224〕即是認爲依例蔡靈公不應書葬，而《春秋》在此之所以書葬是爲變例。孫覺所謂的「變例」通常是指第二種意思的「變例」。在昭公十二年春天，《春秋》書：「齊高偃帥師，納北燕伯于陽。」孫覺說：

> 《春秋》書納者六，其四或納大夫，或納公子，其納失地之君惟二：頓子、北燕伯是也。《春秋》諸侯失地則生名，頓子、北燕伯失地不名者，蓋孔子之意也。夫立諸侯者，惟天子爾，諸侯不得立諸侯也。諸侯失地則名，頓子北燕伯爲齊楚納之，而又名焉，則是諸侯得立諸侯也。特變例而不書其名，所以不與齊楚之專立也。〔註225〕

〔註223〕（周）左丘明傳，（晉）杜預注，（唐）孔穎達疏：《春秋左傳注疏》，卷1，〈春秋左氏傳序〉，頁12～14。
〔註224〕（晉）范寧集解，（唐）楊士勛疏：《春秋穀梁傳注疏》，卷17，頁15。
〔註225〕《春秋經解》，卷13，頁345。

在《春秋》全書中以「納」人爲書者共有六次，其中四次爲納大夫或公子。
〔註226〕納諸侯之君則僅只此次與僖公二十五年秋「楚人圍陳，納頓子于頓。」
兩例。頓子迫於陳而出奔楚，在僖公二十三年楚即城頓，〔註227〕到二十五
年則將頓子送回；北燕伯在昭公三年因寵臣而想除掉其國的大夫，沒想到最
後反被大夫趕出北燕而出奔至齊。到了昭公十二年，齊才得以派高偃將北燕
伯安置在唐。本來依《春秋》「諸侯失地則生名」的書法，頓君、北燕君都
不應稱「子」及「伯」。但孫覺認爲在此若依常例書「頓子」「北燕伯」之名，
則也就承認了「諸侯可以立諸侯」的原則，認爲這是可以被允許之事。但孫
氏認爲只有天子才能「立諸侯」，其他諸侯是沒有這樣的權力的。所以在此
孫覺認爲《春秋》之所以沒有依「諸侯失地則名」的常例而是以「變例」書
之，就是爲了表達齊國與楚國不應擅自擁立其他諸侯。孫覺也認爲在《春秋》
「變例」中所表示的意思往往較諸「常例」更加的深微。

又如《春秋》莊公九年八月庚申書：「及齊師戰于乾時，我師敗績。」孫
覺說：

> 內不言戰，言戰則敗。二百四十二年之間，未有內言敗績者。乾時
> 之戰，書戰書敗，此《春秋》之變例，而聖人之新意也。莊公父見
> 弒于齊，齊爲仇讎之國，無時而通……既忘其讎也，又不量其力，
> 而與齊戰焉。戰不勝，而至于敗，師徒崩喪，而子糾不免于死。爲
> 莊公者，其罪如何也……父之仇讎，則忽而忘之；仇讎之子，則決
> 而納之。既不果納，又戰而敗其師焉。不同天之讎，已不報而與之
> 交矣；無辜之民，又驅之戰而至于敗焉。十二公之間，二百四十二
> 年之久，興師之惡，未有甚于莊公者也。內不言戰，戰不言敗。魯
> 史之所以待魯公之法也。若莊公之行，蓋非魯公之宜爲者。書戰書
> 敗，蓋曰：我君之所以至于是者，由其不君也。〔註228〕

此年莊公與齊國大夫在蔇地結盟，之後莊公即爲了護送齊子糾回國而與齊國
在乾時作戰。此次魯齊之戰魯國大敗，魯之秦子、梁子因打著莊公的旗號誘

---

〔註226〕此4次分別爲：莊公九年「公伐齊，納子糾。」、文公十四年「晉人納捷菑于
　　　　邾，弗克納。」、宣公十一年「納公孫寧、儀行父于陳。」與哀公二年「晉趙
　　　　鞅帥師納衛世子蒯聵于戚。」
〔註227〕關於頓子爲何出奔之事，《春秋》沒有記載，頓子因陳而出奔則依楊伯峻說。
　　　　說見《春秋左傳注》，頁402。
〔註228〕《春秋經解》，卷5，頁135～136。

騙齊軍而被俘，莊公則拋棄了原有坐車轉乘他車得以逃回魯國。本來《春秋》書記魯與他國作戰的通例是：「內不言戰，言戰則敗。」也就是說《春秋》若記魯與他國「戰」，其實就已表示魯國不但與他國作戰並且戰敗。在《春秋》中雖有頗多的情況會用「敗績」一詞，但其中絕大部份都是記他國諸侯之敗，如桓公十三年「齊師、宋師、衛師、燕師敗績。」、宣公二年「宋師敗績，獲宋華元。」、哀公二年「鄭師敗績」等等，共有十六筆記錄之多，但僅此一次記「我師敗績」。此次的記錄顯然不合《春秋》的書法常例。孫覺認為此次《春秋》內戰書敗是一個特別的「變例」，在這「變例」中隱含著孔子的「新意」。孔子之意為：因莊公之父桓公是被齊襄公所派的力士彭生所殺，所以齊應為魯的仇讎之國。但齊襄公死後，魯莊公竟然還想幫助齊襄公之子子糾回齊繼位，這是忘了殺父之仇的行為。再加上最後子糾並沒能回齊即位，齊國王位反而為公子小白所得。之後齊、魯兩國戰於乾時，魯國反被齊國打敗了。孫覺認為在《春秋》二百四十二年之中沒有任何一位君主比莊公這樣的行為更糟了，所以本來《春秋》常例是「內不書敗」，但對莊公這樣的君主，孔子亦只好透過「書戰書敗」的「變例」給予最嚴厲的貶斥。這是《春秋》的「變例」，也是孫覺用以解說《春秋》中不合「常例」的說法之一。

### （五）褒貶同詞

「變例」是打破一般常例，透過不同於常例來表達另外的一層意思，這已是很複雜的表達方式。孫覺在詮解《春秋》時，有時更用「褒貶同詞」來說明一些特殊字詞的使用方式。所謂的「褒貶同詞」指的是在《春秋》中，通常有些字詞是有固定表示或褒或貶之意，但對某些特定字詞而言，孫覺認為孔子之意可能是褒也可能是貶。也就是說，孔子在修《春秋》時，對於某幾個特定的字詞有種獨特的用法，就是這字詞在某些記錄中是要表達褒揚之意，而在另外的記錄中則是要表示貶抑之意。這種「褒貶同詞」的解釋方式，最早在《公羊》傳中也已被用以說解《春秋》。《公羊》在解隱公七年「叔姬歸于紀。滕侯卒。」時說：「何以不名？微國也。微國則其稱侯何？不嫌也。《春秋》貴賤不嫌同號，美惡不嫌同辭。」〔註229〕雖然《公羊》在這裡的「美惡不嫌同辭」之說，衡諸上下文意，其主要是主張「貴賤不嫌同號」，即認為諸侯稱爵是與其國之大小無關，並沒有明指《春秋》裡有同一語詞具有褒貶

---

〔註229〕（漢）何休解詁，（唐）徐彥疏：《春秋公羊傳注疏》，卷3，頁8～9。

兩義的用法。但孫覺則明確用這個說法來解釋《春秋》中的一些特例。《春秋》宣公 15 年春記「公孫歸父會楚子于宋。夏，五月，宋人及楚人平。」孫覺說：

> 是時楚子圍宋而釋之，不與之盟而平，宋必不敢使微者，然經書之，槩皆曰人。《春秋》之義：和平而不相侵害，則是舉國之人皆欲之，雖晉楚之君，釋憾而平。然二國之人欲之，故不言其君而言人。《公羊》以爲貶之。按：《春秋》罪侵伐而大和平，和平者貶，則侵伐爲可善乎！失之矣。〔註230〕

楚伐宋至楚與宋平的這段歷史頗爲複雜：〔註231〕宣公十四年楚臣申舟要前往齊國，途經宋國時並沒有向宋國借道，後被宋人發現並抓了起來，旋即被宋華元殺掉。楚莊王聽到了這個消息後非常的生氣，於是興兵伐宋。在宣公十四年九月開始至十五年五月止，總共將宋圍困了九個月。在這期中，宋國向晉國求援，但晉國僅只派解揚一人前往，詐稱晉國即將要派兵助宋，但實則卻未派一兵一卒。最後宋國「易子而食，析骸以爨」快要支持不下去了，但此時圍困宋國的楚軍亦同樣的缺乏糧食。於是宋派華元趁夜潛入楚營，並與楚國子反相互約定罷兵而結束了這次的楚圍宋之役。〔註232〕《公羊》說：「其稱人何？貶。曷爲貶？平者在下也。」認爲《春秋》用「人」字是表示貶斥之意，因爲這次宋楚兩國諦和是由臣子決定之後才告知君王。但孫覺反對《公羊》之說，反而將解經重點放在「平」這個字上來看，認爲兩國和平相處爲兩國人民共同的願望，所以《春秋》才用了「人」字，反而不書君主之爵位。孫氏認爲《春秋》在此用「人」字並非表貶抑之義。其實《公羊》與孫覺對這段的理解兩方的重點不同，所著重的評價亦各自相異。《公羊》重在君臣之分，而孫覺則強調兩國罷兵的基礎。雖然孫覺批評《公羊》：「和平者貶，則

---

〔註230〕《春秋經解》，卷 10，頁 295。

〔註231〕因各書記載不一，所以本文約依《左傳》之記敘述。至於其他說法詳見楊伯峻：《春秋左傳注》，頁 759～762。

〔註232〕《左傳》記此事至此，《公羊》則尚記有：「揖而去之，反于莊王。莊王曰：『何如？』司馬子反曰：『憊矣！』曰：『何如？』曰：『易子而食之，析骸而炊之。』莊王曰：『嘻！甚矣憊！雖然，吾今取此，然後而歸爾。』司馬子反曰：『不可。臣已告之矣，軍有七日之糧爾。』莊王怒曰：『吾使子往視之，子曷爲告之？』司馬子反曰：『以區區之宋，猶有不欺人之臣，可以楚而無乎？是以告之也。』莊王曰：『諾。舍而止。雖然，吾猶取此然後歸爾。』司馬子反曰：『然則君請處于此，臣請歸爾。』莊王曰：『子去我而歸，吾孰與處于此？吾亦從子而歸爾。』引師而去之，故君子大其平乎已也。此皆大夫也，其稱人何？貶。曷爲貶？平者在下也。」見《春秋公羊傳注疏》，卷 16，頁 11～12。

侵伐爲可善乎！失之矣。」就字面上來看，這個批評其實並不一定是正確的，因爲《公羊》並不是說和平爲非，只是說從君臣的分際來看，臣子不應該擅自做這麼重大的決定。但我們若進一步詢問若違反君臣之分但可成就兩國和平到底該褒還是該貶？以現在來看，孫覺的說解自然較爲有說服力。而且若依孫覺以書法解《春秋》的做法，只要遍查《春秋》中相類似用「人」字時的情況，其說服力自然就會很大。但孫覺在解《春秋》宣公四年「王正月，公及齊侯平莒及郯。莒人不肯，公伐莒，取向。」時對「人」字的說解卻有了極大的不同，孫覺說：

> 《春秋》之義：大和平而惡侵伐，侵伐必正其主兵之名。和平則曰人而已，以明舉國皆欲之也。公及齊侯平二國之怨，而莒獨不從。書曰莒人不肯，蓋微之也。《春秋》平者曰人，不肯者亦曰人，所以書人則同，而褒貶則異矣。公以大國之義平小國之怨，恥已大矣，又伐之而取其邑，莒人不肯，則有罪矣。〔註233〕

郯與莒國不和，所以魯與齊出面想共同調停郯、莒兩國的征戰。但是莒國不肯，於是魯國就攻下了向地。在此《春秋》亦書「莒人」，而這個「人」字孫覺就認爲是貶斥之意。孫氏所持的說法是：《春秋》贊揚和平，所以若能達成和平則書「人」表示全國人民共同的願望；但若無法達到和平，《春秋》書「人」而不書「爵」，此時則用以表示貶斥之意。雖然宋人、莒人兩者同樣書「人」，但一褒一貶，兩者評價絕然不同。這就是孫覺所謂的「褒貶同詞」之意。

當然以上所歸納的這五種用以說明不合全書義例的方式，在孫覺的實際運用也並非是截然畫分的，尤其是「責可責者」之說亦可視爲廣義的「變例」。如《春秋》桓公十八年十二月記「己丑，葬我君桓公。」孫覺說：

> 《春秋》之法：弒賊不討，不書葬。以謂爲人臣子，而君父見弒于人，則有罪矣。又縱賊不討，忍恥以葬之，則雖葬猶不葬也。……然而桓公見弒于齊，而賊未討，遽書其葬者，《春秋》之變例，而聖人之微意也。《春秋》必責臣子以討賊者，以爲可討而不討也。至其所不能討者，《春秋》所不責也。夫以魯之衰弱，而齊之疆大，魯之臣子，必復其讎，則必至于侵伐以殘其人民，爭奪以亡。其社稷君父之讎，末必能復。而先君之土地先以危亡，無辜之人民先以殘賊。則其爲害于我者，甚于仇讎不復之恥也。魯之臣子，聖人非不責之，

〔註233〕《春秋經解》，卷10，頁286。

但責以其君見殺于他邦，不責其國必討賊于彊齊。此《春秋》所以
曲盡人臣之難處，而深慮危亡之必至。〔註234〕

在一般情形下，《春秋》中君主被弒通常為「弒賊不討，不書葬」，因為若不
討伐弒君之人，則不忍書葬，〔註235〕這是因為《春秋》要求臣子一定要記得
君父之仇。但是在魯桓公被殺的這個例子中卻有所不同，桓公在齊為齊襄公
所殺，旋即書葬，這與《春秋》之常例不合，是為「變例」。孫覺認為《春秋》
之所以如此書記，是因為齊國是大國而魯國是小國，所以雖然齊殺了魯君，
但魯國實在無法興兵與齊國做戰。因為魯與齊戰的結果很可能是魯國人民流
離失所，甚至最後會亡國。在這種情形下，要求臣子討伐弒君之賊便是要求
魯臣子去做現實上做不到的事，依《春秋》「責可責者」的原則，齊君殺死魯
桓公之仇是魯所「不能討者」，所以就不依「弒賊不討，不書葬」的書法來書
記桓公之死。在此我們看到孫覺視此段書記為「變例」，而「可責者責之，不
可責者不責之。」則是其如此主張的深層理由與大義所在。

## 第五節　本章小結

由以上的論述中可以看到，孫覺在詮解《春秋》時是非常自覺的想從《春
秋》經文中找尋到其內在的規律性，所以他標舉出不少的「《春秋》之例」、「《春
秋》之法」及「《春秋》之義」出來。這些書法條例從來源而言，有些來自三
傳，有些則是從由其他儒者說解《春秋》而來。但是不論其來源為何，孫覺
都一一將這些義例放入整部《春秋》中做查核，檢看這些書法條例是否能完
全吻合《春秋》全書中所用的字詞。若遇到不能普遍適用時，孫覺用兩種方
式加以處理：或認為《春秋》並無此書法條例，如以日月為褒貶之說，孫覺
就認為那並非《春秋》所含具的書法。一旦認為《春秋》中有這種書法，孫
覺就會提出了種種的理由加以解釋《春秋》為何會如此書記，以《春秋》本
就有闕文、變例、責可責者與褒貶同詞等狀況來予以說明。

但若更進一步來看孫覺用「書法義例」來詮解《春秋》時，我們發現這

〔註234〕《春秋經解》，卷4，頁106。
〔註235〕對《春秋》「弒賊不討，不書葬。」這個書法，孫覺主張本身有另一個「變例」
　　　　即：「世子弒君，則不待討賊而書葬，以為其惡之大，至於無可責也。」（《春
　　　　秋經解》，卷9，頁254）認為若弒君者為世子，因其不但弒君而且還弒父，
　　　　是罪大惡極，所以不待賊討即可書葬。

種看起來似乎很客觀的解釋方式，其實還是有一定的主觀性。例如前文在「用
《春秋》闕文來解釋」的部分時就提及：《春秋》有闕文是大家都承認的，但
這闕文可否在沒有其他証據下，僅以不合義例爲由即可辨識出來，這則是大
有可議之處。而且若闕文是存在的，那麼「變例」的產生，可不可能是《春
秋》在流傳過程中因口傳或抄錄錯誤所產生的情況？就算是現存《春秋》在
流傳過程中只有遺失而沒有文字錯動，「變例」與「責可責者」本身也都有要
更進一步說明的必要：如說「夷狄不可責」，其前提是要承認有所謂的「夷夏
之辨」，否則「夷狄不可責」便成爲一種很奇特的說法。「褒貶同詞」則更是
如此，若不先確立「《春秋》大和平」具有反對戰爭的意思，那麼怎會有同樣
稱「人」卻會有一褒一貶的說法呢？因爲若從《春秋》用詞的一致性的標準
來說，《公羊》認爲書「人」均是代表貶義其實是更加的一致與單純。如此一
來，也不用以「褒貶同詞」這樣特殊的說法，而使得說解《春秋》變的更加
複雜。又如桓公十八年未討賊即書葬的例子，若非孫覺認爲保存國家較復君
父之仇更爲重要，孫覺怎麼會認爲魯之臣子是不需要去討伐齊國？而用變例
的方式來詮解那段經文呢？由這些例子來看，若只從「書法義例」的角度來
詮解《春秋》是不足以充份說明《春秋》的「大義」。在下一章裡筆者主要討
論的議題是：《春秋》褒貶的倫理基礎。因爲若《春秋》中有褒貶，那「書法
義例」只是將這褒貶標示出來；但這褒貶是基於什麼樣的倫理基礎？這些倫
理價值又是基於何者或從何而來？這實是要理解孫覺《春秋經解》解經方法
更核心的問題。

# 第六章　《春秋經解》詮解《春秋》的思想基礎

　　上章筆者討論了孫覺《春秋經解》中對於「以義例解《春秋》」的諸多問題，其中指出在提出《春秋》中有何「書法」或「義例」時，除了受《春秋》文本的限制外，都會帶有一定的「價值判讀」來理解書法義例。也就是說縱使《春秋》中的確存在著一些「書法」及「義例」，但是這「書法」與「義例」所要呈顯之意為褒或為貶？是否為變例？這些複雜的判斷其實尚須依賴解經者「價值判讀」後才會呈顯出來。這主要是因為《春秋》經中並沒有自行對「書法」或「義例」做出直接且明確的說法，最多僅是透過大約一致的書寫方式來標誌出此處有孔子所深藏之「義」。但這「義」的內容為何？因為《春秋》中並沒有明言，所以只能靠詮解者的「價值判讀」將之闡發說明。但這所謂的「價值判讀」並不是代表詮解者可以任意的說解，事實上解說者還是必須依循許多的規則，本章主要的重點就在討論這些問題。

　　孫覺自言其在說解《春秋》時，是有所依據的：

> 《左傳》《公》《穀》代興于漢，然其祖習傳受傳記不明，如習《左傳》者，即託為丘明，言與孔子同其好惡，又身為國史，所載皆得其真。然《左氏》之書時亦失繆，此亦黨《左氏》之言也。……三傳之作，既未可質其後先，但《左傳》多說事迹，而《公羊》亦存梗概。陸淳以謂斷義即皆不如《穀梁》之精。今以三家之說，校其當否，而《穀梁》最為精深。且以《穀梁》為本者，其說是非褒貶則雜取三傳及歷代諸儒，唐啖、趙、陸氏之說長者從之。其所未聞，

即以所聞安定先生之說解之云。〔註1〕

這段話有幾個重點：一、孫覺並不接受三傳自言其來歷與傳承的說法，所以亦不會對三傳解經之說無條件的接受。二、指出三傳各自特色爲：《左傳》所記多爲事迹，《公羊》也偶有事件緣由的說解，但在說解《春秋》之義時，《穀梁》還是三傳中最爲精深的。三、孫覺在詮解《春秋》時是以三傳之說相互比較「校其當否」，並非專主一家之說，但大致是「以《穀梁》爲本」。四、孫覺除三傳外尚且參考了「歷代諸儒」尤其是「啖、趙、陸氏」之說，並且從中選擇最佳的說法來詮解《春秋》。五、最後尚以其師胡瑗之說爲輔。依照以上的說法，孫覺在詮解《春秋》時，幾乎參用了在他之前所有重要詮解《春秋》學者之說。如倪天蕙即依孫覺在〈自序〉中的說法，認爲孫覺詮解《春秋》即是「采三傳及歷代諸儒之說」，並舉出9個例子，說明孫覺在《春秋經解》中分別有採三傳、杜預、范寧、啖助、趙匡及陸淳。其中僅有一例爲「非三傳者」。〔註2〕孫覺這種做法這從正面來看當然是轉益多師，但是當前人之說彼此有所扞隔之時，孫覺是如何取捨這些不同說解？這可能才是問題真正的重點。也就是說孫覺真的是全依先賢之說解來詮解《春秋》的嗎？其中當然有「擇其是者從之」，這所謂「是者」的標準爲何？若依孫覺在〈自序〉中的說法，似乎其對於胡瑗（安定）的說法最沒有意見，但這是真實的情況嗎？所以本章前兩節從辨析源流的角度，討論孫覺與胡瑗及三傳之說的關係。之後再進一步探尋孫覺用以詮解《春秋》的思想基礎。

# 第一節　孫覺對胡瑗說《春秋》的取捨

孫覺於二十歲時即受業於胡瑗，《宋史・藝文志》中載胡瑗曾著有《春秋口義》五卷，但現已不傳。關於其說《春秋》的部分僅在《宋元學案》中錄有七條記錄，雖然數量很少，但我們還是可以透過這七條做爲一個簡單的指標，探索孫覺是否真如其所言「以所聞安定先生之說解之」。雖然孫覺的《春秋經解》全書中並沒有一條直接標舉出那些說法是胡瑗的主張，倪天蕙亦言：「其餘則本於師說斷之，不復標舉其師名。」〔註3〕也就是說《春秋經解》中

---

〔註1〕　《春秋經解》，〈自序〉，頁2～4。
〔註2〕　倪天蕙：「宋儒春秋思想研究」，頁89～91。附帶要指出的是倪文中並沒有說明孫覺於諸說中取捨的依據。
〔註3〕　倪天蕙：「宋儒春秋思想研究」，頁91。

並沒有直接標舉胡氏之說。所以以下的對比，單純就《宋元學案》所錄胡瑗之說與《春秋經解》的詮釋來做比較。

　　《宋元學案》卷 1 即爲安定學案，其中的記有胡瑗說《春秋》的七條記錄，分別是對《春秋》「桓五年，蔡人、衛人、陳人從王伐鄭。」、「桓十七年，蔡季自陳歸于蔡。」、「莊六年，王人子突救衛。」、「莊十二年，宋萬出奔陳。」、「莊二十四年，大夫宗婦覿用幣。」、「襄三十年，宋伯姬卒。」與「昭二十二年，王子猛卒。」的經文做出說解。其中比較複雜的是胡瑗對第一條「桓五年，蔡人、衛人、陳人從王伐鄭。」的說解，因在這條說解中還包含了對成公元年秋「王師敗績于茅戎。」的解說。但這兩條都是關於天王地位的看法，似又不能截然分爲兩條，所以仍依《宋元學案》的區分，將其視爲一條。在這七條裡，於「莊二十四年，大夫宗婦覿用幣。」、「襄三十年，宋伯姬卒。」兩則，孫覺與胡瑗的說法一致，如在解「莊二十四年，大夫宗婦覿用幣。」時，胡瑗沿用《左傳》之說，認爲《春秋》是在批評莊公「用幣」爲禮是「誇侈失禮」。孫覺在《春秋經解》中亦對莊公有「失禮」的批評。孫覺在此條中尚有對莊公忘齊爲讎仇之國而加以批評，雖胡瑗在字面上並無此說，但亦不能就說胡瑗便無此意。因胡瑗之說的全本現無所見，所以筆者採取一個較爲寬鬆的標準：孫覺與胡瑗的說解若有類似以上這種情形，並無明顯的不同，筆者就判定其說是一致的。以下各條的說解也依此標準。至於對「襄三十年，宋伯姬卒。」胡瑗說：「伯姬乃婦人中之伯夷也。」孫覺則言：「伯姬之行，蓋婦人之伯夷也」。兩人不止對伯姬評價相同，連用以對比的例子都相同，孫覺甚至幾乎沿用了胡瑗的句子，這無疑是有傳承的關係。

　　至於「桓五年，蔡人、衛人、陳人從王伐鄭。」、「莊六年，王人子突救衛。」、「莊十二年，宋萬出奔陳。」三條，孫覺之說與胡瑗的說法在重點上稍有不同，但卻沒有明顯的衝突。如胡瑗解「桓五年，蔡人、衛人、陳人從王伐鄭。」時說：

　　　　不書「王師敗績于鄭」，王者無敵于天下，書「戰」則王者可敵，書
　　　　「敗」則諸侯得禦，故言「伐」而不言「敗」。〔註4〕

鄭原爲周天子之卿士，隱公三年時，周天子即欲分政於虢，同時借以表示不再完全信任鄭伯。至周平王崩，周天子在隱公八年正式命虢爲卿士，與鄭伯共掌王政。到了桓公五年，周天子甚至將周之王政全部交由虢君而剝奪鄭伯之權，

―――――――――――
〔註4〕（清）黃宗羲：《宋元學案》，卷1，頁27。

於是鄭伯即以不朝周天子做爲報復。周天子之後就會同蔡、衛、陳等國伐鄭，
而鄭國亦起兵與之相抗。兩軍在繻葛作戰時，鄭國軍隊先擊散了蔡、衛、陳三
國聯軍，隨即又打敗了周天子的軍隊，鄭國的祝聃還射中了周天子的肩膀。在
這次周天子的征伐中，雖然周天子輸了，但是《春秋》並沒有記「王師敗績于
鄭」。胡瑗認爲這是因爲孔子主張諸侯根本就不應與周天子對戰，若記「戰」、
記「敗」則表示這次的爭戰是合理對等的，雙方有勝敗可言。《春秋》在此以「伐」
言，由中表示出「王者無敵」之意。孫覺對此條的的說解，雖然沒有書「戰」、
書「敗」與「王者可敵」、「諸侯得禦」等等說法，但其言：

> 蓋天子者至尊至貴、至高至大者也。四方有一弗率，則天子退託不
> 明，益修德教，而方伯連帥，問罪專征。其義以謂天子至尊至貴，
> 則不可敵；至高至大，則不可擬。有罪，則驅除之而已。爲惡者，
> 則滅絕之而已。焉得天子之尊，而下伐于諸侯乎！春秋之時，天王
> 衰、號令不能行于天下，諸侯人人自專征伐，有罪者不罰，而無罪
> 者見侵。干戈妄動，蓋無虛月也。雖天王之尊，亦親伐于諸侯。聖
> 人欲見上下之交失道也，則書之曰：王伐鄭。夫以天王之尊，而諸
> 侯不服，至率諸侯以伐之，而蔡、衛、陳三國之君，又不自行，而
> 但遣微者，則王室之衰、諸侯之彊，亦可知矣。〔註5〕

孫氏認爲天子地位尊貴，所以本不應有天子討伐諸侯之舉。若有一方不服，
則天子則應「益修德教」。至於「問罪專征」則是諸侯受命於天子所應行之事，
《春秋》之所以如此記載，主要在表現出天子「至尊至貴」的道理。孫覺認
爲《春秋》此段之所以記「蔡人、衛人、陳人從王伐鄭。」主要還是在表達
天子、諸侯兩者「上下之交失道」與王室衰、諸侯強的情況。雖然這是胡瑗
在說解此條經文時沒有表示的說法，孫覺也沒有以字句的運用標準，用來說
解《春秋》之所以不用「戰」、「敗」而用「伐」字的理由。〔註6〕總的來看，
孫覺雖沒有說出「書戰則王者可敵」的道理，但因其表示天子是「至尊至貴、
至高至大者」，這與胡瑗之說亦可相通。

---

〔註5〕 《春秋經解》，卷3，頁69～70。

〔註6〕 在《春秋經解》中，孫覺對「戰」與「敗」字有一說解：「內不言戰，言戰則
敗；內與外戰，而敗外師者，直書曰敗也。」見《春秋經解》，卷5，頁138。
即魯與對戰通常不書「戰」字，若書「戰」則表示「戰敗」之意。魯與外戰
書「敗」則意指打敗外國之軍隊。但這樣的說法與胡瑗之用以說解周天子又
有差別。

又如胡瑗對「莊十二年，宋萬出奔陳。」說：「八月弒君，十月出奔，臣子不討賊可知！」〔註7〕依《春秋》及《左傳》所記，在此年秋八月之時，宋萬於蒙澤弒宋閔公及大夫仇牧，〔註8〕並隨即立子游爲君，其餘公子們則出奔至蕭、亳等國。到了冬十月時，蕭叔大心等人方藉曹國軍隊加以討伐，殺了子游並立潛公弟御說爲桓公，宋萬則出奔至陳國。胡瑗認爲《春秋》於八月時記「宋萬弒其君捷，及其大夫仇牧。」於十月書「宋萬出奔陳」，中間之所以隔了兩個月，是因爲宋國的臣子沒有積極的討伐篡弒之賊，而孔子就在其中表示其深切批評的意思。孫覺對此則說：

> 宋萬已弒其君，殺其大夫，其國之臣子，不即討賊，使之出奔，則
> 是其臣與子無恩于君父，而縱之使奔也。宋萬之罪，已不容誅。書
> 其出奔，所以深罪宋之臣子也。〔註9〕

孫覺亦認爲此段經文在貶斥宋之臣子，但其所持的理由與胡瑗則有所不同：孫氏認爲宋萬爲弒君之賊，宋國的臣子不但沒有立即討伐，最後還讓他出奔至他國。也就是說宋國臣子並沒有使宋萬受到他應受的懲罰，〔註10〕而這才是《春秋》要貶斥宋國臣子眞正重要的理由。在此則中可以看出，胡瑗與孫覺之說並不完全相同，兩人的說解在重點上有所差異。

情形類似，但胡瑗之說與孫覺看法相距更遠則是對莊公六年「王人子突救衛。」的說解。胡瑗說：

> 諸侯伐衛以納朔，天子不先救，朔卒爲諸侯所納，天子威命盡矣。
> 先師謂：猶愈乎不救。書王人子突之救，以王法尚行于此也。勢旣

---

〔註7〕（清）黃宗羲：《宋元學案》，卷1，頁27。

〔註8〕依《公羊》之說爲宋萬曾被魯莊公所俘，後被釋回宋。有次與閔公博戲，閔公之妻妾在旁，宋萬出言稱讚魯侯，引起宋閔公的不滿，於是宋萬與閔公發生衝突，並殺了宋閔公。之後宋臣仇牧聽見宋君被殺，在趕去途中遇到宋萬，也被宋萬所殺。《公羊》記此事與《左傳》有異，且較詳細，但《左傳》與《公羊》兩者均依《春秋》記閔公於八月被宋萬所弒。

〔註9〕（清）黃宗羲：《春秋經解》，卷5，頁147。

〔註10〕依《左傳》所記，宋萬（南宮萬）後逃至陳國，於是宋賂賄陳國，用計以犀革裹擒住宋萬，並將之送回宋國。宋人後將其「醢之」。但孫覺認爲《左傳》的這段記載是不可信的，因爲「若是，則宋嘗討賊矣。若宋實能討賊，于經當書宋人殺萬，不得更書奔也。按：經但言出奔，左氏何從知其討賊乎？此妄矣。」見《春秋經解》，卷5，頁147。《春秋》明明僅記其出奔，而沒有記南宮萬被殺。所以孫覺認爲《春秋》此段經文主要也在於貶斥宋之臣子並沒有殺掉南宮萬。

　　已去，烏能必勝哉！〔註11〕

衛宣公與庶母夷姜通姦，生急子。後來宣公本要爲急子娶齊女宣姜，但因爲
宣姜實在長的太美，所以宣公將宣姜奪之歸己，之後並與宣姜生了公子壽與
公子朔，夷姜也因此而自殺。宣姜與公子朔想謀殺急子，於是派急子出使齊
國，想設計殺急子於途中。沒想到公子壽卻知道了這個計畫，又因公子壽與
急子的感情很好，於是公子壽用酒灌醉了急子，並奪了急子的旌旗冒代急子
前往齊國，想代替急子一死。也因爲這樣，於是公子朔所派之人也就誤殺了
公子壽，但急子在酒醒後趕至時急子亦被殺掉，於是公子朔即位爲惠公。這
時衛國的洩與職兩公子不滿惠公所爲，所以聯手立公子黔牟爲君，衛惠公於
是出奔至齊國。黔牟在位八年，惠公聯絡齊、宋、陳、蔡諸國伐衛，意圖重
新奪取衛國王位。諸侯聯軍於莊公五年冬伐衛黔牟，周天子則派兵救衛黔牟，
但周天子所派之兵遲至六年春方才至衛。胡瑗認爲《春秋》之所以記此主要
在表示：一、周天子派兵救衛是爲正確的行爲。二、周天子對諸侯不義的征
伐不能制止於先，後又導致天子與諸侯兵戎相見，致使本身威信盡失。而孫
覺對此的說解則是：

> 《春秋》侵伐者皆罪之也。有能救之者，則《春秋》善之，以其志
> 無惡也。……書曰王人，則微者矣。又曰子突者，貴之也。於是之
> 時，周衰如此，而天王能征朔之不義，而助黔牟之當國，使子突將
> 兵救之，蓋善矣。然經不褒之，蓋《春秋》之法，有褒則有貶，有
> 善則有惡。……天王者，天下之至尊，而道德之所從出，其善者眾，
> 不可以一善褒。蓋褒者，有貶之辭也。天王可褒，則亦可貶矣。故
> 《春秋》之義：天王無褒，非無善也。其善者一褒不足以該之也；
> 天王無貶，非無惡也。天王之位，非爲惡者居之，雖有惡，不加貶
> 焉，所以責天王備，而預爲之嫌也。王人子突救衛，子突之善，非
> 天王之善也。子突善，則天王善矣。然救衛之事，王人之一善耳，
> 未可以爲褒，瀆吾天王也。〔註12〕

孫覺對《春秋》之所以書寫的說解如下：一、本依《春秋》之書法，書「救」
爲褒揚之義。若再衡量當時周天子實際衰微的軍力，猶能派人領兵對抗其他
諸侯國不義之行，這尤爲可貴。二、雖拯救他國的行爲本身爲善，但由《春

---

〔註11〕　（清）黃宗羲：《宋元學案》，卷1，頁27。
〔註12〕　《春秋經解》，卷5，頁125～126。

秋》書「王人子突救衛」的記載中並沒有表示褒揚周天子，而是在褒揚王人
子突。孫覺認爲《春秋》之所以褒王人子突而不褒周天子，其原因在於「天
王無褒」。天王之所以無褒，是因對天王亦無貶。這整體背後的理由其實是孫
覺認爲《春秋》對「天王」地位有其特殊認定。孫覺對《春秋》此段的詮解
與胡瑗之說相較，我們看出其中至少有一個重要差異：胡瑗認爲《春秋》在
此有批評周天子派兵援救太遲的說法，而在孫覺詮解中並沒有特別提及此
義。由此可見孫覺並非完全依循胡瑗的說法，而是有其獨特的立場。這個獨
特立場即是胡瑗認爲天王可責，而孫覺則認爲天王地位特殊而不可責。孫覺
與胡瑗對《春秋》理解上的差異，在對「桓十七年，蔡季自陳歸于蔡。」與
「昭二十二年，王子猛卒。」兩條解釋中呈現的更加明顯。〔註13〕

　　胡瑗對《春秋》桓公十七年「六月丁丑，蔡侯封人卒。秋八月，蔡季自
陳歸于蔡。」的說解爲：

> 蔡季者，蔡桓侯之弟。弟季當立。「歸」者，善辭也。時多弒奪，明
> 季無惡。字者，諸侯之弟例書字。〔註14〕

胡瑗的看法爲：一、蔡季的身份爲蔡桓侯之弟，而且季爲其字。桓侯薨無子，
所以蔡季當立。當時蔡季因事滯留在陳，所以蔡桓侯死後蔡季即由陳入蔡承
接王位。二、認爲《春秋》書「歸」爲「善辭」，所以孔子對蔡季爲褒揚之意，
褒揚的原因是因蔡季並沒有用弒簒等不正當方式取得王位。孫覺對此條的說
法相當複雜，其首先條列出歷來對「蔡季」身份的說解：

> 蔡季事迹，《公》《穀》皆無文，惟《左氏》以蔡侯封人卒，蔡人召
> 蔡季于陳。秋，蔡季自陳歸于蔡，蔡人嘉之也。何休曰：蔡封人無
> 子，蔡季當立。封人欲立獻舞，而疾季。季避而之陳，封人死，歸
> 反奔喪，思慕三年，卒無怨心，故賢而季之。《左氏》、何休之意，
> 皆謂季賢，故經特字之也。而何休所載，不出于傳記，不知何休何

---

〔註13〕嚴格來說應是三條，因爲還要加入對成公元年「王師敗績于茅戎」的解釋。
　　　　胡瑗說：「茅戎書『敗』者，王師非王親兵致討取敗，而書之。」見《宋元學
　　　　案》，卷1，頁27。胡瑗認爲《春秋》是不書「王敗」的，因爲諸侯並不能敵
　　　　王，所以此處《春秋》書「王師敗績」並非是「王敗」，因爲周天子並沒有親
　　　　自率兵討伐。但孫覺則說：「天王之尊，天下莫之有敵，王師雖敗績于茅戎，
　　　　非茅戎能敗王師也，王師自敗爾。」見《春秋經解》，卷11，頁301。孫覺雖
　　　　同意天下無可敵天王之意，但在此並沒有採胡瑗之說，反而因爲《春秋》之
　　　　意在於王師是自取其敗。

〔註14〕（清）黃宗羲：《宋元學案》，卷1，頁27。

> 從知之？然其事極美可賢，則與經所字之義合。杜預以爲桓侯無子，
> 故召季而立之。季内得國人之望，外有諸侯之助，故書字，以善得
> 眾。稱歸，以明外納。杜預之意，蓋謂蔡季當立爲蔡君。而啖、趙、
> 陸氏，皆以爲蔡季義而後取，非如當時之歸者。或謀殺、或奪正、
> 或本非當立，國人不順。惟蔡季入繼之善，美而字之，與杜預之說
> 相表裏矣。〔註15〕

蔡季的身份究竟是誰，《公羊》《穀梁》並沒有指明，〔註16〕《左傳》雖記錄蔡桓侯（封人）死後，蔡人即召在陳之蔡季，也記蔡季自陳至蔡，但也沒有指明蔡季之身分，也沒有說蔡季後來有即位爲蔡君。何休則明指蔡人之所以召蔡季是因爲「封人無子，蔡季當立」，依這種說法，則蔡季應爲封人之兄弟。但何休又言蔡季之所以出奔陳，是因封人原希望繼位者是獻舞。封人死後蔡季方才自陳返蔡。何休也並沒有明言蔡季實際上有即位而爲蔡國君主。杜預則接受蔡季爲封人兄弟的看法，並說蔡季內得蔡人之望，外又有諸侯幫助，所以即位爲君，《春秋》「書字」以美之。杜氏這種說法後來也被啖助等人所接受。綜合以上之說，我們大致確定：一、《左傳》與何休、杜預等人都承認《春秋》對蔡季的態度爲褒揚之意。二、對蔡季之自陳回蔡過程有較詳細的說法首推何休，孫覺則認爲何休之說將蔡季的行爲描述成非常值得讚美，但也直言何休之說不知從何而來。三、何休與杜預、啖助說法最大的差異在於蔡季到底有沒有成爲蔡君？其間的關鍵在於何休認爲蔡季與獻舞是兩人，而杜預等人則認爲蔡季與獻舞爲一人。孫覺面對這些異說時表示：

> 今案〈蔡世家〉及〈諸侯年表〉，無蔡季嘗立爲蔡君之文。又莊十年，
> 荊敗蔡師于莘，以蔡侯獻舞歸。中間亦無蔡季爲君之說。由此觀之，
> 則蔡季之歸，但爲蔡臣爾，未嘗爲君也。季之所以得字，著于《春秋》，
> 當如《左氏》、何休之說，蔡季去其國以避如位，入其國以終其喪，
> 一國之尊，社稷之重，則徑去以遜于人，吾君之喪、吾兄之喪，則必
> 歸焉以服其服。然則爲蔡季之行，亦足以見取于孔子，而書字于《春
> 秋》也。若杜預、陸氏之說，考之傳記則無文，求之《春秋》則又無
> 事。雖得立爲君，亦未足多賢，不若生被其逐，死服其喪之爲美也。

---

〔註15〕　《春秋經解》，卷4，頁101。
〔註16〕　《春秋》此條經文，《公羊》無傳，《穀梁》則僅說：「蔡季，蔡之貴者也。」
　　　　並沒有確指其身份。

　　況獻舞之事，相去裁十年間，不容蔡季卒葬，與獻舞得立之迹，不見
　　于經也。況〈世家〉、〈年表〉，皆無其事，杜預、陸淳失之矣。〔註17〕

孫覺立場與何休相同，認爲蔡季與獻舞爲兩人。《史記》中只說獻舞即位，並
沒有明說蔡季即位，〔註18〕又《春秋》桓公十年記「荊敗蔡師于莘，以蔡侯
獻舞歸。」在這十年中間也並沒有記載蔡季即位之事。所以孫覺認爲蔡季並
沒有成爲蔡君，而終爲蔡臣而已。如此一來，蔡季便成爲一位能禮讓君位並
且不念舊惡可爲兄君服喪之人，所以孔子才會對蔡季加以褒揚。孫覺認爲這
個理由相較於僅認爲蔡季不以篡弒取得君位而獲得孔子褒揚，來得更有說服
力。在這個例子中我們看到：一、孫覺並沒有從其師胡瑗之說，認爲蔡季即
位爲君。二、雖然蔡季之行迹不見於史傳之記載，但是孫覺也沒有如其所言
的「其所未聞，即以所聞安定先生之說解之云。」相反的，孫覺有更深層且
獨特的標準。孫覺認爲孔子特別將蔡季書於《春秋》，則蔡季不應只是不以不
義之行取得王位而已，而應有比這更值得褒揚的行爲，這樣的解釋才能彰顯
出《春秋》獨特的價值。

　　類似情形在對昭公二十二年「冬，十月，王子猛卒。」的說解中亦可看
到。胡瑗的說解爲：「生則書王，明實爲嗣。死乃稱子，正未踰年，未成天子
之至尊。」〔註19〕所謂「生則書王」指的是《春秋》同樣在昭公二十二年有
「劉子、單子以王猛居于皇」、「秋，劉子、單子以王猛入于王城」的記載，
並將其稱之爲「王猛」。胡瑗認爲《春秋》之所以書「王子猛卒」是因王子猛
接掌王位未逾年即逝世，並不能眞正算是天子，故在其死時記爲「王子猛卒」。
孫覺對此則說：

　　天王未逾年而卒者，惟王猛爾。是時景王已葬，而王猛之卒書名，
　　又曰王子。蓋聖人之意也：天王之位，而竟不克以卒。于其再見于
　　經，皆曰王猛，言猛之王，以二子爾。於其卒也，書曰王子猛卒，
　　所以正猛之不正，而奪其王稱也。與文三年書王子虎卒，無以異爾。
　　《左氏》以爲不成喪。《春秋》何得以猛之喪禮不具，遂奪其尊稱乎？
　　《公羊》曰：未逾年之君也。未逾年君，已葬當不書名，此何得更

〔註17〕《春秋經解》，卷4，頁101。
〔註18〕對於繼承蔡桓公（封人）之人，《史記‧蔡世家》說：「二十年，桓侯卒，弟
　　　　哀侯獻舞立。」並沒指明獻舞與蔡季爲同一人。見《史記》，卷25，頁1566。
〔註19〕（清）黃宗羲：《宋元學案》，卷1，頁28。

稱猛乎？皆非也。〔註20〕

周景王本來在昭公十五年時因太子壽去世所以立了子猛，而後又喜歡庶長子子朝，因而想改立其為太子。〔註21〕賓起為子朝老師，支持子朝；而單子、劉子則是支持王子猛。景王在昭公二十二年四月猝死於榮錡氏後，子朝、子猛兩方人馬進行了非常激烈的王位爭奪戰，領兵相互攻伐亦各有勝負。到了十一月時王子猛卻突然死了。〔註22〕孫覺認為《春秋》在猛死前的書記是「王猛」，在死時卻書記為「王子猛」。主要的原因在於猛之成為周王主要是因單子、劉子的支持，這個王位來之不正。孫覺說：

> 蓋王猛不正，不當立，而劉單二子，彊欲立之，既不安其國，又出奔焉。書曰劉子單子以王猛居于皇者，若曰：猛者何所取王哉！劉子單子王之爾。不書為王，則無以見劉子單子專王之罪。不書猛，則無以見猛不當立。……《公》《穀》以為王猛有當國之嫌，故曰王爾。不知猛之得立不正，而二子王之，故曰王猛也。〔註23〕

認為書「王」是貶劉子、單子越權之罪，書「猛」則指猛不當立為天子。所以在猛死時《春秋》記「王子猛」，是要「正猛之不正，而奪其王稱」，並不是因為其「正未逾年」。在此我們看到孫覺與胡瑗對《春秋》為何記為「王子猛」的看法並不一致，孫覺認為《春秋》在此主要在表達天子之位不應由權臣決定，所以並沒有採用胡瑗的說法。當然孫覺還有另一層「書法」問題的考慮，因其主張《春秋》中有「未逾年君，已葬當不書名。」的書法，所以其並沒有接受《公羊》與胡瑗「正未逾年」的說法。但問題是周天子即位未逾年即喪的例子只有猛一人而已，雖然孫覺認為周天子與魯君之書法相類，但其實也可以用「變例」來解釋。所以孫覺主要的考量應是對猛之得王位的過程是否以正當的方式，才做出如此的說解。這正是孫覺不同於胡瑗之說的原因。

　　綜合以上的七個例子，我們發現孫覺並非完全採用胡瑗之說，其完全接

---

〔註20〕《春秋經解》，卷12，頁352。

〔註21〕依杜預說：「十五年大子壽卒，王立子猛。後復欲立子朝而未定。」見《春秋左傳注疏》卷50，頁14。

〔註22〕王子猛之死時，《春秋》與《左傳》記載不一，《春秋》經記為冬10月，《左傳》則記為11月乙酉。杜預依《左傳》乙酉之日推定為11月。王子猛的死因亦有異說，《春秋》《左傳》僅言其卒，並沒有記載原因。但《史記·周本紀》卻說是「子朝攻殺猛」，認為猛為子朝所殺。

〔註23〕《春秋經解》，卷12，頁351。

受胡瑗之說的比例甚至不及一半。〔註24〕今人牟潤孫早已查覺孫覺與胡瑗之說有所差異，他說：

> 《四庫提要》謂胡安定之說賴孫氏此書以傳，然以《宋元學案》所
> 引胡氏《春秋口說》考之，莘老亦不盡用安定之說。〔註25〕

牟潤孫雖然並沒有一一說明其間的差別，卻明確指出四庫館臣的看法顯然並不確實。〔註26〕其實我們若再仔細去看《春秋經解》中對《穀梁》及啖助等人看法的取捨，更會發現孫覺所言「以《穀梁》為本」並「雜取三傳及歷代諸儒啖、趙、陸氏之說長者從之」等等說法，其中的內涵更為複雜。

## 第二節　孫覺對三傳之說的取捨

　　歷來說《春秋經解》者，都依孫覺自敘，認為其說是「以《穀梁》為本」，但是「為本」是什麼意思？是指孫覺大都依循《穀梁》之說嗎？若是如此，孫覺又何必專著《春秋經解》一書？所以實有必要進一步探討《春秋經解》對《穀梁》的取捨。事實上，在《春秋經解》的內文中，筆者發現孫覺及一般讀者會有這種印象其實並不是沒有原因的。因僅以《春秋經解》詮解隱公的前兩卷為例，孫覺直接引述《穀梁》之說超過四十次，但引述與《穀梁》性質相近但在《春秋》學界裡影響力遠超《穀梁》的《公羊》卻不滿三十次。所以若只從引用次數而言，孫覺是較為偏重《穀梁》。但若進一步分析其引述《穀梁》與《公羊》的作用時，筆者卻發現孫覺之所以引述二傳，其主要是用來駁斥其說，而非用來支持他的看法。在《春秋經解》前兩卷中雖直接引述《穀梁》約共有四十餘條，可是贊成其說的大約僅只有十則左右。其贊成《公羊》之說的也不滿十條。若從這個角度來看，我們實在看不出來孫覺是

---

〔註24〕在此附帶一提的是若將胡瑗之說與其同時的孫復之說的比較。就此七條來看，胡瑗之說幾乎與孫復《春秋尊王發微》之說全同，如桓五年「從王伐鄭」例，孫復說：「天子無敵，非鄭伯可得抗也。」此外對「王師敗績于茅戎」、「蔡季自陳歸于蔡」、「王人子突救衛」、「宋萬出奔陳」、「大夫宗婦覿用幣」與「王子猛卒」六條，胡瑗之說也與孫復相同，甚至連有些句子都一樣。「宋伯姬卒」孫復則無說解。

〔註25〕牟潤孫：〈兩宋春秋學之主流〉，收入《注史齋叢稿》，頁150。

〔註26〕《四庫總目提要》引孫覺自序：「其說是非褒貶，則雜取三傳及歷代諸儒啖、趙、陸氏之說，長者從之。其所未聞，則以安定先生之說解之。」並說：「今瑗《口義》五卷已佚，傳其緒論，惟覺此書。」見是書卷26，頁697。

否對《穀梁》有特別的偏好。因爲在《春秋經解》中，直接標誌出《穀梁》之說時，其批評處實遠多於贊成處。

但我們若從巨觀的對《春秋》詮解方向上來看，《春秋經解》在三傳中實與《穀梁》較爲接近。因爲從詮解《春秋》的方法比較，《春秋經解》並不如《左傳》般強調事跡的描述，而是較接近《公羊》、《穀梁》的以義解經方式。而《公羊》與《穀梁》在詮解《春秋》經時，不論是在解經方式及內容上，固然有許多相似之處，但是《公羊》與《穀梁》最明顯的差別在於《公羊》傳在詮解《春秋》時，並不僅止將《春秋》視爲一褒貶之書，而是認爲《春秋》中含有「三科九旨」的歷史哲學〔註27〕與天人感應等諸多主張。〔註28〕雖然《穀梁》亦有尊王與夷夏之別等主張，但其主要重點仍放在對人事之褒貶上。所以對《春秋》經的根本內容界定來說，孫覺在詮解《春秋》時，實以人事的褒貶爲主，對於《公羊》所提出的歷史變化觀點少有涉及。所以從對《春秋》大的詮解方向而言，《春秋經解》在三傳中實是與《穀梁》相近，而遠於《公羊》、《左傳》，而這可能才是孫覺所謂「以《穀梁》爲本」的意思。換句話說，孫覺所謂「以《穀梁》爲本」其實是個消極的陳述，其主要在表達的意思是：在詮解《春秋》時，其整體採取的態度與重點，與《公羊》、《左傳》差別較大，而與《穀梁》相似。

孫覺對三傳之說，並沒有單單遵信一傳，自有其取捨。若我們將三傳說《春秋》分爲：三傳同說及三傳異說兩類來看，孫覺對這兩類均有各自的看法。我們先對檢討三傳之說相同者。孫覺對三傳之說相同者，許多都採接受的態度。如其對僖公二年夏五月「虞師、晉師，滅下陽」〔註29〕的說解爲：

> 下陽、虢邑也。《春秋》邑不言滅，特書下陽之滅，而虢不見經者，蓋聖人之意，以爲虞公貪璧馬之賂，而爲晉假道，以滅脣齒之國。下陽舉，而虢滅矣！《春秋》不書其滅，但曰滅下陽者，蓋虢之滅，見責于所與之國，聖人所不忍焉，書滅下陽而已。虞師首惡，序晉

---

〔註27〕 「三科九旨」之說，最早是何休所提出，依徐彥之說其內容爲：「新周、故宋、以《春秋》當新王，此一科三旨也；又云所見異辭、所聞異辭、所傳聞異辭，二科六旨也；又內其國而外諸夏，內諸夏而外夷狄，是三科九旨也。」見《春秋公羊注疏》，卷1，頁4。

〔註28〕 關於《公羊》的天人感應說的內容，請參見蔣慶：《公羊學引論》，頁207～221。

〔註29〕 對此段經文中的「下陽」，三傳之記載有異，《公羊》《穀梁》記爲「夏陽」，《左傳》則爲「下陽」。孫覺依《左傳》之文。

之上。……然聖人于虢則不忍其亡，在虞則先見其滅，故虢之滅但
書下陽，而虞之滅書執虞公也。三傳之說皆是。〔註30〕

晉國因獻公之亂，晉國群公子出奔虢國，虢也因此在莊公二十六年時兩次伐
晉。晉國本想於莊公二十七年伐虢，但在士蔿的勸說下，並沒有實際興兵伐
虢。直至僖公二年，晉獻公認為時機成熟，於是用荀息之計以屈地出產的馬
與垂棘出產的玉璧，先向虞君請求借路攻打虢國。虞公因貪圖賄賂不但答應
了晉國的要求，而且還請求先領軍去攻打虢國。後在晉國的里克與荀息的領
軍下，攻下了虢國的下陽。孫覺認為《春秋》在此主要要表達之意有二：一、
虞為小國，但為何國名卻書於大國晉之上？孫氏認為主要是因為虞國貪圖晉
之賄賂，滅虢之事虞實為首惡，所以將其書於晉前。二、明明是虢國被滅，
但《春秋》為何僅書「下陽」？孫氏的說法是因虢之所以被滅是因其被出賣
的緣故，孔子不忍直書其被滅。再對比《春秋》在僖公五年冬時直書「晉人
執虞公」的書法，即可見孔子認為虞實應被滅在虢之前。孫覺大致上認為三
傳對此的說法都是對的，也接受了三傳的說法。〔註31〕

　　但另一方面，孫覺對三傳之說相同者也不一定全然接受，他對某些三傳
之說相同的經解，仍有自己獨特主張而認為三傳的說法都是錯的。如其對襄
公八年夏「葬鄭僖公」的說解就對三傳之說深為不滿：

三傳之說，皆以髡頑為見弒者。《春秋》之義：賊不討，不書葬。而
髡頑之葬，未嘗討賊也。蓋鄭伯正卒，故書葬爾。《公羊》曰：為中

〔註30〕《春秋經解》，卷8，頁203。
〔註31〕若我們仔細按覈三傳的說法，其實與孫覺之說還是有點小小差別，《穀梁》對
　　　此的說解較多：「非國而曰滅，重夏陽也。虞無師，其曰師，何也？以其先晉，
　　　不可以不言師也。其先晉，何也？為主乎滅夏陽也。夏陽者，虞、虢之塞邑
　　　也，滅夏陽而虞、虢舉矣；」（《春秋穀梁傳注疏》，卷7，頁4～5）。認為夏
　　　陽（下陽）之所以書滅是因其地方很重要，夏陽被晉所佔，則虞虢被滅是很
　　　自然的發展。至於虞書於晉前是因其為夏陽被滅的主因。《公羊》的說解則是：
　　　「虞，微國也，曷為序乎大國之上？使虞首惡也。曷為使虞首惡？虞受賂，
　　　假滅國者道，以取亡焉。……夏陽者何？郭之邑也。曷為不繫于郭？國之也。
　　　曷為國之？君存焉爾。」（《春秋公羊傳注疏》，卷10，頁7～10）。《公羊》也
　　　認為虞為首惡故書於晉前，至於為何書夏陽之意亦與《穀梁》同。《左傳》則
　　　言：「夏，晉里克、荀息帥師會虞師，伐虢，滅下陽。先書虞，賄故也。」（《春
　　　秋左傳注疏》，卷12，頁6）。《左傳》對虞書於晉前的說法與《穀梁》《公羊》
　　　相同，但對於《春秋》僅書「滅下陽」之意沒有發揮。但《左傳》之後又有
　　　記「虢公敗戎於桑田」等記載來看，似乎下陽為虢之宗廟所在之地云云。但
　　　不論怎麼說，孫覺說孔子有「不忍」書虢被滅之意，這在三傳中是看不到的。

國諱。此乃自相附會之說，不可據。〔註32〕

此事應從《春秋》襄公七年十二月所記說起，《春秋》經記「公會晉侯、宋公、陳侯、衛侯、曹伯、莒子、邾子于鄔。鄭伯髠頑如會，未見諸侯。丙戌，卒于鄔。」〔註33〕諸侯之會本是爲解楚子囊圍陳之困，但此次相會鄭僖公並沒有及時出席，反而死在鄔。三傳對鄭伯髠頑被殺的原因說法不盡相同，《公羊》之記爲：「鄭伯將會諸侯于鄔，其大夫諫曰：『中國不足歸也，則不若與楚。』鄭伯曰：『不可。』其大夫曰：『以中國爲義，則伐我喪；以中國爲彊，則不若楚。』於是弒之。」〔註34〕認爲鄭伯執意要參與此次諸侯相會以共禦楚國，但大夫認爲楚才是眞正的強國，反對鄭僖公的主張，最後鄭僖公於是被弒。《穀梁》簡要記爲：「鄭伯將會中國，其臣欲從楚；不勝其臣，弒而死。」〔註35〕說同《公羊》。《左傳》則說：「鄭僖公之爲太子也，於成之十六年與子罕適晉，不禮焉。又與子豐適楚，亦不禮焉。及其元年朝于晉，子豐欲愬諸晉而廢之，子罕止之。及將會于鄔子駟相，又不禮焉。侍者諫，不聽；又諫，殺之。及鄔，子駟使賊夜弒僖公。」〔註36〕認爲鄭僖公一次次對鄭之貴族無禮，於是子駟趁黑夜派人將僖公刺殺。雖然三傳對於誰殺了僖公說法不同，但都一致認爲僖公死於被弒。孫覺卻認爲三傳的說法是有問題的，因爲依照孫覺所歸納的《春秋》書法之例，若國君被弒而弒君之賊未討，則國君不書葬。〔註37〕但在此《春秋》明明書「葬鄭僖公」，所以孫覺認爲鄭僖公之喪是正常的去世，而非爲臣子所弒。孫覺不但從《春秋》的書法義例中反對三傳之說，更從情理上提出說明：

> 鄭伯自城虎牢之後，去楚而從中國。三年，遂同諸侯盟于雞澤。五
> 年，使大夫來聘，又會諸侯于戚。又會諸侯救陳。數年之間，未嘗

〔註32〕 《春秋經解》，卷12，頁319～320。

〔註33〕 此段經文中之鄭伯髠「頑」與「鄔」二字，三傳異文，《公羊》、《穀梁》均作鄭伯髠「原」與「操」，《左傳》則爲鄭伯髠「頑」與「鄔」。孫覺從《左傳》。

〔註34〕 （漢）何休解詁，（唐）徐彥疏：《春秋公羊傳注疏》，卷19，頁11。

〔註35〕 （晉）范寧集解，（唐）楊士勛疏：《春秋穀梁傳注疏》，卷15，頁7。

〔註36〕 （周）左丘明傳，（晉）杜預注，（唐）孔穎達疏：《春秋左傳注疏》，卷30，頁12。

〔註37〕 孫覺認爲此書法有一變例，即弒君之賊爲世子，則賊未討君亦書葬。其言：「弒賊不討，則不書葬。……《春秋》之例大概如此。唯世子弒君，則不待討賊而書葬，此《春秋》之變例，而聖人之深憤也。」（《春秋經解》卷2頁33～34）三傳所記弒僖公之臣均非世子，不符合孫覺所說之變例。此又見上章第四節末的討論。

有從楚之迹。至是，諸侯會于鄖，而鄭伯如會，卒于鄖。《春秋》之義：不生名。鄭伯如會而書名者，爲其如會未見諸侯而卒，《春秋》省文，不可再言鄭伯，故一書之於如會之上。三傳不知《春秋》省文之義，但見鄭伯書名於如會之上，遂以爲鄭之諸臣欲從楚，而鄭伯不欲，弒而卒。《春秋》不與中國之君見弒於夷狄之大夫，故不言弒也。若如其說，則是鄭之大夫無從中國之意，而獨鄭伯欲之，則數年之前，鄭伯合諸侯而背楚，其大夫何故從之，至是而始弒之也？實見弒焉，《春秋》皆不沒其事以傳言，何獨鄭伯而不然乎！三傳皆誤矣。〔註38〕

孫覺所持的理由有四：一、自從襄公二年諸侯攻佔鄭之虎牢以逼迫鄭放棄楚國，而必須與諸侯同盟後，鄭即沒有與楚國結盟。二、在襄公三年、五年鄭又分別與諸侯相會於雞澤、戚，並且也曾共同爲陳與楚作戰，其中並沒有記載有任何鄭國之大臣反對，大臣們爲何單單於此時又主張要從楚？三、認爲三傳之所以認定鄭僖公被弒是因《春秋》記鄭伯之名「髠頑」，依《春秋》「諸侯不生名」之書例，〔註39〕似乎是僖公在未見諸侯前即被弒。但孫覺認爲這只是《春秋》「省文」的關係，並非是未會被弒。四、《春秋》對君主被弒均「不沒其事」，若鄭君果眞被弒，爲何《春秋》僅對鄭僖公被弒之事毫無異辭？這並不符合《春秋》的常例。在這樣的脈絡下，孫覺認爲三傳雖然異口同聲認爲鄭僖公被臣子所弒，但孫覺並不贊成，〔註40〕更不用說是《公羊》所提出「爲中國諱」的說法了。〔註41〕對於三傳所記相同之事，孫覺尚有異說，至於三傳所說不同處，孫覺更勢必要做出取捨。

---

〔註38〕《春秋經解》，卷12，頁318～319。

〔註39〕所謂「諸侯不生名」之例，《公羊》及《左傳》均無明言，僅《穀梁》在襄公七年及二十五年提出「諸侯不生名」之例。而此亦爲孫覺所接受。

〔註40〕順帶一提的是，在前文論及啖助駁斥三傳之說時所用的幾種方式，孫覺亦加以沿用，在這個例子中孫覺至少用以「《春秋》之例」及「常理」兩種方式來推翻三傳之說，其實在以下的例子中，亦常見孫覺利用書法義例來反駁三傳之說。

〔註41〕對於僖公八年「葬鄭僖公」，《穀梁》與《左傳》均無傳，僅《公羊》有「賊未討，何以書葬？爲中國諱也。」之說。《公羊》此說其實是爲了解釋「《春秋》君弒，賊不討，不書葬，以爲無臣子也。」（隱公十一年傳文）依《公羊》鄭僖公既爲臣子所弒，而弒君之臣亦無人討伐，何以此書鄭僖公之葬？《公羊》認爲是「爲中國諱」。《穀梁》雖也認爲「君弒，賊不討不書葬。」（桓公18年傳文）但對此鄭僖公被弒賊未討即書葬，並沒有提出任何說解。

從漢以後，說《春秋》者多力從三傳之一以爲說。至啖助等人方才能眞正將三傳放在同一地位相互比較，而不專從一傳。這樣的解經方法，孫覺是深受其影響的。孫覺在面對三傳異說時，常會在三傳之中擇一從之。但這種「擇一從之」的原因並不是因爲孫氏接受此說來源的權威性，反而是因爲其說是有「合理性」。也就是說，遍觀《春秋經解》，其實並不容易發現孫覺明顯的偏向於三傳中的任何一傳。如三傳對於「四時田獵」之名說法並不相同，《春秋》桓公四年春正月記「公狩于郎」，《公羊》說：

> 狩者何？田狩也，春曰苗，秋曰蒐，冬曰狩。常事不書，此何以書？
> 譏。何譏爾？遠也。諸侯曷爲必田狩？一曰乾豆，二曰賓客，三曰
> 充君之庖。〔註42〕

認爲《春秋》在此譏桓公遠狩，並提出春秋時有春苗、秋蒐與冬狩之說。《穀梁》則說：

> 四時之田，皆爲宗廟之事也。春曰田，夏曰苗，秋曰蒐，冬曰狩。
> 四時之田用三焉，唯其所先得，一爲乾豆，二爲賓客，三爲充君之
> 庖。〔註43〕

《穀梁》認爲王狩的三個目的與《公羊》之說同，但少了「譏遠狩」之意。此外特別引人注意的是《穀梁》雖提出「冬狩」之說與《公羊》相同，但《穀梁》對其他三季的說法則是：春田、夏苗與秋蒐。這種說法顯然與《公羊》不同，其不但較《公羊》多出「夏」，而且對「苗」的季節與《公羊》有異。《左傳》在此並沒有多做說解，僅說「書時，禮也。」在此若純就「冬狩」來看，三傳的說法相同。但《左傳》在解隱公五年春「公矢魚于棠」的經文中，敘述臧僖伯勸諫隱公不要去觀魚的話中有「故春蒐、夏苗、秋獮、冬狩，皆於農隙以講事也。」之說。〔註44〕也就是說《左傳》除「冬狩」以外，其他三者又與《公羊》《穀梁》之說相互各有異同。孫覺對三傳於此的異說時認爲：

> 古者畋獵以時，所以習戰陳、講武事、驅猛獸、除人害也。春謂之
> 蒐者，方春之時，禽獸孕尾，生育之際，不可以盡殺。蒐、言其擇
> 取之也。夏謂之苗。夏之時，田苗盛長，有禽獸害苗，則田焉。言

---

〔註42〕（漢）何休解詁，（唐）徐彥疏：《春秋公羊傳注疏》，卷4，頁11～12。

〔註43〕（晉）范寧集解，（唐）楊士勛疏：《春秋穀梁傳注疏》，卷3，頁9。

〔註44〕（周）左丘明傳，（晉）杜預注，（唐）孔穎達疏：《春秋左傳注疏》，卷3，頁21。

其為苗而田也。秋謂之獮,時方肅殺,可以順天時而殺物也。冬謂
之狩。狩、猶守也。冬物畢成,可以圍守而取之也。四時田獵,三
傳之辭各異。惟《左氏》記臧僖伯諫觀魚之辭曰:春蒐、夏苗、秋
獮、冬狩,與《周禮》《爾雅》之文合,義說又通,當以左氏為定。
〔註45〕

孫覺認為三傳之中,《左傳》之說最為可信,其主要並不是《左傳》的來源是
各國史書抑或是其時代與孔子最為接近等等理由,而是基於《左傳》之說與
《周禮》《爾雅》等儒家經典記載相合,以及「義說又通」兩個理由。所謂與
儒家經典之說相合,指的是《春秋》的文字極少,所以許多合禮或不合禮的
判斷或褒貶的判斷,其實必須籍由其他儒家典籍的記載才能進行。在這個例
子中,孫覺認為《周禮》與《爾雅》所記都是「春蒐、夏苗、秋獮與冬狩」,
〔註46〕所以判定《左傳》之說才是真確的。〔註47〕至於「義說又通」則是指
君使民以時,並且因應四季之不同而施行不同措施以符合四季流變及人民需
要。〔註48〕在這兩層考慮下,孫覺於是採用《左傳》之說,而非《公羊》《穀
梁》之說。

在《春秋經解》中類似以上的情形頗多,又如對《春秋》隱公五年秋九
月「初獻六羽」之意,三傳的說法亦有不同。《公羊》認為:

初者何?始也。六羽者何?舞也。初獻六羽何以書?譏。何譏爾?
譏始僭諸公也。六羽之為僭奈何?天子八佾,諸公六,諸侯四。諸
公者何?諸侯者何?天子三公稱公,王者之後稱公,其餘大國稱侯,
小國稱伯、子、男。〔註49〕

六羽即六佾之意。隱公因仲子之廟落成後,將仲子神主入廟而獻六羽樂舞。《公

---

〔註45〕　《春秋經解》,卷3,頁65～66。
〔註46〕　《周禮》記:「中春教振旅……遂以蒐田;……中夏教茇舍……遂以苗田;……
　　　　　中秋教治兵……遂以獮田;……中冬教大閱……遂以狩田。」(《周禮疏》,卷
　　　　　29,頁442～447。)《爾雅》則說:「春獵為蒐,夏獵為苗,秋獵為獮,冬獵
　　　　　為狩。」(《爾雅疏》,卷6,頁100。)兩者均與《左傳》之說同。
〔註47〕　雖然《禮記·王制》中有所謂「天子諸侯無事,則歲三田。」之說,似乎與
　　　　　《公羊》說同。但孫覺在此並沒有引述《禮記》之言,而且《禮記》所謂的
　　　　　三田名稱是否如《公羊》所說的苗、蒐、狩亦無可印證。
〔註48〕　孫覺對於蒐、苗、獮、狩之說,應是依《爾雅疏》:「搜索取不任者」、「為苗
　　　　　稼除害」、「順殺氣也」與「得獵取之無所擇」之說。
〔註49〕　(漢)何休解詁,(唐)徐彥疏:《春秋公羊傳注疏》,卷3,頁3～4。

羊》認為禮制是天子用八佾、諸公用六佾而諸侯則僅能用四佾之舞。魯國依制僅能用四羽之舞，但從隱公開始則使用六羽之舞，《公羊》認為《春秋》記此事主要在譏貶隱公不守禮制。但《左傳》對此的說法則不同，《左傳》記：

> 九月，考仲子之宮將萬焉。公問羽數於眾仲。對曰：「天子用八，諸
> 侯用六，大夫四，士二。夫舞，所以節八音而行八風，故自八以下。」
> 公從之。於是初獻六羽，始用六佾也。〔註50〕

依《左傳》的說法是：魯因周公之故，所以自成王、康王以下都特別讓魯國可用天子之禮樂，因此魯原來即沿用八佾舞。〔註51〕隱公於此時問眾仲羽數之意，應是覺得八佾之舞越禮，所以眾仲才會回答說諸侯用六佾。隱公因此也決定由此次起，將慣常的八佾改為符合禮制的六佾舞。若依《左傳》此說，則《春秋》記此是為了表彰隱公知禮守禮的行為，而非貶斥其非禮之意。《穀梁》傳對此條的看法則是在《公羊》與《左傳》之間游移：

> 初，始也。穀梁子曰：「舞《夏》，天子八佾，諸公六佾，諸侯四佾。
> 初獻六羽，始僭樂矣。」尸子曰：「舞《夏》，自天子至諸侯，皆用
> 八佾。初獻六羽，始厲樂矣。」〔註52〕

《穀梁》先引穀梁子之說，認為《春秋》於此表達出對隱公開始僭越禮制使用六佾的譏貶；〔註53〕一方面則又引尸子之說，認為當時從天子到一般諸侯都用八佾舞，所以隱公開始使用六佾，其實是減少了樂舞的數目。穀梁子之說近於《公羊》，而尸子之說則較近於《左傳》，一貶一褒兩者截然不同，但《穀梁》並沒有明言那一個才是《春秋》真正意旨。對此孫覺的說法是：

---

〔註50〕（周）左丘明傳，（晉）杜預注，（唐）孔穎達疏：《春秋左傳注疏》，卷3，頁25～27。

〔註51〕此說依《春秋左傳正義》之解，其並引《禮記・祭統》：「昔者，周公旦有勳勞於天下。周公既沒，成王、康王追念周公之所以勳勞者，而欲尊魯；故賜之以重祭。外祭，則郊社是也；內祭，則大嘗禘是也。夫大嘗禘，升歌《清廟》，下而管《象》；朱干玉戚，以舞《大武》；八佾，以舞《大夏》；此天子之樂也。康周公，故以賜魯也。子孫纂之，至于今不廢，所以明周公之德而又以重其國也。」（《禮記注疏》，卷49）但值得注意的是《禮記・祭統》僅言天子用八佾，而沒說六佾以至二佾使用的對象為何。

〔註52〕（晉）范寧集解，（唐）楊士勛疏：《春秋穀梁傳注疏》，卷2，頁4。

〔註53〕《穀梁》認為《春秋》在此對隱公的譏貶除用六佾僭樂之外，與其他兩傳不同的是，《穀梁》認為仲子為惠公之母、隱公之祖母，依禮子可祭母，孫祭則越禮。《公羊》及《左傳》則認為仲子為惠公夫人、桓公之母，隱公代桓公尊之，並無越禮之處。

仲子之宮既成，遂陳六羽而獻之。……羽數之禮，當從左氏之義：
天子八、諸侯六、大夫四、士二。魯在隱公之前，因成王賜天子禮
樂于周公，故諸公之廟，相承僭之，皆用八佾。此隱公爲桓考妾母
之宮，始降從六。聖人善其復禮，書之曰初獻六羽。……《公》《穀》
皆以爲天子八、諸公六、諸侯四。若然，則大夫士無舞矣。判縣、
特縣、將焉用邪？王者之禮，何至偪下如此之甚乎？當以《左氏》
之義爲定。〔註54〕

孫覺在盱衡三傳之說後，認爲《左傳》所說爲是，孔子在此是對隱公復而守
禮表達褒揚之意。孫氏之所以有這樣的主張，是因其認同《左傳》中所記的
「天子八、諸侯六、大夫四、士二」的禮制。但有意思的是孫氏之所以贊成
從天子至士皆有樂舞的說法，並非是根據儒家的經典記載，而是認爲若如《公
羊》所說，則伯子男勢必只能用二佾，〔註55〕而大夫士則會無舞。孫覺認爲
聖王在制定禮樂的時侯，不可能會對大夫及士有如此簡苛的安排。在這個例
子中，孫覺主要的依憑是對儒家內在精神的理解，並由此來判定三傳中那種
說法更加的可信。

在《春秋經解》中孫覺常常運用這種方式來說明並判斷三傳之說是否眞
確，如其在《春秋》隱公「元年春，王正月。」下說：

按《史記世家》，惠公正卒，非不正其終也。而隱公不書即位者，孫
明復曰：以見其首惡也。周家之法，在于傳嗣，傳嗣之大，在于立
嫡。隱公爲繼室聲子之子，惠既無嫡，隱長當立。反以手文之故，
志遜于桓，首亂周道，自取篡弒之禍。不書即位者，猶曰隱不足嗣
承先君之位云亂，貶之也。然《左氏》、《公羊》之說，則皆不倫。《左
氏》以爲不書即位者，攝也。《公羊》以爲不書即位者，成公遜意也。
夫位者，天下之公器也，遜者，一人之私惠也。隱公以私惠而忘天
下之公器，以自取篡弒之禍，《春秋》豈爲遜而不書哉！此《左氏》、
《公羊》不明首惡之罪也。惟《穀梁》以謂隱輕千乘之國，蹈道則
未者，爲得之矣。〔註56〕

---

〔註54〕《春秋經解》，卷2，頁34〜35。
〔註55〕《公羊》雖沒有明言伯子男用二佾，但依其上下文意，其應用二佾無疑。說
　　　　見傅隸樸：《春秋三傳比義》（中國友誼出版公司，1984年），頁59。
〔註56〕《春秋經解》，卷1，頁3。

三傳對於隱公在惠公死後並非眞心即位，而想日後再讓位給桓公之事，評價不一，〔註57〕簡單來說《公羊》認爲是褒，《穀梁》則認爲是貶，至於《左傳》則認爲隱公攝政故不書即位，並無褒貶。孫覺認爲《左傳》《公羊》之說是「不倫」的，《穀梁》所謂「隱輕千乘之國，蹈道則未者」之說方，才是《春秋》所含之意。孫覺這個判斷基於兩個理由：一、如孫明復所說，周朝傳位之制在傳嫡，若無嫡可傳則傳長。隱公爲惠公長子，故本可承續王位。〔註58〕二、王位爲天下公器，但遜位則是個人的恩惠，王位之承傳不應受個人施受恩惠的決定。反省孫覺所言的第二個理由：「無嫡則傳長」之說，其實與此說是否爲孫明復所主張的無關，而是當時儒者們對周朝傳位制度的理解。而第二個理由，則更牽涉到對儒家內在精神的理解了。在先秦儒者關於傳位的問題，最有名的討論當推孟子。〔註59〕在《孟子》中有兩段相當著名的討論，分別在〈公孫丑下〉第八章，孟子回答沈同問燕國子噲私下讓位是否可伐的問題，〔註60〕及在〈萬章上〉第五章，孟子回答萬章問：「堯以天下與舜，有諸？」孟子說：「否，天子不能以天下與人。」〔註61〕這兩次討論的重點雖與隱公讓位給桓公的問題不盡相同，但是孟子在這兩次的問答中都相當明確的指出王位的承繼與否，絕對不是個人主觀意願的問題，亦不可透過個人私惠的相互贈予，而是必須遵循一較客觀且超越的標準來進行。孟子所謂的「客觀」指的是諸侯之位必須經由天子同意。「超越」指的則是孟子認爲舜之帝位並是由堯私相授受，而是「天與之」。雖然天不能言，但可以「以行與事示之」，最後端視其是否能滿足「百神享」與「百姓安之」。若能，則是「天與之」。雖然隱公不貪求王位，但其讓位與桓公的行爲的確不符孟子所認定傳位之道，而《穀梁》的說法正與此義理相合，所以孫覺會認爲《穀梁》之說較《公羊》更爲眞確。

---

〔註57〕 詳請參見本書第二章第四節中的討論。

〔註58〕 《左傳》似乎認爲惠公在元妃孟子死後，即以桓公母仲子爲元妃。若依這個說法，則惠公之嫡子應爲桓公。但孫復及孫覺均不認爲此說爲確。

〔註59〕 荀子雖有：「諸侯有老，天子無老；有擅國，無擅天下，古今一也。」的說法，但其重點僅在於說明所謂「堯舜不襢讓」、「論德而定次」政權與道德合一的道理，其間對現實上天子傳位的問題並沒有太多的論述。見《荀子》（上海：商務印書館，四部叢刊初編，1922 年），卷 12，〈正論〉，頁 14。

〔註60〕 （清）焦循註：《孟子正義》，卷 9，頁 285～291。

〔註61〕 （清）焦循註：《孟子正義》，卷 19，頁 643～646。

# 第三節　孫覺詮解《春秋》的價值基礎與核心

依照這樣的思路，不免使人提問：孫覺所認定用以評定褒貶的儒家的核心義理是那些？而這又是由那些典籍所構成？那些籍典才是孫覺所認爲最能代表孔子以至於儒家思想的核心典籍？細繹《春秋經解》後發現，孫覺引用前人之說頗多，但經過歸納後，孫覺所引用的文獻基本上可分爲幾類：第一類爲孔子的言論，其主要根據爲《論語》。第二類爲傳統中所謂儒家的經書，其中有《易經》、《尚書》、《詩經》、《禮記》、《周禮》、《中庸》、《孝經》、《爾雅》。第三類爲儒家的傑出代表人物，如孟子、荀子與董仲舒。第四類是三傳及其注疏如杜預、范寧、何休、劉炫等人之說。第五類則爲自中唐起的詮解《春秋》名家如啖助、趙匡、陸淳、孫復等人。在這五類中，孫覺對前三類的態度與後兩類有些不同，〔註62〕因爲在《春秋經解》中，孫覺雖有引用第四、五類中的三傳及杜預、范寧、啖助等人之說，但是孫覺並不認爲這些著作與人眞能完全掌握《春秋》以至於孔子之說，所以對他們的說法或多或少均有所批評；相反的，孫覺對前三類的說法幾乎是全盤接受，並且將其用以作爲批評三傳及杜、范、啖、趙等人之說的基礎。如孫覺解莊公二年秋七月「齊王姬卒」的經文時說：

> 外女而爲外夫人者，《春秋》皆不書卒。非與魯事，且非懲勸所係，雖來告，亦不書。……《春秋》書王姬之歸者，皆在於莊公之時，而其歸又爲齊夫人者，所以罪莊公忘君父之大仇，徇婚姻之常禮也。……莊公父見殺于齊，而國小力弱，仇讎不復，雖一時見命於天子，而莊公不能以大義辭之，爲主其婚，而竟成其禮，至其來告王姬之卒，則莊公又爲服其夫人之服。君父之讎，同於草莽而不報，仇讎之夫人，爲之主而爲之服，所以見莊公一失於前，而其後蕩然失之也。……單伯之逆，築館于外，王姬之歸，王姬之卒。二百四十二年之間，見于《春秋》者凡四。《春秋》常事不書，而齊王姬之事書之備者，所以

〔註62〕除了以上五類之外，孫覺尚有引用許慎之說一次，但認爲其說爲非。說見隱公三年八月「鄭伯使宛來歸祊」。又引揚雄、江熙、柳子厚之說，但因其最多僅有二條，數量極少，且多爲輔助說明，故此不加以討論。此外尚有多次引述《史記》一書，筆者並未將其歸之在五類之中，因孫覺之所以援引《史記》，絕大部份是在爲歷史背景做說明，除了極少數的例子外（如莊公二十一年「鄭伯突卒」），幾乎都採取《史記》對史事的記錄，但這與《春秋》大義的發揮沒有直接關係，所以下文亦不加以討論。

見莊公盡禮于仇讎，而無恩于先君也。罪之大，則書之備，惡之積不
可掩也。十一年之王姬，書歸而遂已者，但以見莊公主婚之罪也，其
卒或于他公之時，齊雖來告，魯雖爲微服，亦不書也。仇讎者嘗易世
矣，主婚者嘗已死矣，罪無所加，則不書也。《公羊》曰：我主之也。
《穀梁》曰：爲之主者卒之。魯主王姬之婚不一也，何獨卒王姬乎？
元年者卒之，則十一年者何不卒之也。啖子曰：公爲之服也，十一年
之王姬，何不爲之服？趙子曰：紀是以著非，爲仇讎夫人服，猶以爲
是，交仇讎者，亦得禮也。啖趙之說亦非也。〔註63〕

這段的文字頗長，孫覺認爲《春秋》書「齊王姬卒」是在表達對魯莊公的譏
貶之意。其主要的論點有：一、蔡王姬爲周女，後嫁爲齊襄公之夫人，《春
秋》對其死亡應依慣例不予以書記。但《春秋》在此之所以書，主要是在責
備莊公忘記其父被殺之仇。二、魯桓公雖爲齊襄公所殺，莊公則因魯國弱小
而無法向齊征戰復仇，自有其不得已的考慮。〔註64〕但莊公在桓公死後兩年
之內卻受周天子之命而送嫁王姬至齊，孫覺認爲《春秋》書記此事特別詳細
主要是在責備莊公忘了君父之仇。〔註65〕三、《公羊》與《穀梁》也注意到
《春秋》此書齊王姬卒的確不太尋常，所以均用魯莊公主婚代周王嫁女的理
由予以解釋。〔註66〕但孫覺認爲春秋時魯代周王嫁女之事頗多，爲何單只在
此書記其卒？《公羊》、《穀梁》之說並不眞正具有說服力。四、至於啖助與
趙匡等人不但說與《公羊》《穀梁》同，更說《春秋》記此是因魯莊公要爲
齊王姬服喪，而《春秋》記此的原因是「記是以著非」。〔註67〕孫覺則批評
啖、趙之說根本忘了儒家對與君父之仇的人所應有的態度。因爲若如啖、趙
之說，爲「仇讎夫人服」是合禮的行爲，那與有殺父讎仇之人交往亦應合禮，
孫覺認爲啖、趙的主張並不符合儒家的基本思想。雖然在儒家的經典中，對

---

〔註63〕《春秋經解》，卷5，頁114～115。

〔註64〕關於孫覺對莊公不復仇的論述，請參見本文第五章第四節的說明。

〔註65〕孫覺同時也認爲周天子竟然命令魯莊公代其嫁女至與其有殺父之仇的齊國，
是失禮的行爲。他說：「天王遽使魯主齊王姬之婚，天王則失禮矣。」見《春
秋經解》，卷5，頁110。

〔註66〕於此《公羊》云：「外夫人不卒，此何以卒？錄焉爾。曷爲錄焉爾？我主之也。」
（《春秋公羊傳注疏》，卷6，頁7。）《穀梁》則說：「爲之主者卒之也。」（《春
秋穀梁傳注疏》，卷5，頁5。）

〔註67〕啖助對此條引《穀梁》之說，並說「是也」。趙子則引《春秋穀梁傳注疏》之
說：「主其嫁則有兄弟之恩，死則服也。」見《春秋集傳纂例》，卷3，頁18。

「父仇」應採何種態度，強度不一。論述最多的當首推《禮記》，在〈曲禮上〉即有：「父之讎，弗與共戴天。兄弟之讎不反兵。交游之讎不同國。」〔註68〕之說。在〈檀弓〉中則藉子夏與孔子對話，認爲對「父母之仇」是要「寢苫枕干，不仕，弗與共天下也。遇諸市朝，不反兵而鬥。」〔註69〕在《周禮》中亦有「父之讎辟諸海外」〔註70〕之說，甚至還有：「凡報仇讎者，書於士，殺之無罪。」〔註71〕認爲報仇只要去向朝士登記，即可殺人無罪。這無疑的是更正面鼓勵人去報「父仇」。《論語》中沒有對「仇」問題的記載，最多只有「以直報怨，以德報德。」〔註72〕的說法，但在面對「仇」時，這個「直」可以有多種不同的說法。在《孟子》書中，則記有「吾今而後知殺人親之重也：殺人之父，人亦殺其父；殺人之兄，人亦殺其兄。然則非自殺之也，一間耳！」〔註73〕認爲直接殺害仇人之父是當時社會可見並可接受的行爲。從以上的諸多說法中，雖然對「復仇」的態度強弱也許不盡相同，但若說可以與有殺父之仇的人相互結交，則應是儒家所萬萬不能接受之事。孫覺在桓公十八年冬十二月「葬我君桓公」時的經文下即引《禮記》：「父之讎，不與共戴天。」至少認爲記取君父之仇是儒家在道德上的一種必要的要求，因此孫覺批評啖助、趙匡與《公羊》、《穀梁》等人說法，〔註74〕實是未能探得孔子之意。在此明顯可見孫覺是用《禮記》等經典中儒家思想來批評駁斥三傳及啖、趙等人之說。

　　在孫覺的想法中，《春秋》用以褒貶的基礎與原則，是以孔子之說爲核心所建構出來的價值觀，這套價值觀具體的體現則在前述的前三類著作中。但這三類書籍在孫覺的實際運用中，其地位與價值還是有些細微的分別。其中最好的例子當是孫覺對「禘」的說解。孫覺對「禘」的論述主要集中在閔公

---

〔註68〕　（漢）鄭玄注，（唐）孔穎達疏：《禮記注疏》，卷3，頁10。

〔註69〕　（漢）鄭玄注，（唐）孔穎達疏：《禮記注疏》，卷7，頁17。

〔註70〕　（漢）鄭玄注，（唐）賈公彥疏：《周禮注疏》，卷14，〈地官·調人〉，頁11。

〔註71〕　（漢）鄭玄注，（唐）賈公彥疏：《周禮注疏》，卷35，〈秋官·朝士〉，頁23。

〔註72〕　（宋）朱熹著：《論語集注》（收入《四書章句集註》，臺北：大安書局，1986年），卷7，〈憲問〉，頁157。

〔註73〕　（清）焦循註：《孟子正義》，卷28，〈盡心下〉，頁968。

〔註74〕　順帶一提的是，「大復仇」之說本即《公羊》學的特色之一。而《穀梁》對於魯莊公與齊仇讎之事亦有所發揮，所以對魯莊公與齊之往來亦多貶辭。如其在莊公三年「溺會齊師伐衛」即說：「惡其會仇讎而伐同姓，故貶而名之也。」即責以忘仇之義。關於《穀梁》對「仇讎」的觀念參見吳智雄《穀梁傳思想析論》頁125～127。

二年夏五月解「吉禘于莊公」，他說：

> 禘之說，見于《詩》，見于《春秋》，見于《論語》、《中庸》。孔子之
> 意則同，而傳記諸儒之說紛紜不合，不可齊一，要當折衷于孔子爾。
> 《春秋》之言禘曰：「吉禘于莊公。」又曰：「禘于太廟，用致夫人。」
> 公莊之卒，在前年之八月，至閔二年之五月，猶未三年也。書吉禘，
> 未可以吉禘而吉也。斥言莊公不于太廟，不配于祖也。〔註75〕

關於這段的說解，三傳說法並無太大差異，三傳中以《公羊》的說解最為詳細，其云：

> 其言吉何？言吉者，未可以吉也。曷為未可以吉？未三年也。三年
> 矣，曷為謂之未三年？三年之喪，實以二十五月。……何以書？譏。
> 何譏爾？譏始不三年也。〔註76〕

《穀梁》則云：「吉禘者，不吉者也。喪事未畢而舉吉祭，故非之也。」〔註77〕《左傳》說：「夏，吉禘于莊公，速也。」〔註78〕《穀梁》與《左傳》之說雖不如《公羊》詳備，但認為閔公太早舉行禘祭之意則同。三傳均認為《春秋》主要在譏貶閔公太早為莊公舉行禘祭。因為莊公死於三十二年八月，依三年二十五月之喪，應於此年八月舉行禘祭方為合禮。這本來沒有什麼問題，但自從趙匡等人解《春秋》開始，他們舉出《禮記》中的〈大傳〉及〈喪服〉等說法，認為《春秋》在此並非在譏貶閔公太早舉行禘祭，而是認為禘這種祭祀是專屬天子，所以魯國舉行禘祭實是越份違禮。〔註79〕孫覺在三傳、趙匡以至孫明復等人這種種不同的說法中勢必要作出抉擇，孫覺最後認同三傳的看法，認為「社、稷、禘、嘗皆諸侯所得祭者爾。」〔註80〕主張《春秋》

---

〔註75〕 《春秋經解》，卷7，頁193。

〔註76〕 （漢）何休解詁，（唐）徐彥疏：《春秋公羊傳注疏》，卷9，頁14～16。

〔註77〕 （晉）范寧集解，（唐）楊士勛疏：《春秋穀梁傳注疏》，卷6，頁20。

〔註78〕 （周）左丘明傳，（晉）杜預注，（唐）孔穎達疏：《春秋左傳注疏》，卷11，頁7。

〔註79〕 關於從趙匡等人至宋儒解《春秋》中對禘祭的討論，請參見吉原文昭著劉怡君譯的〈北宋春秋學的側面〉一文，收入《啖助新春秋學派研究論集》，頁589～615。其文從趙匡至張大亨對禘義的見解均有所討論。此文中說：「趙匡想特別強調的是，運用在《禮記·大傳》及〈喪服小記〉中所見的「其祖之所自出」這樣的想法來解釋。『禘』祭就是在王朝創設之時，在始祖廟祭拜始祖的祖先，並配祭始祖的一種祭典。從這樣的解釋來看，『禘』祭就成了專屬天子所擁有的一種特權。」（頁591）。

〔註80〕 《春秋經解》，卷7，頁195。

在此雖是譏貶閔公失禮，但其理由是因其未滿三年之喪即行禘祭，而非禘祭不當行於魯國。〔註81〕當然孫覺也意識到趙匡等人所主張禘的使用對象爲天子，明明是來自《禮記》篇章的記載，自有其文獻上的根據。對此孫覺的說法是：

> 〈大傳〉曰：「禮、不王不禘。」王者禘其祖之所自出。又〈祭法〉曰：「殷人禘嚳而郊冥。」不知《禮記》諸篇，何從而知不王不禘，禘大于郊也？……〈祭統〉曰：成王追念周公，賜之重祭，郊、社、禘、嘗是也。《禮記》諸篇，但見《春秋》所載郊社禘嘗之名，遂以爲皆天子之禮，不知社、稷、禘、嘗皆諸侯所得祭者爾。魯之用天子禮樂，蓋成王尊籠周公，使之郊天爾。其他典禮，自循本爵也。諸儒苟見《春秋》載之，不復究其實，便爲之說，故相承致誤也。但當以孔子所刪爲之據爾。諸儒之說不可憑也。〔註82〕

雖《禮記》中〈大傳〉、〈祭法〉、〈祭統〉等篇都說禘專屬天子，〔註83〕但孫覺認爲這些說法的來源都不可靠，因其在《春秋》中僅見記有郊、社、禘、嘗等祭名，於是就誤認禘祭專屬天子。孫覺並舉《詩》、《論語》、《中庸》的相關記載，〔註84〕來支持禘並非天子所專用，而是普遍用於諸侯的看法。在這個例子中，除了看到孫覺對趙匡等人之說也未必加以採納外，更重要的是他也同時對儒家的核心經典做出輕重不同的區分：認爲《詩》《論語》《中庸》

---

〔註81〕《春秋》另外出現禘祭的記載是在僖公八年秋七月「禘于太廟，用致夫人」，孫覺認爲這是譏其在太廟舉行夫人禘祭是不合禮的，他說：「而大廟、魯之始祖之廟，其不可失禮也，明矣！今乃以夫人之故，而大禘太廟，蓋禘不可以爲夫人而設，太廟不可以夫人而禘也。其所當重者，禘于太廟爾，夫人何足道哉！」（《春秋經解》，卷 8，頁 212。）孫覺認爲：「《春秋》書禘者二，皆失禮非常，譏之，則書之爾。」（《春秋經解》，卷 7，頁 193。）《春秋》兩記禘祭均因其爲失禮。

〔註82〕《春秋經解》，卷 7，頁 194～195。

〔註83〕嚴格來說，應還加入〈禮運〉篇。其中亦記有：「孔子曰：『於呼哀哉！我觀周道，幽、厲傷之，吾舍魯何適矣！魯之郊禘，非禮也，周公其衰矣！杞之郊也禹也，宋之郊也契也，是天子之事守也。故天子祭天地，諸侯祭社稷。』」（《禮記注疏》，卷 21，頁 18。）

〔註84〕孫覺舉《詩經》中〈長發〉〈雛〉之序中「長發、大禘也。」、「雛、禘大祖也。」之言與詩相對照並又以〈閟宮〉詩爲證。又舉《論語》：「禘、自既灌而往者，吾不欲觀之矣！」之說。《中庸》：「明乎郊社之義、禘嘗之禮，治國其如指諸掌乎！」之說。因孫覺此段之文頗長，故不全引，詳請參見《春秋經解》，卷 7，頁 194～195。

〔註 85〕與《春秋》的說法，較《禮記》、《周禮》之說更爲可信。〔註 86〕這才是孫覺一直所強調「折衷于孔子」的意思。

孫覺這樣的態度，其實也可從上所舉對莊公二年秋七月「齊王姬卒」的說法中得到同樣的印證。因爲趙匡認爲：「主其嫁則有兄弟之恩，死則服也。」這其實是可以在《禮記》中找到支持證據的，〈檀弓下〉記有：「齊穀王姬之喪，魯莊公爲之大功。」雖〈檀弓下〉對莊公爲何爲齊王姬服的原因說法有二：「或曰：『由魯嫁，故爲之服姊妹之服。』或曰：『外祖母也，故爲之服。』」鄭玄認爲依《儀禮·喪服》對大功之說，應是「《春秋》周女由魯嫁卒服之如內女，服姊妹是也。」〔註 87〕但孫覺或認爲《禮記·檀弓下》之記，並不符合孔子「以直報怨」與「父仇弗與共天下」的「仇讎」之義，所以並不採信趙匡的說法。當然以上的例子並不是說孫覺完全不重視《周禮》與《禮記》，因爲這樣的例子在《春秋經解》中並不多見。孫覺的褒貶主要還是以其合禮與否來說解，只是孫覺若面對禮與他經之說有所差異時，還是以他心中的「孔子之說」爲主。

事實上，從《春秋經解》引以作爲褒貶價值核心來看，其完全採用其說而沒有加以修正的僅有《易經》、《尚書》、《詩經》、《中庸》、《孝經》、《爾雅》、《論語》與孟子、荀子與董仲舒三人而已。在這些典籍與諸儒之說中，份量亦各自不同。如《易經》、《尚書》、《詩經》與《論語》即爲孫覺常常引用的典據。但其僅引《爾雅》一次，用以說明四時田獵之名；〔註 88〕《孝經》也僅引用一次，用以說明郊之時應爲正月或九月，以說成公非禮；〔註 89〕《中

---

〔註85〕 雖然從源流來說，《中庸》原爲《禮記》中的一篇。但至宋代，普遍將《中庸》從《禮記》中獨立出來，將之視爲獨立的經典。

〔註86〕 當然，若將《禮記》的研究史放於其中考慮，即會發現這其實是與宋代對三禮的看法相關。如宋代學者即對《周禮》即疑信參半，有如橫渠完全相信的，但也有如胡五峰認爲其出自劉歆之手。詳請參見汪惠敏：《宋代經學之研究》（臺北：師大書苑，1989 年），頁 215～264。

〔註87〕 （漢）鄭玄注（唐）孔穎達疏：《禮記注疏》，卷9，〈檀弓下〉，頁8。而且依鄭玄之說，「齊穀王姬之喪」之「穀」字當爲「告」。

〔註88〕 詳見前文對「春蒐、夏苗、秋獮、冬狩」之名的討論。

〔註89〕 見成公十七年九月「辛丑，用郊」的說解：「王者一歲而再郊，故春郊正月以祈穀，秋郊九月以報功。春曰圓丘，秋曰明堂。后稷、圓丘之配；文王、明堂之配也。《孝經》曰：『郊祀后稷以配天，宗祀文王于明堂，以配上帝。』……春秋之九月、夏時之七月，以爲祈穀則已晚，以爲報功則太早。」見《春秋經解》，卷 11，頁 312。

庸》則僅用在於說明禘義與紀伯姬之賢兩事。〔註90〕除此之外，引用荀子、董仲舒之說各一次。〔註91〕荀子與董仲舒雖爲儒家大師，而且與《春秋》關係頗深，但其則僅各出現在《春秋經解》中一次。引用荀子之說主要在對莊公元年秋「築王姬之館于外」之說解：

> 《荀子》云：從道不從君，從義不從父，人之大行也；入則孝，出則弟，人之小行也。蓋事有不中于道，理有不合于義，則雖君父之命，有不必從，惟道義之所在耳。桓公見弒于齊，仇讎未復，莊公之喪猶未除也。而天王遽使魯主齊王姬之婚，天王則失禮矣。爲莊公者，當以衰絰未除、仇讎未復，辭于天王，期于得請而後已。于是之時，非無同姓之諸侯、非無無喪之鄰國也。莊公未之辭爾，辭之不固，與不辭同也。……君父之讎未復，儼然在衰絰之中，乃遽釋怨解仇，與之爲婚姻之主。雖變其禮而築館于外，然猶未免于交婚也。聖人以莊公爲事君不盡其誠，居喪不致其哀，忘君父而交仇讎，舍衰絰而親弁冕。雖築館以示變，然不能救其罪也。〔註92〕

孫覺此次引用荀子在於說明「從道不從君」之意。〔註93〕莊公父爲齊襄公所殺，在莊公即位之初周天子即命令莊公爲其代爲嫁女至齊。孫覺認爲莊公這種行爲是忘了君父之仇，所以孔子對此是加以貶斥的。因爲當時並不是沒有其他諸侯可擔任這個任務，若莊公以父仇爲由加以推辭亦是理所當然。從另一方面來說，

---

〔註90〕禘義的討論詳見前文。紀伯姬則見於莊公四年「紀伯姬卒」條，其言：「《中庸》曰：『期之喪，達乎大夫，三年之喪，達于天子。』蓋以爲諸侯，則有國君之尊，故于旁期之喪，皆降爲大功。内女適諸侯爲夫人，則于公有姑姊之親，公爲之服九月服，春秋以恩錄之，故書卒也。」見《春秋經解》，卷5，頁119。

〔註91〕比較《春秋經解》各版本，《春秋經解》實兩次引用荀子之言，在對經文桓公三年夏「齊侯、衛侯，胥命于蒲。」的詮解中，孫覺曾言：「當是之時，齊衛二國，相期于蒲，約言而信諭不盟而好成，終二君之身未嘗渝言而侵伐，是由胥命之言而二國和好十數年之間也。孔子安得不少進之，以見屢盟數會而侵伐隨之者之罪乎？故荀子曰：詩非屢盟數《春秋》是胥命其心一也。」此段僅見於「舊抄本」及「通志堂本」，其餘各本闕。此所引《荀子》之言出於《荀子·大略》篇：「故《春秋》善胥命，而詩非屢盟，其心一也。」用以加強孫覺對諸侯「胥命」正面評價說法的支持。

〔註92〕《春秋經解》，卷5，頁110。

〔註93〕此段話在《荀子》的原文是：「入孝出弟，人之小行也。上順下篤，人之中行也；從道不從君，從義不從父，人之大行也。」（《荀子》，卷20，〈子道〉，頁1。）雖然孫覺所引與原文小有差異，但意思上相同。

周天子應知莊公與齊襄公之間存在著殺父之仇，但周天子仍命莊公代嫁，這個命令本身就不合理。雖然莊公為王姬另建行館，用以顯示未忘父仇，但孫覺仍認為《春秋》記此主要在說明周天子與莊公行為均為不當。〔註94〕而且進一步認為，莊公雖為天子之諸侯，但面對天子不義的行為或命令時，臣子是可以不予遵從的。孫覺在此引用荀子的說法做為支持其說的理據。〔註95〕

此外，孫覺引用董仲舒之說則在對成公三年「鄭伐許」的說解：

> 外鄭之說，諸儒論之多矣。蓋皆以鄭附夷狄而伐中國，叛去年之盟，一歲而再伐，又乘其喪也。董仲舒曰：伐喪無義，叛盟無信。無信無義，故大惡之也。〔註96〕

鄭國在成公二年十一月時，雖與楚、秦、齊、宋、衛等人盟於蜀，但因鄭也同時懼怕楚國，所以又私下與楚結盟。鄭君此舉引起其他國家的不滿，於是在成公三年正月時，晉、宋、魯、衛、曹六國即起兵攻打鄭國。此年末鄭亦興兵伐許。對於此事，三傳均無說解。董仲舒則認為鄭國曾在成公二年衛侯遬死時，與狄夷之國楚聯手攻伐衛國。此後雖與中原諸侯相結盟，但卻又私下背盟與楚結盟，鄭國無信無義的行為是《春秋》所貶斥的。〔註97〕在此孫覺引用董仲舒之言，主要是因為對董氏對《春秋》此條的說解最早，而且其

---

〔註94〕《公羊》說《春秋》之意為譏非禮，但其重點在於築館之地點於宮外為非禮。《穀梁》則認為正常來說，築於宮外為非禮，但此次為「變之正」為合禮。因一方面莊公與齊襄公有父仇，另一方面王命又不可違，所以用此變通的方式來解決其中的矛盾。因為依浦衛忠的說法《穀梁》認為：「臣只能執行君命，不能計較君命的是否與善否。」見是氏著：《春秋三傳綜合研究》，頁168。所以雖然《穀梁》亦認為莊公代嫁王姬從仇讎的觀點來說是不對的，但天子之命亦不可違，故築館於宮外成了一種調和的好方式。有趣的是，《公羊》雖有主張「大復仇」之名，但對於莊公代嫁王姬於齊一事，則一點都沒有表示貶抑莊公行為的意思。

〔註95〕若我們對照孫復與孫覺對此的說法，更可以明顯看出孫覺援引荀子此說的用意。因孫覺之說幾與《春秋尊王發微》之說相同，但孫復僅言「莊公以親讎可辭，而莊公不辭，非子也。」（《春秋尊王發微》，卷3，頁1）孫復並沒有說明為何王命可辭。孫覺則引荀子之說為根據，說明儒家並非主張臣子一定要遵守王命不可。

〔註96〕《春秋經解》，卷11，頁303。

〔註97〕董仲舒說：「《春秋》曰：『鄭伐許。』奚惡於鄭而夷狄之也？曰：衛侯遬卒，鄭師侵之，是伐喪也。鄭與諸侯盟於蜀，以盟而歸，諸侯於是伐許，是叛盟也。伐喪無義，叛盟無信，無信無義，故大惡之。」見《春秋繁露義證》，卷2，〈竹林〉，頁63～64。董氏以「無信無義」來評價鄭國的行為，此說為三傳所無。

說符合《春秋》不伐喪、不與夷狄結盟的主張。〔註98〕

　　由以上的例子可以看到，孫覺用以詮解《春秋》時，其所據以爲褒貶最核心基礎的典籍並不多，主要集中在《詩》《書》《易》與《論語》《孟子》五書。在這五本典籍中，《詩》、《書》、《易》三書，傳統中本即被目爲儒學核心典籍，歷來詮解《春秋》者亦多所引用。以較早號稱兼取三傳之說的范寧《春秋穀梁注》爲例，依王熙元的統計，在《春秋穀梁注》中「范注取《周易》說七條，皆明引其文。計引《周易・爻辭二條，京房易傳五條》」〔註99〕；「取《尚書》說四條，一明言所出，餘則但據其意。」〔註100〕；「取《毛詩》五條，一明言所出，餘或暗引其文，或但據其意。」〔註101〕可見《詩》、《書》、《易》三書本就常爲注者所引用，加上孫覺本身也曾對《書》、《易》作過注解，〔註102〕所以將此三書內容引以爲論據，實屬平常。至於引用《論語》與《孟子》則較爲特殊，因在此之前諸儒詮解《春秋》時，較少引述此二書，尤其絕少引述孟子之言來詮解《春秋》。同樣以王熙元的統計爲例，在范寧所著《春秋穀梁注》中取《論語》之說共有五條，但在這五條中，「暗引者三，據其意者二。計取論語本文四條，王注一條。」〔註103〕相較《詩》、《書》、《易》三書已較爲稀少，而且都是暗引或是僅據其意式的引用。取《孟子》說則更少：「范注取孟子說，亦僅一條」而且「未明言所出，據其意耳。」〔註104〕也就是說在整本《春秋穀梁注》中，明引《孟子》之言以爲解說根據，是連一條都沒有。

　　這在《春秋》學史的發展上其實是一個非常奇特的現象，因爲《春秋》一書之所以被視爲儒家經典而擁有崇高的地位，與孟子對《春秋》的高度評價實是具有舉足輕重、甚至是關鍵的地位。〔註105〕但就內容而言，許多詮解《春秋》

〔註98〕董仲舒對此條的說解亦被何休、范寧與孫復等人所引用。

〔註99〕王熙元：《穀梁范注發微》，頁 80。

〔註100〕王熙元：《穀梁范注發微》，頁 82。

〔註101〕王熙元：《穀梁范注發微》，頁 84。其中王熙元將引述分爲兩類：「明言所出」與「據其意」。「明言所出」較易判別，「據其意」有時則會因不同人的判斷而有很大的不同，如蔣慶就將《孟子・盡心》言中：「君子之於物也，愛之而弗仁；於民也，仁之而弗親。親親而仁民，仁民而愛物。」視爲「孟子傳公羊張三世之微言」（見蔣慶：《公羊學引論》，頁 75。）筆者認爲此說則未免太過牽強。筆者舉此，僅取其大意而已，並不一一詳述。

〔註102〕孫覺之著作詳見本書第四章討論。

〔註103〕王熙元：《穀梁范注發微》，頁 109。

〔註104〕王熙元：《穀梁范注發微》，頁 111。

〔註105〕關於《春秋》的性質檢討，詳見本書第二章第一節與第二節的說明。

者在引述完《孟子》對《春秋》的高度評價後，往往在實際的詮解中幾乎完全不引用《孟子》的看法來做爲立說的根據。若說《孟子》不了解《春秋》，那麼爲何又接受孟子對《春秋》的高度推崇？若說孟子眞能了解《春秋》中的「大義」，那麼在講求《春秋》大義時，又爲何不見《孟子》的痕跡？此外，對於《論語》一書亦復如此，《論語》往往被視爲最能代表孔子言行的典籍，若《春秋》實爲孔子所作，也許因爲種種原因所以《論語》才沒有關於《春秋》的記錄，但《春秋》據以褒貶的原則，則應大致與《論語》一致才是。而廣用《論語》、《孟子》來詮解《春秋》，正是孫覺詮解《春秋》最特殊的地方。

## 第四節　《論語》、《孟子》解《春秋》：以「君臣關係」與「王霸之辨」爲例

　　孫覺詮解《春秋》常常引用《論語》、《孟子》的看法，作爲其褒貶的基礎，其中引述《論語》的部份尤多。僅就以直接引述的例子來看，《春秋經解》全書引《論語》或「孔子曰」的例子將近三十次，其中絕大部份都載於《論語》。〔註106〕孫覺引述《論語》的次數之多，遠超過在他之前詮解《春秋》的儒者，〔註107〕而且這種態度亦對孫覺詮解《春秋》大義亦產生了深刻的影響。

　　一般而言，學界均認爲北宋《春秋》學有一重要的特色：「尊王」。如牟潤孫曾說：

> 兩宋解說《春秋》之書雖眾，篤守漢唐矩矱，專言一傳，而不影射時事者，幾可謂無之。北宋治《春秋》者好論內政，南宋治《春秋》者好論禦侮，其言多爲當時而發……亦可謂發明尊王攘夷之義爲宋人《春秋》學之主流，餘事皆其枝節耳。〔註108〕

即認爲兩宋說解《春秋》往往受到現實政治環境的影響很大，其主要焦點在發揮「尊王攘夷」的意思。其中北宋儒者因好論內政，所以「北宋解《春秋》者偏重尊王，謂其事倡自孫氏。」〔註109〕認爲帶起宋儒以「尊王」之義詮解

---

〔註106〕其中直接提及《論語》九次，用「孔子曰」引述約十七次。其中僅兩次是引《禮記》之文。其一爲引〈禮器〉之「孔子曰：我戰則克，祭則受福。」其二則引〈哀公問〉篇，用以論述「天子親迎」的問題。

〔註107〕如《春秋集傳纂例》僅引《論語》四次，《春秋尊王發微》則更少僅只有一次。

〔註108〕牟潤孫：〈兩宋春秋學之主流〉，收入《注史齋叢稿》，頁141。

〔註109〕牟潤孫：〈兩宋春秋學之主流〉，收入《注史齋叢稿》，頁141。

《春秋》風潮的，當首推孫復的《春秋尊王發微》一書。但若從學術的源流
來看，用「尊王」之義解《春秋》其起源可能更早，如啖助、趙匡等人即指
出孔子作《春秋》的動機在於「尊王」，其云：

> 夫子傷主威不行，下同列國，首王正以大一統，先王人以黜諸侯，
> 不書戰以示莫敵，稱天王以表無二尊。唯王爲大，邈矣崇高。……
> 《春秋》之作，……雖因舊史，酌以聖心，撥亂反正，歸諸王道。
> 〔註110〕

又云：

> 《春秋》因史制經，以明王道。……《春秋》救世之宗指……在尊
> 王室、正陵僭、舉三綱、提五常，彰善癉惡。〔註111〕

亦認爲《春秋》存在著以「王正月」、「先王人」、「不書戰」、「稱天王」等等
方式來表示推尊天王之意。〔註112〕而所謂的「正陵僭、舉三綱、提五常，彰
善癉惡。」其實也大都是以君臣之道作爲主軸，這本是孔子《春秋》中非常
重要的主張。若再往前推求，則在《公羊》、《穀梁》中，我們依然也看到「尊
王」的說法，如浦衛忠即言：「《公羊傳》認爲，王、天子是一統天下的核心。
對於王至高無上的地位，必須給予維護和鞏固。」〔註113〕吳智雄則認爲：「雖
然春秋時代，天子的地位下陵，權威低落……然而《穀梁傳》仍堅持『天子
最尊』的觀點，而在傳文中多所發揮。」〔註114〕浦、吳兩人分別說「尊王」
是《公羊》、《穀梁》所主張的重點。依此之說，《春秋》中具有強烈「尊王」
主張幾乎是所有詮解者的共同看法，從《公羊》、《穀梁》到孫復莫不如此。
若再仔細探究，眾家對「《春秋》尊王」所展現的方向主張大致上亦多相似。
如宋鼎宗即言宋儒尊王主要表現在「嚴三綱以申政刑」、「懲彊侯以尊天王」、
「獎忠貞以抑權姦」三個方面。〔註115〕浦衛忠雖沒有將《公羊》的主張條列
出來，但大致而言有：「大一統」、「反侵伐」（尤其是與天子作戰）、「王者無

---

〔註110〕 （唐）陸淳纂：《春秋集傳纂例》，卷1，〈春秋宗指議第一〉，頁3～4。
〔註111〕 （唐）陸淳纂：《春秋集傳纂例》，卷1，〈趙氏損益義第五〉，頁9～10。
〔註112〕 同樣的，啖助這樣的主張亦有其環境的背景，如今人章群即言：「啖助強調夫
　　　　 子作經，非『黜周王魯，趙匡謂『尊王室、正陵僭』。二人當安、史亂後，節
　　　　 度驕橫之際，所謂殆有所指。』見是氏著：〈啖、趙、陸三家《春秋》之說〉
　　　　 收入《啖助新《春秋》學派研究論集》，頁83。
〔註113〕 浦衛忠：《春秋三傳綜合研究》，頁99。
〔註114〕 吳智雄：《穀梁傳思想析論》，頁207。
〔註115〕 宋鼎宗：《春秋宋學發微》，頁135～147。

外」、「諸侯不得專封」等主張。〔註116〕吳智雄則詳細的將《穀梁》之「尊天子」歸納爲十項:「言周必以眾與人」、「周有入無出」、「周室雖衰,必先諸侯」、「諸侯不得私受」、「諸侯同盟以尊周」、「大天子之命」、「天子之宰、通于四海」、「天地志崩不志葬」、「諸侯相朝以尊天子」與「重天子之禮」。〔註117〕雖然諸人之說的條目名稱均不相同,但大都有主張天子最尊、諸侯臣下不得與之抗衡、諸侯臣下不得越權等說。彼此有所差異者,多只在於對《春秋》那幾個條目中所呈現的意思有不同方向的詮解而已。在這樣的《春秋》「尊王」論述的大潮流中,孫覺其實並沒有太多不同的意見。但隨著這種「尊王」的主張,有時某些儒者會將之滲透至君臣的關係,進而主張臣必須單向的忠於君。如吳智雄即說《穀梁》君臣關係主要爲:「尊君命」、「臣不亢君位」及「憂君之危」三種。尤其「尊君命」是「尊君最典型的表現」,而此與「大天子之命」其實是相關的。〔註118〕而孫覺認爲這樣的說法,並不完全符合孔子心中的君臣關係。

## (一)關於君臣關係的討論

孫覺在詮解《春秋》莊公十二年秋八月甲午「宋萬弒其君捷,及其大夫仇牧。」時說:

> 春秋死難之臣,三人而已,孔子書之,無異文也。夫以春秋之時,臣事君不以其道者多也。至逐君以求利,賣君以全身。三人者,立人之朝,食君之祿,君存與之俱存,君死與之俱死,《春秋》弒君二十有四,而死君之難者三人而已。若三人者,投萬死以赴君之難,難不果救,以身死之,而又在春秋之時,蓋賢者不可議矣。〔註119〕

宋萬於蒙澤弒閔公,隨後在公門遇到仇牧趕來,於是也將仇牧殺死。〔註120〕孫覺說在整本《春秋》的記錄中,爲臣者而能與君俱亡的僅有孔父、仇牧、荀息三人而已。依桓公二年《春秋經解》說:

> 春秋之時,見弒之君二十四,而死難之人三人而已:孔父、仇牧、荀息。……三人者,或投萬死以赴君之難;或持大義,以障君之賊。

---

〔註116〕浦衛忠:《春秋三傳綜合研究》,頁98~104。
〔註117〕吳智雄:《穀梁傳思想析論》,頁208~225。
〔註118〕吳智雄:《穀梁傳思想析論》頁242~251。
〔註119〕《春秋經解》,卷5,頁146。
〔註120〕仇牧死難的細節請參看本章前文敘述。

事既不果，而以死繼之。……然而三人之中，其節最高而不可擬者，孔父也。孔父正色立朝，姦臣逆子，畏攝而不敢致難于其君。必先殺孔父，而後敢行弒逆，是孔父以一人之身，而捍一國之難。孔子賢之，而特書其字，以別仇牧、荀息徒能死君之難。〔註121〕

認爲在春秋時僅此三人能「同君之禍」，所以孔子將其書於《春秋》之中。但這三人之中又小有差異：孔父之死，是因宋督想殺殤公，但因怕孔父反對，所以先行殺了孔父；〔註122〕荀息之所以被殺則是因爲晉獻公以荀息爲奚齊之傳，晉獻公死前荀息亦曾答應獻公要盡力協助奚齊。僖公九年晉獻公死後，里克想立文公重耳，但荀息表示反對，於是里克就在次這個地方殺了奚齊。荀息在奚齊被殺後，本想自殺，但有人勸他不如立奚齊之弟卓子爲君，荀息聽從了這個建議。沒想到里克又旋即殺了卓子，荀息也因此而死難。孫覺認爲孔父被殺之時，「正色而立於朝」，這種表現又較仇牧、荀息更爲難得，所以《春秋》「書其字」以表彰其義行。〔註123〕至於仇牧、荀息則義不及孔父，所以並沒有「書字」予以表彰。在這樣的論述裡，孔子雖然認爲孔父三人行爲在春秋時常有「臣弒其君」發生的年代裡是難能可貴的，但對其三人之行則亦似乎尚有不足之意。孫覺表示：

然而孔子書之無異文者，蓋孔子曰：「以道事君，不可則止。」又曰：「既明且哲，以保其身。」事君而至于殺身，孔子不爲也。事君之日久，則君必信我，而言必用也。然小人猶在于朝，而君猶任于小人，則其道必不行，其言必不信矣。道必不行，言必不信，猶在其位，是苟祿者也，非以道事君者也。苟祿而事君，固位而見殺，孔子又何褒乎！三人者之謂善，乃孔子爲不能死者設爾，非孔子之所謂善也。孔子之謂善：「以道事君，不可則止」者也、」既明且哲，以保其身」者也。〔註124〕

孫覺認爲依孔子心中理想的「君臣之道」來看，孔父、仇牧與荀息三人之行

〔註121〕《春秋經解》，卷3，頁57。

〔註122〕孫覺此說依《公羊》《穀梁》，《左傳》則記在桓公元年時，宋督即因在路上看到孔父之妻「美而豔」，想染指其妻，於是在桓公二年即殺孔父而奪其妻。因宋督這種行爲，引起殤公之怒，所以即弒殤公。

〔註123〕孫覺言孔父「正色立朝」之說，實依《穀梁》。《公羊》則謂「孔」是氏、「父」是字也是謚號，書字書謚是因孔父爲孔子之祖。孫覺則認爲書字實因孔父可褒，而非孔子之祖。

〔註124〕《春秋經解》，卷5，頁145～146。

其實並非孔子所贊成的。因爲孔子主張：「以道事君，不可則止。」〔註125〕
與「既明且哲，以保其身。」〔註126〕認爲臣子事君固然要竭盡忠忱，若君主
是位明君，自然不會有小人在位。但若有小人在朝，則表示這個君主並不能
完全信任賢臣。一個賢臣之言若君主不信、不從，那賢臣又何必一定要在朝
爲官？臣子在位的原因若只是因爲其擺脫不了利祿的吸引，那孔子又怎會褒
揚這種人？所以一旦君主不能採納臣子之言，此時臣子就應該及早離開，而
不必等到災禍發生時，非要以一死回報君王不可。孫覺並從孔子、孟子的實
際行爲，來論述忠君其實並非是單一面向的效忠而已：

> 孔子皇皇乎七十餘國，孟子奔走齊梁之郊，既未嘗遇，亦未嘗死也。
> 然孔子亦不貶此三人者，以爲不得不少進三人者，以激時人之不死
> 者也。然亦不遂褒之者，非吾道之極致。若遂褒之，則若聖人之道，
> 至是而止矣。……逐君以求利，賣君以全身，則三人者必不爲，而
> 《春秋》之所善也。「以道事君，不可則止。」則三人者不能也。「既
> 明且哲，以保其身。」又三人者不至也。故取之以《春秋》之時，
> 則三人在可褒之域，格之以聖人之道，則三人猶未備焉。此《春秋》
> 所以進之而無褒，書之而未善也。〔註127〕

孫覺認爲孔子、孟子都曾周遊列國，也沒有爲那個國君盡過死節，最主要的
原因是：「既未嘗遇，亦未嘗死也。」若國君不能眞正相信、任用臣子，臣子
就要知所進退，不能貪圖非分利祿，自然也不會有盡忠而死的問題。在這樣
的說法中，君與臣的關係並非是單向的效忠而已，而是在要求臣子效忠君主
之前，君主也必須能完全的信任賢能臣子，也就是說君臣之間是一種相互的
平等對待。而這種意思，在三傳及孫覺前人的說解中，卻少有得見。如簡松
興即言：

---

〔註125〕語見《論語・先進》篇，這是回答季子問：「仲由、冉求可謂大臣與？」孔子
回答說：「吾以子爲異之問，曾由與求之問。所謂大臣者：以道事君，不可則
止。今由與求也，可謂具臣矣。」認爲子路、冉求不能做到大臣的要求，僅
是備位之臣而已。見《四書章句集注・論語集注》，卷6，頁128～129。

〔註126〕這兩句最早出自《詩經・大雅・烝民》：「既明且哲，以保其身。夙夜匪解，
以事一人。」後《中庸》第二十七章又有：「故君子尊德性而道問學，致廣大
而盡精微，極高明而道中庸。溫故而知新，敦厚以崇禮。是故居上不驕，爲
下不倍，國有道其言足以興，國無道其默足以容。《詩》曰：『既明且哲，以
保其身』，其此之謂與！」用以描寫聖人君子的德性與成效。

〔註127〕《春秋經解》，卷5，頁146。

《公羊》家曾標示了賢臣的典型：孔父的義形於色、仇牧的不畏強禦、
荀息的不食其言……從表面視之，似乎只對國君一個人效命，其實若
深一層的考究，我們不難了解，與其說他們在為國君一人效力，倒不
如說他們在為一個抽象意義的整體——國家——效命。〔註128〕

即認為《公羊》對孔父等三人的評價很好。但孫復評《春秋》之所以記孔父、
仇牧、荀息被殺，主要是《春秋》對弒君之宋督、宋萬與里克所發的「甚之
之辭」，不是孫覺所強調的君臣相遇的理想狀況。所以雖然孫覺認為孔父、仇
牧、荀息三人死君之難在春秋時即難以得見，但卻仍非孔子「聖人之道」所
真正贊許的行為，所以《春秋》在書記時才會「進之而無襃，書之而未善也。」
孫覺之所以會如此判斷其實基於兩個理由：一、從《春秋》書法來看：仇牧、
荀息未書字，所以不能算是真正的襃揚。二、從儒學的主張來看：君臣關係
從來就不是單向的要求，而是彼此的尊重。所謂的「尊王」，是指在制度中有
上下之別，而非全然的服從。而孫覺這樣的說法最主要是依據《論語》的相
關論述而發。雖然孫覺在文中分別引述了《詩經》、《易》之〈咸〉與〈大過〉
兩卦與《論語》用以說明其意，但筆者判斷孫覺此說主要是基於《論語》的
理由為：孫覺在對孔父、仇牧與荀息的評說時，亦同樣都引述《論語》：「以
道事君，不可則止」之說做為支持。而且孫覺在此引《詩經》與《易》的內
容主要在於「保身」、「感物必以心」與「過涉滅頂，凶，無咎。」等內容，
若從義理的針對性而言，無疑的以《論語》之說來的最為完整。〔註129〕

由君臣彼此相待之道出發所衍生的的相關看法，也呈顯在孫覺對「諸侯殺
大夫」一事的評論上。《春秋》所記諸侯殺大夫之事頗多，《公羊》、《穀梁》對
於諸侯殺大夫也有不同的評價，如《穀梁》即把諸侯殺大夫之事分為三類：有
「稱人以殺大夫，殺有罪也。」〔註130〕、「稱國以殺大夫，殺無罪也。」〔註131〕
與「稱盜以殺大夫，弗以上下道，惡上也。」〔註132〕而有不同的說法。《公
羊》較沒有統一的說法，但也有「稱國以殺者，君殺大夫之辭也。」〔註133〕

---

〔註128〕簡松興：「公羊傳的政治思想」，頁73。
〔註129〕荀息之事記於僖公十年，孫覺的主張大部份與評孔父、仇牧之說同，故茲不
　　　　贅引。詳請參見《春秋經解》，卷8，頁214。
〔註130〕（晉）范寧集解，（唐）楊士勛疏：《春秋穀梁傳注疏》，卷5，頁13。
〔註131〕（晉）范寧集解，（唐）楊士勛疏：《春秋穀梁傳注疏》，卷8，頁1。
〔註132〕（晉）范寧集解，（唐）楊士勛疏：《春秋穀梁傳注疏》，卷15，頁10。
〔註133〕（漢）何休解詁，（唐）徐彥疏：《春秋公羊傳注疏》，卷10，頁19。

與「內諱殺大夫，謂之刺之也。」〔註134〕之說。總體而言，《公羊》《穀梁》對諸侯之殺大夫，端視不同的情況而分別給予或褒或貶的評價，但總體而言均認爲在某些情況下，諸侯是可以殺大夫。孫覺則認爲就原則來說孔子是主張國君不能殺大夫的。如其解莊公二十六年「曹殺其大夫」的經文中說：

> 《禮》曰：「刑不上大夫。」蓋大夫者，一國之選，而人君之所尊任者也。選之得人，而任之當其才，故君臣相與，而國家以治。不幸其選之非人，而任之不見其功，則放之而已。蓋大夫有罪而放之，爲之君者，已有罪矣，況刑之乎！……《春秋》殺大夫三十有八：有書國殺之者、有書人殺之者，未嘗有書爵者也。蓋聖人之意猶曰：大夫者，人君之所尊任，而與之治國家之人也。同體之相須，同業以相濟，求取之不精，任用之不當，則已有罪矣，何至于殺之乎？古之大夫，或命于天子，則不可專放。春秋之大夫，或命于其君。命于其君，則不可專殺。故《春秋》可書國人殺之，不可以君殺之也。雖其君殺之者，而不言，蓋有之不許之也。〔註135〕

對於曹君爲何殺其大夫，《左傳》無說，《公羊》則認爲曹君之所以殺大夫是因爲曹與戎作作戰時，曹君戰死但大夫則不願伏節殉職，所以才殺了大夫，其中有爲曹羈隱諱之意。〔註136〕而《穀梁》則說是因曹爲小國，所以其大夫不由天子命之。不由天子之命《春秋》爲何又稱大夫呢？是因爲曹羈這個大夫是賢大夫而可以褒揚。〔註137〕孫覺則認爲《公羊》《穀梁》兩說都不對，他說：

> 曹殺其大夫，則是曹君殺之，不言其爵，不許其專殺大夫也。《春秋》殺大夫三十有八，而不名者三，非賢之，史失之也。舊史失其名，孔子安得而妄加之也。爲人臣而見殺焉，則所以事之之道未備。事之道未備，而君無禮焉，則去之可也，何至于見殺乎？春秋死難之臣，如仇牧、荀息者，孔子未嘗褒之也，況無事而見殺者哉！《公

〔註134〕（漢）何休解詁，（唐）徐彥疏：《春秋公羊傳注疏》，卷12，頁19。

〔註135〕《春秋經解》，卷6，頁174。

〔註136〕《公羊》說：「何以不名？眾也。曷爲眾殺之？不死于曹君者也。君死乎位曰滅，曷爲不言其滅？爲曹羈諱也。此蓋戰也，何以不言戰？爲曹羈諱也。」見《春秋公羊傳注疏》，卷8，頁14～15。

〔註137〕《穀梁》是：「言大夫而不稱名姓，無命大夫也。無命大夫而曰大夫，賢也。爲曹羈崇也。」《春秋穀梁傳注疏》，卷6，頁9。

羊》曰：不名，眾也。按：《春秋》殺三大夫者，猶悉名之，安得
眾而不名乎！又曰：爲曹羈諱也。按：《公羊》以曹羈爲大夫，故
生此義，非也。《穀梁》曰：無命大夫也。按：宋殺大夫，亦有不
名者，豈宋大國亦無大夫乎！又曰：大夫賢也。按：無事君之道，
而見殺矣，安得賢乎！皆不通也。〔註138〕

孫覺認爲此處之所以沒有大夫之名是因爲「史失之」，所以孔子才沒有書記。至
於被殺之大夫是否爲賢的問題，孫覺認爲依孔子的看法，若大夫不能得君之信
任，以至於被殺，大夫本身即有一定的過失，怎能說是賢能呢？再說孔子連孔
父、仇牧、荀息三大夫都沒有褒揚，又怎會褒揚此「無道事君」的大夫呢？這
是孫覺不贊成《公羊》、《穀梁》對於此段經文的說解的主要原因。但從另一方
面來說，孫覺也認爲國君不可殺大夫。因《禮》本有「刑不上大夫」之說，孫
覺認爲其說之所以可取是因爲君與臣的關係是「同體之相須，同業以相濟」。君
主、大夫均爲治國的必要條件，大夫爲君所擇，所以大夫之不良，實與君脫離
不了干系。若大夫實爲不良，則視其爲天子所命或由諸侯所命，或直接放之或
請天子之命放之。總之，孫覺認爲大夫「不可專殺」。〔註139〕所以春秋之時大
夫雖實爲君主所殺，但《春秋》不書記其君，主要是因爲孔子並不贊同君專殺
大夫之事。孫覺在莊公二十二年「陳人殺其公子禦寇」中對君與臣關係有一總
合性的說法：

諸侯之國殺大夫，其君殺之，則稱國；其國人殺之，則稱人……故
王道之行，則列國之大夫莫不皆賢，而諸侯遇之莫不有禮。故其爲
臣之道，諫行言聽，則膏澤其民。諫不行、言不聽，則違而去之，
以自免于禍。其爲大夫者，不苟於其君，君無禮則去。爲諸侯者，
不敢不盡禮于其臣。一朝無禮，則賢者去。賢者去，則誰與治其國
家？故君臣相須，而天下常治也。至周之衰，諸侯之臣，或不命于
天子。而當時之大夫，或苟祿以活其身，不命于天子，則未必皆賢，

---

〔註138〕《春秋經解》，卷6，頁174～175。
〔註139〕當然，我們也可以從孫覺所生存的時代上說，孫覺力主此說其實與宋朝對士
　　　　太夫的態度有關。太祖曾勒石於殿中，使嗣君即位時入而跪讀三戒，在三戒
　　　　之中即有「不殺士大夫」。而太祖此行深後人贊許，王夫之甚至說：「宋有求
　　　　己之道三焉，軼漢、唐而幾於商周，傳世百年，歷五帝而天下以安，太祖之
　　　　心爲之也。」見（清）王夫之：《宋論》（臺北：金楓出版社，1986年），卷1，
　　　　〈太祖〉，頁26。

苟祿以全其身，則不能使其君遇之以禮，以不賢之大夫事無禮之諸
侯，故君臣失道，而至于君殺臣、臣弒君也。《春秋》書弒君三十六，
以見爲君者不近賢臣，而自取于禍。殺大夫者三十八，以見爲臣者
不自重其身。〔註140〕

君殺臣與臣弒君其實是一種循環，臣本應爲賢臣，君亦應遇之以禮，賢臣若
遇昏君則應即求去。昏君在位而不求去者，則臣往往僅爲追求利祿之臣。君
只任用利祿之臣的最後結果亦是常常是被臣所弒。孫覺認爲這樣的循環都是
「自取于禍」。〔註141〕《春秋》不許國君殺大夫，即是認爲大夫雖在政治地位
的序列中低於君主，但實際上國家卻需賢者大夫來治理，所以國君實無殺大
夫之理。至於孫覺認爲《春秋》用「殺」與「刺」來記大夫被殺，其中主要
的差別在於：「諸侯殺大夫，書殺，罪其專殺也。魯殺大夫，書刺。」〔註142〕
也就是說孫覺主張不論用「殺」或「刺」均都是表示貶諸侯之義。因爲他說：
「斷庶民不可以不刺，況殺大夫乎！」〔註143〕此外《春秋》中另有「稱國以
殺」與「稱人以殺」的不同，孫覺認爲這兩者的差別在於「稱國以殺」指的
是國君殺之，《春秋》的態度是「罪諸侯」，「稱人以殺」則是指大夫爲眾人所
殺。「《春秋》殺大夫之例，自下殺之者，稱人；自君殺之者，稱國。」〔註
144〕。總體來說，孫覺認爲《春秋》之中所以記大夫被殺，不論殺之者或被殺

---

〔註140〕《春秋經解》，卷6，頁162～163。
〔註141〕當然，從另一方面來說，孫覺也認爲臣弒君亦爲《春秋》所厭惡，其程度甚
至於超過諸侯殺大夫。如其言：「弒君之賊，天地所不容，人人所同誅也。人
非天不覆，非君不立，非父不生，生乎天地之間，而爲人臣子，有君之尊、
有父之親，所以爲人。而亂臣賊子，違天逆地，而弒君父之尊親，是天地之
所不容，而人人所同誅也。」（《春秋經解》，卷2，頁30。）認爲弒君實爲最
大的罪惡。臣子面對無道之君僅能飄然遠去，而不能加以弒逆。所以孫覺並
不贊成《左傳》認爲《春秋》中有「弒君稱君，君無道；稱臣，臣之罪。」
的說法，孫氏認爲：「君父無道，爲人臣子者，得弒而伐之，則是教人以簒，
以開亂臣賊子之途也。」（《春秋經解》，卷2，頁27。）其並舉商紂無德，文
王有天下三分之二，尚且恭敬服事，孔子稱其爲至德爲例，說明春秋時臣子
之簒弒爲孔子所深貶。但在君臣相處的理論上，孫覺有說：「後世之爲人子者，
父之頑苟不甚于瞽瞍者，皆可以爲孝子也；爲人臣者，君之惡苟不甚于商紂，
皆可以爲忠臣也。」（《春秋經解》，卷5，頁115。）似乎也保留了一點可以
繼續討論的空間。
〔註142〕《春秋經解》，卷，8頁238。
〔註143〕《春秋經解》，卷8，頁238。
〔註144〕《春秋經解》，卷9，頁260。

者兩者均爲有罪。甚至連僖公十年《春秋》記「晉殺其大夫里克」，孫覺說里克雖爲弒奚齊、卓子二君的叛臣，但「里克雖有弒君之罪，而夷吾常命爲大夫矣！又以己私殺之，晉殺其大夫爾，非討弒賊也。」〔註145〕都主張《春秋》在此主要是在批評晉君夷吾之非而非里克之罪。由此可見孫覺對「殺大夫皆有罪」此一主張的堅持。

孫覺的這種見解，在眾家詮解《春秋》中無疑是很獨特的，因爲主張《春秋》不許國君專殺大夫之說，孫復也有類似看法，其言：

> 《春秋》之義：非天子不得專殺，此言陳人殺其公子御寇者，譏專殺也，是故二百四十二年，無天王殺大夫文，書諸侯殺大夫者四十七也，何哉？古者諸侯之大夫皆命于天子，諸侯不得專命也，大夫有罪則請于天子，諸侯不得專殺也。大夫猶不得專殺，況世子母弟乎！春秋之世，國無大小，其卿大夫士皆專命之，有罪無罪皆專殺之，其無王也甚矣。故孔子從而錄之，以誅其惡。〔註146〕

孫復也認爲諸侯不得殺大夫，但其理由是大夫爲天子所命，專殺大夫其實是對天子權威的不尊重。從孫復說「非天子不得專殺」，似乎認爲若有天子之命即可殺之。就此而言，孫覺主張不可殺大夫的理由與孫復是有所不同的，因爲依孫覺之說，就連天子亦不可殺大夫。孫覺這種獨特的看法其實是基於對《論語》以至於《孟子》的理解。在孫覺的整體論述中，相當程度上是引用了《孟子》的說法。在《孟子·離婁下》中有一段非常有名的對話，孟子告訴齊宣王：「君之視臣如手足，則臣視君如腹心；君之視臣如犬馬，則臣視君如國人；君之視臣如土芥，則臣視君如寇讎。」認爲臣子要以何種態度面對君主，主要關鍵在於君主如何對待臣子。若君主毫不顧惜臣子，則臣子亦以寇讎視之。這是「臣緣君恩，以爲差等」。〔註147〕尤其是齊宣王對孟子提出：「禮爲舊君有服，何如斯可爲服矣？」問題，以爲依《儀禮·喪服》臣子有爲舊君服齊衰三月之禮，齊宣王認爲君上臣下是個確定不移的關係。此時孟子則說：

> 諫行言聽，膏澤下於民；有故而去，則君使人導之出疆，又先於其所往；去三年不反，然後收其田舍。此之謂三有禮焉。如此則爲之服矣。今也爲臣，諫則不行，言則不聽，膏澤不下於民；有故而去，

---

〔註145〕《春秋經解》，卷8，頁215。
〔註146〕孫復：《春秋尊王發微》，卷3，頁14。
〔註147〕焦循語，見《孟子正義》，卷16，頁546～549。

　　則君搏執之，又極之於其所往，去之日遂收其田里。此之謂寇讎。

　　寇讎何服之有？〔註148〕

孟子強烈主張君臣的關係是相待而成，並非單一要求臣子而已。孫覺則引此段在主張一旦君主「諫不行、言不聽，則違而去之，出自免于禍。」這實是對孟子之言進一步的發揮。

　　事實上，《春秋經解》直接引述《孟子》之言的次數，相對於其他詮解《春秋》者高出許多，《春秋經解》直接標舉「孟子曰」就超過十五次，其餘如前所述明顯援引《孟子》之意的例子還不包括在內。就數量而言這就已是遠超過其他各家。孫覺主張以孟子之意爲準繩，做爲《春秋》褒貶的基礎核心是有其原因的。依《宋元學案》的記載：

　　先生（按：指胡瑗）在太學，其初人未信服。使其徒之已仕者盛僑、

　　顧臨輩分置執事，又令孫覺說《孟子》，中都士人稍稍從遊。〔註149〕

孫覺在20歲時從胡瑗求學，入經社之事應在其時，可見孫覺在年青時即對《孟子》一書尤有心得。孫覺以《孟子》的說法大量引入其對《春秋》的解釋是常常可見的，如對隱公四年十二月《春秋》記「衛人立晉。」的說解。此事的源由爲衛莊公原娶齊僖公姐妹莊姜爲妻，但莊姜美而無子，於是又娶陳屬嬀、戴嬀二女，戴嬀生衛桓公完，莊姜以其爲自己的兒子。此外衛莊公又與嬖人生公子州吁，莊公很寵愛州吁，但莊姜卻很討厭他。石碏也曾勸諫過莊公不要太過溺愛州吁，沒想到莊公不聽石碏的勸諫。另一方面州吁還與石碏之子石厚相處的很好。在隱公四年衛桓公十六年時，州吁終於弒桓公而立。州吁掌權後不能使衛國人民依附他，於是透過石厚向石碏詢問如何才能使君位穩固。石碏於是設計勸使州吁向周天子朝覲以取得王位的正當性。州吁、石厚兩人沒想到行至陳國時即被執，最後州吁與石厚在濮地被殺死。州吁死後，衛人至邢迎回公子晉而即位是爲宣公。雖三傳對《春秋》書記「衛人」均認爲這是「得眾」之辭，《公羊》說：

　　晉者何？公子晉也。立者何？立者不宜立也。其稱人何？眾立之之

　　辭也。然則孰立之？石碏立之。石碏立之，則其稱人何？眾之所欲

　　立也。眾雖欲立之，其立之非也。〔註150〕

---

〔註148〕（清）焦循：《孟子正義》，卷16，頁547～549。

〔註149〕（清）黃宗羲：《宋元學案》，卷1，頁28。

〔註150〕（漢）何休解詁，（唐）徐彥疏：《春秋公羊傳注疏》，卷2，頁14～15。

《穀梁》則說：

> 衛人者，眾辭也。立者不宜立者也。晉之名惡也，其稱人以立之，
> 何也？得眾也，得眾則是賢也。賢則其曰不宜立，何也？《春秋》
> 之義：諸侯與正而不與賢也。〔註151〕

《左傳》則引君子曰，認爲石碏是「純臣」，因其可以爲國而「大義滅親」。
至於「衛人」則說是「眾也。」相較之下，《公羊》與《穀梁》均認爲《春秋》
並不認爲立「晉」之舉是對的。《公羊》並未說明理由，《穀梁》則提出《春
秋》有「諸侯與正而不與賢也。」做爲理由，認爲雖晉爲眾人所立，但其非
嫡子，所以《春秋》仍是予以譏貶。但《穀梁》此說實有一個根本的問題，
傅隸樸說：

> 莊公娶莊姜美而無子，又娶陳女厲嬀，生孝伯早死，其娣戴嬀生桓
> 公，莊姜以爲己子，故桓公取得太子之位，嗣莊公而立。公子州吁，
> 爲嬖人之子。今桓公被弒，唯桓公之母弟晉在邢，州吁被殺之後，
> 更不聞另有他公子，晉雖非嫡長，終爲莊公之子，試問不立晉，但
> 令衛國成一無君的國家嗎？故《公》、《穀》之義，實迂腐不切國情，
> 當以《左》義爲是。〔註152〕

指明在桓公、州吁死後，衛國除公子晉之外即別無其他公子，雖然公子晉非
嫡子，但在衛國並無其他嫡子的情況下，眾人立晉爲國君實無可貶之理。依
鍾文烝：「無太子、適子則立長庶子，長幼均則立賢，賢均則卜。」〔註153〕
之說，衛立公子晉之舉實無可議之處。傅氏評《穀梁》之說「迂腐」實非苛
論。對於此事，孫覺的說法是：

> 書曰衛人立晉。晉者，衛人立之者也，非天子立之也。……書衛晉
> 之立，可以見諸侯不請于天子，而自立之罪也。……不請天子，不
> 順于天，皆有罪矣！然所以立之異也。衛當是時，威公以弒而卒，
> 州吁以賊見討，國內無君，而晉因眾立。……而聖人以不當得立之
> 辭書之者，此聖人之意也。〔註154〕

孫覺贊同《公羊》《穀梁》主張，認爲《春秋》對晉之立爲衛君是譏貶的，但

---

〔註151〕（晉）范寧集解，（唐）楊士勛疏：《春秋穀梁傳注疏》，卷2，頁2。
〔註152〕傅隸樸：《春秋三傳比義》，頁54。
〔註153〕（清）鍾文烝：《春秋穀梁經傳補注》，卷1，頁39。
〔註154〕《春秋經解》，卷2，頁31～32。

是其與《穀梁》不同的是，孫覺認爲《春秋》之所以譏貶的理由並非是公子晉不當立，而是公子晉之立僅由眾人推舉而沒有經過周天子的同意。孫覺認爲在春秋之時，諸侯之君立多沒有取得周天子的認同，這是《春秋》所不贊許的。孫覺這樣立論的根據是由孟子之說而來，孫覺說：

> 孟子謂天子能薦人于天，不能使天與之天下；諸侯能薦人于天子，不能使天子與之諸侯。由此觀之，則天子者，繫之于天。天與之，則與之矣；諸侯者，繫之天子，天子與之則與之矣。故堯將授舜，而薦舜于天；舜亦將授禹，而薦禹于天。舜禹被薦，而天受之也。則舜禹以有天下，禹薦益于天，而天不受也，則益不有天下。然則爲諸侯者可知矣！薦之天子，而天子受之，然後可以有其國也。故諸侯之世子，受命然後得嗣其父之位。春秋之時，斯禮廢矣！
> 〔註155〕

孫覺此一大段論述幾乎全從《孟子·萬章上》的第五章中節引而出，〔註156〕內容主要在說明諸侯不可擅立諸侯，就連諸侯之世子都必須薦之天子，以求天子的認可，更何況是眾人立晉爲君一事。孫覺說《春秋》貶晉之立，主要不是在於立嫡抑或是立賢的問題，亦不在於公子晉是否得到眾人之所望，而是從《孟子》之說來看，晉之立不以其道，所以《春秋》才加以譏貶。從這個例子中，亦可以看到《孟子》之說是孫覺據以爲褒貶的重要依據。

---

〔註155〕《春秋經解》，卷2，頁31。
〔註156〕《孟子》的原文如下：「萬章曰：『堯以天下與舜，有諸？』孟子曰：『否，天子不能以天下與人。』『然則舜有天下也，孰與之？』曰：『天與之。』『天與之者，諄諄然命之乎？』曰：『否，天不言，以行與事示之而已矣。』曰：『以行與事示之者，如之何？』曰：『天子能薦人於天，不能使天與之天下；諸侯能薦人於天子，不能使天子與之諸侯：大夫能薦人於諸侯，不能使諸侯與之大夫。昔者堯薦舜於天而天受之，暴之於民而民受之。故曰：天不言，以行與事示之而已矣。』曰：『敢問薦之於天而天受之，暴之於民而民受之，如何？』曰：『使之主祭而百神享之，是天受之。使之主事而事治，百姓安之，是民受之也。天與之，人與之，故曰：天子不能以天下與人。舜相堯二十有八載，非人之所能爲也，天也。堯崩，三年之喪畢，舜避堯之子於南河之南。天下諸侯朝覲者不之堯之子而之舜，訟獄者不之堯之子而之舜，謳歌者不謳歌堯之子而謳歌舜，故曰天也。夫然後之中國，踐天子位焉。而居堯之宮，逼堯之子，是篡也，非天與也。《泰誓》曰：「天視自我民視，天聽自我民聽」，此之謂也。』」見（清）焦循：《孟子正義》，卷19，頁643～646。

## （二）關於王霸之辨的討論

其實孫覺根據《孟子》之說來論述《春秋》之褒貶，最明顯也最重要的例子應是對於齊桓公的評價問題。齊桓公稱霸在春秋時是一件極爲重要的大事，所以《春秋》對其相關事跡的記載亦多。對於這些記錄，三傳之說或褒或貶，說解不一，如莊公三十年「齊人伐山戎」，《公羊》說：

> 此齊侯也，其稱人何？貶。曷爲貶？子司馬子曰：「蓋以操之爲已蹙矣！」此蓋戰也，何以不言戰？《春秋》敵者言戰，桓公之與戎狄，驅之爾。〔註157〕

認爲《春秋》稱齊桓公「人」爲貶，這是依公羊先師子司馬子之說。認爲《春秋》譏貶齊桓公，是因爲桓公伐山戎之舉「操之爲已蹙」，責其太過於急切與過份；但《穀梁》則曰：

> 齊人者，齊侯也，其曰人，何也？愛齊侯乎！山戎也，其愛之何也？桓內無因國，外無從諸侯，而越千里之險，北伐山戎，危之也，則非之乎？善之也。何善乎爾？燕，周之分子也；貢職不至，山戎爲之伐矣。〔註158〕

認爲山戎不向燕通職貢，齊桓公遠越千里，不顧自身的危險以伐山戎，《春秋》書此爲「愛齊侯」，亦即爲褒揚齊侯之意。至於《左傳》對此僅謂「謀山戎，以其病燕故也。」並無明確的褒貶義說。對於此事的評論，《公羊》貶，《穀梁》褒，兩者說解明顯不同。

又如莊公三十一年《春秋》經記「齊侯來獻戎捷」，齊伐山戎得勝之後，獻捷於魯。《左傳》說：「齊侯來獻戎捷，非禮也。凡諸侯有四夷之功，則獻于王，王以警于夷；中國則否。諸侯不相遺俘。」〔註159〕認爲諸侯本應獻捷於王，但齊桓不思此事，反獻捷於魯，齊侯這種做法是違禮之行，認爲諸侯之間不獻捷，所以主張《春秋》在此爲貶義。《公羊》則說：「齊，大國也，曷爲親來獻戎捷？威我也。其威我奈何？旗獲而過我也。」〔註160〕直指記獻捷主要不是合禮與否的問題，而是齊桓公之所以親自獻捷於魯，主要目的是透過獻戎捷來表現國力進而威嚇魯國。依據《公羊》此說，則齊桓公之罪遠

---

〔註157〕　（漢）何休解詁，（唐）徐彥疏：《春秋公羊傳注疏》，卷9，頁4～5。
〔註158〕　（晉）范寧集解，（唐）楊士勛疏：《春秋穀梁傳注疏》，卷6，頁15～16。
〔註159〕　（周）左丘明傳，（晉）杜預注，（唐）孔穎達疏：《春秋左傳注疏》，卷10，頁19。
〔註160〕　（漢）何休解詁，（唐）徐彥疏：《春秋公羊傳注疏》，卷9，頁6。

較單純違禮更爲嚴重。但《穀梁》則云：「齊侯來獻捷者，內齊侯也。不言使，內與同，不言使也。獻戎捷，軍得曰捷，戎菽也。」〔註161〕認爲《春秋》記齊桓公獻捷是因爲「內齊侯」，也就是將桓公視爲與魯同一陣營。若依《穀梁》此說，則《春秋》記此事應爲褒揚之義。

就以上兩個例子來看，三傳在詮解《春秋》對桓公同一行爲時其褒貶差異頗大。但有時三傳之說則比較一致，如莊公九年《春秋》記「齊小白入于齊」，《公羊》言：「曷爲以國氏？當國也。其言入何？篡辭也。」〔註162〕《穀梁》則說：「大夫出奔反，以好曰歸，以惡曰入。……公子小白不讓公子糾，先入，又殺之于魯。故曰齊小白入于齊，惡之也。」〔註163〕至於《左傳》則僅述其事，並無義說。《公羊》、《穀梁》二傳都認爲齊桓公之所以能得位是因殺了公子糾，故其得位不正，而《公羊》與《穀梁》都認爲《春秋》記此是表示貶辭。又如閔公元年《春秋》記「齊人救邢」，狄人伐邢，桓公起兵救邢。《公羊》無傳，但《穀梁》則謂「善救邢也。」〔註164〕直接指明齊桓公此事深得《春秋》褒揚。而《左傳》則記：

> 狄人伐邢。管敬仲言於齊侯曰：「戎狄豺狼，不可厭也；諸夏親暱，
> 不可棄也。宴安鴆毒，不可懷也。《詩》云：豈不懷歸，畏此簡書。
> 簡書，同惡相恤之謂也。請救邢以從簡書。」齊人救邢。〔註165〕

透過管仲力勸桓公的這段話中，可以知曉齊桓公出兵救邢的原因，主要是讓邢可以免於狄人侵襲。由此亦大略看出《左傳》認爲這是一件美事，所以《春秋》在此是褒揚桓公的。又如僖公四年《春秋》記「楚屈完來盟于師，盟于召陵」對此事《左傳》僅記屈完與桓公之對話，並沒有明顯義說。《穀梁》則謂：「于召陵，得志乎桓公也。得志者，不得志也，以桓公得志爲僅矣。」〔註166〕認爲召陵之盟達到齊桓公欲與楚盟的目的，但實際上楚卻沒有完全降服。《公羊》則說：「楚有王者則後服，無王者則先叛，夷狄也，而亟病中國，南夷與北狄交。中國不絕若線，桓公救中國而攘夷狄，卒怗荆，以此爲王者之事也。」〔註167〕

---

〔註161〕（晉）范寧集解，（唐）楊士勛疏：《春秋穀梁傳注疏》，卷6，頁16。
〔註162〕（漢）何休解詁，（唐）徐彥疏：《春秋公羊傳注疏》，卷7，頁5。
〔註163〕（晉）范寧集解，（唐）楊士勛疏：《春秋穀梁傳注疏》，卷5，頁14。
〔註164〕（晉）范寧集解，（唐）楊士勛疏：《春秋穀梁傳注疏》，卷6，頁19。
〔註165〕（周）左丘明傳，（晉）杜預注，（唐）孔穎達疏：《春秋左傳注疏》，卷11，頁1～2。
〔註166〕（晉）范寧集解，（唐）楊士勛疏：《春秋穀梁傳注疏》，卷7，頁10。
〔註167〕（漢）何休解詁，（唐）徐彥疏：《春秋公羊傳注疏》，卷10，頁13～14。

《公羊》盛贊齊桓之功，認爲中國華夏的延續端靠於此。《公羊》、《穀梁》對此次齊桓能逼迫強楚與之盟約，雖然稱許強度有所不同：《穀梁》認爲僅是暫時的成功，但《公羊》則認爲桓公攘夷狄而救中國，最後連楚都不得不降服，幾乎是王者之事業。但基本上兩者都是稱許的。從以上幾個例子來看，整體而言，三傳對齊桓公是有褒有貶，而或褒或貶又與《春秋》是否將齊桓公書記爲「齊人」或「齊侯」關係不大，如「齊人救邢」雖《春秋》記爲「齊人」，但《左傳》、《穀梁》以爲褒；《春秋》記「齊侯來獻戎捷」，《左傳》、《公羊》卻以爲貶。所以三傳對於齊桓公的褒貶是根據不同的事件，分別加以褒貶。三傳中並沒有任何一傳特別主張《春秋》中對齊桓公之記述均爲貶義。

孫覺對《春秋》中記齊桓公之事的評價與三傳有極大的差異，首先在《春秋經解》中孫覺認爲《春秋》記齊桓之事爲「齊人」者，幾乎都是譏貶之意。如其對「盟于召陵」時說：

> 春秋之盛，莫盛于齊桓；齊桓之功，莫大于召陵之盟。然而孔子書之
> 無異辭焉。蓋王道之行，則無伯者。伯者雖盛，皆王道之罪人。故明
> 乎王道，然後知伯者之小；論乎聖人，然後知道德之大也。揚子曰：
> 齊桓之時緼，而《春秋》美召陵，習亂也。蓋揚子之意亦曰：召陵無
> 足美者焉，而《春秋》以習亂美之也。《公羊》曰：喜服楚也。雖夷
> 狄之盛，然王道不繫之重輕，服而喜之，何待聖人之小也。〔註168〕

孫覺說在整個春秋時期，齊桓公的霸業算是最興盛的，而召陵之盟則是桓公霸業的頂點，這與《公羊》之說無異。但是孫覺卻從《春秋》中「孔子書之無異辭」的現象，說齊桓公的霸業就儒者眞正的觀點來看，其實是非常不足的。因爲就王道的標準來看，稱霸者其實都是「王道之罪人」。孫覺並引揚雄之言，認爲齊桓之所以受到《公羊》等人稱美，實是因春秋時代價值太過於混亂的緣故。在這段說解中有兩點值得我們注意的：一、孫覺認爲《春秋》對齊桓公盟諸侯於召陵並沒有予以贊揚，其基本的理由是《春秋》記此，就書法而言並沒有特殊之處。也就是說孫覺認爲孔子若是贊揚桓公，則《春秋》文本必然有明顯的標記。二、孫覺誰亦承認桓公之成就爲伯，但是孫覺所謂的「伯」，是與「王」相對的，而王與伯的區別則是直接源自孟子的王、霸之辨。所謂「伯者雖盛，皆王道之罪人」亦明顯沿襲自孟子「五霸者，三王之

---

〔註168〕《春秋經解》，卷8，頁206。

罪人也。今之諸侯，五霸之罪人也。」〔註169〕的說法。

　　從整本《春秋經解》來看，孫覺對齊桓公的評價其實就是遵循孟子對桓公的評價爲基調。如其在隱公二年解「鄭人伐衛」的經文時即對此有一相當詳細的論述：

> 春秋之時，侵、伐、圍、入，一切書之，以見其罪，未有褒之者焉。
> 莊三十年，伐山戎，爲燕開路也。僖四年，伐楚，責不貢包茅也。
> 可謂義矣，而經無異文，與暴師者爲一，此又可見聖人之意也。……
> 書侵書伐之例，其所謂侵者，不聲其罪也。其所謂伐者，聲其罪而
> 行也。經書齊侯侵蔡，遂伐楚。考於諸家之傳，蓋伐楚則責包茅之
> 不入。侵蔡則怒蔡姬之盪舟。是伐楚有罪而伐蔡無名也。所謂聲其
> 罪而行者，亦非謂有罪而可伐也。但我以彼爲罪，則聲而伐之耳。
> 聖人罪其侵伐自恣而喜怒自專也，皆沒其事，而以侵伐書之。若曰：
> 某伐某，罪而伐之也。某侵某，無名而行也。均之有罪焉。又以辨
> 其有名無名也。〔註170〕

孫覺認爲依《春秋》之書例，用「侵」「伐」都是代表有罪的，所以《春秋》僖公四年記齊桓公會魯、宋、陳、衛、鄭等諸侯「侵蔡」與「遂伐楚」都是有譏貶之意。孫覺之所以如此立論，是基於兩個原因：一、《春秋》中用「侵」「伐」的義例，〔註171〕來說明孔子對齊桓公的貶義。二、齊桓之所以受《春秋》之貶是因爲好戰的緣故。孫覺這些對貶抑齊桓公的主張，印諸《論語》其實是很值得懷疑的。因爲在《論語》中提及齊桓公及管仲的部分幾乎都是褒揚之意，如孔子說：「晉文公譎而不正，齊桓公正而不譎。」〔註172〕明顯認爲齊桓公超越晉文公，又說：「桓公九合諸侯，不以兵車，管仲之力也。如其仁！如其仁！」〔註173〕還說：「管仲相桓公，霸諸侯，一匡天下，民到于今受其賜；微管仲，吾其被髮左衽矣！」〔註174〕孔子對齊桓公與管仲尊王攘夷之

---

〔註169〕（清）焦循：《孟子正義》，卷25，頁839～840。

〔註170〕《春秋經解》，卷1，頁15。

〔註171〕其實在此還有一個書法義例，孫覺並沒有明指出來：「人」。諸侯依例書爵，但《春秋》在記齊桓之事時多不稱齊侯，而書爲「齊人」，所以孫覺依此亦認其爲貶義。見後莊公三十年「齊人伐山戎」的引文。

〔註172〕（宋）朱熹著：《論語集注》，收入《四書章句集註》，卷7，〈憲問〉，頁153。

〔註173〕（宋）朱熹著：《論語集注》，收入《四書章句集註》，卷7，〈憲問〉，頁153。

〔註174〕（宋）朱熹著：《論語集注》，收入《四書章句集註》，卷7，〈憲問〉，頁153。

功實是非常贊許，並無一貶辭，〔註175〕這與孟子對齊桓公幾無善辭的態度是有很大的差別。〔註176〕

面對儒家幾乎是最重要的兩種文獻記載，尤其是孔子與孟子對於齊桓公看似有很大差距的評價，孫覺的說法是：

> 孔子謂：「天下有道，則禮樂征伐自天子出；天下無道，則禮樂征伐自諸侯出。自諸侯出，蓋十世希不失矣。自大夫出，蓋五世希不失矣。」孔子之言，蓋其疾當時之亂，而大有意於《春秋》也。春秋之時，可謂征伐不由天子之命，而諸侯自出矣。……春秋之時，可謂大亂矣。夷狄彊而中國弱，諸侯恣縱而天子衰微。小白、晉文，乘是之時，以尊王室爲名，假天子之義，以制服諸侯，攘夷狄、尊中國。數十年之間，海內幾於平定。可謂有功於天下矣。孔子亦嘗曰：「九合諸侯，一匡天下，微管仲，吾其被髮左衽。」然而《春秋》之間，記小白文公侵伐之事，則未嘗有一辭褒之者。以爲非義，則《論語》不當稱之爲仁；以爲有功，則《春秋》稱之無美辭。蓋孔子之意，雖通之以一時之權，而不以爲萬世之法。《論語》美其功，聖人之權也。《春秋》無褒，聖人之道也。故權有時而可假，以就一時之功；而道不可以少欺，以亂萬世之法。惟孟子深知其意，而言之曰：「春秋無義戰，彼善於此，則有之矣。征者，上伐下也。敵國不相征。」〔註177〕

此段話語頗長，其重點有三：一、孫覺將《論語》盛贊齊桓之霸，但在《春秋》中卻無「一辭褒之者」的現象，做了區別與說明：認爲《論語》之褒齊桓公之說爲「權」，而《春秋》無褒齊桓公之說則是爲「經」。「經」與「權」

---

〔註175〕孔子唯一對管仲的貶辭應是對其不儉、不知禮而發。孔子說：「管氏有三歸，官事不攝，焉得儉？」又說：「邦君樹塞門，管氏亦樹塞門；邦君爲兩君之好，有反坫，管氏亦有反坫。管氏而知禮，孰不知禮？」（《論語集注》，卷2〈八佾〉，頁 67～68。）可是這僅是批評管仲的個人生活行爲。至於爲輔齊成霸的部份孔子幾無異辭。

〔註176〕孟子曾經引用曾西的話，說：「管仲得君如彼其專也，行乎國政如彼其久也，功烈如彼其卑也。爾何曾比予於是！」並且表示連曾西都不願自比管仲，何況是孟子的自我期許。孟子認爲以管仲與當時齊國的情況，「以齊王由反手也」，但管仲卻沒有做到，可見孟子對管仲、齊桓公的評價不高。見《孟子正義》，卷6，頁 173～176。

〔註177〕《春秋經解》，卷1，頁15。

是不同的，「權」是暫時的，「經」才是孔子眞正的意旨。孫覺認爲一般人若只重視《論語》中所記載的「權說」，並不算眞正了解孔子之意。二、只有孟子才能眞正了解孔子對齊桓公的評價，沒有被齊桓公一時的功業所迷惑，而亂了「萬世之法」。三、孫覺認爲齊桓公之所以不可褒，其主要的理由在於「征伐自諸侯出」與「春秋無義戰」兩點。對這兩點孫覺亦分別引述了孔子與孟子之言來做爲支持。

其實孔子與孟子對五霸的評價是有很明顯的差距，而這個差距可能是來自於時代環境的改易。〔註178〕值得我們特別注意的是，孫覺對《春秋》中如此重要的人物做評價時，其主要的立場都是與《孟子》相近。又如其在莊公三十年「齊人伐山戎」時說：

> 孔子論管仲之功，而知免於左衽。蓋齊極五伯之盛，而北伐山戎，又其功之著者。然而《春秋》曰：齊人伐山戎，不曰齊侯也。齊桓用師，在《春秋》貶之亦已至矣，於其伐山戎，可以少進之矣，而孔子未也。齊桓之仁義，非有之者，假之者也。假仁義者，久而不變，然後如其有之者也。未久則變，未可知也。於其未可知之際，遂以眞有之辭許之，然則仁義之道可一日而成也。孟子曰：亦在夫熟之而已矣！蓋《春秋》之意也。齊侯之伐山戎，孔子若將許之，然而未許之者，齊桓之功未大，而荊楚方彊也。書曰齊人伐山戎，所以深貶齊侯用兵之盛，而勉之以伐楚也。〔註179〕

孫覺清楚的了解若從表面文字來看，孔子與孟子對齊桓公的評價差異很大，但是他在詮解《春秋》時又明顯的採取孟子的立場。這除了「侵」、「伐」、「人」的書法義例因素外，〔註180〕最主要是孫覺採認了孟子對齊桓「假仁義」、「齊

---

〔註178〕關於孔子與孟子對五霸評價差異的說解，請參見袁保新：《孟子三辨之學的歷史省察與現代詮釋》（臺北：文津書局，1992年），頁102～104。

〔註179〕《春秋經解》，卷6，頁184。

〔註180〕其實《春秋》還是有時將齊桓公記爲「齊侯」，這時孫覺就不一定完全以貶義來評定齊桓公。如莊公十三年冬記「公會齊侯盟于柯。」此時孫覺就依《左傳》「始及齊平」之說並不認爲是在貶齊。莊公十五年經記：「齊侯、宋公、陳侯、衛侯、鄭伯會于鄄。」孫覺即說：「齊桓雖有一時攘夷狄、尊中國之功，而終不至王道。蓋功則可取，而道猶未也。」（《春秋經解》卷5頁150）雖認爲《春秋》取其功，但仍以爲齊桓未至王道。至於在閔公元年8月「公及齊侯盟于落姑」中說「落姑之盟，齊侯屈伯主之尊，而盟危國之幼主，蓋于魯有存亡繼絕之功矣！」（《春秋經解》卷7頁191）終認爲齊桓公於此事爲可褒。但有趣的是孫覺此段的論述極短，不似其在於貶抑齊桓公時的長篇大

侯用兵之盛」的批評，孫覺亦是以這樣的標準來申明《春秋》其實是對齊桓公加以貶斥的。就此而言，孫覺雖然也努力的想彌平孔孟之間的差距，但就孫覺對齊桓公的整體評價來看，其基本立場終究仍是偏於孟子，由此我們亦可以看出孫覺眞正用以詮解《春秋》的基礎何在。

## 第五節　本章小結

在本章的討論中，主要在說明幾點：一、一般認爲孫覺是依《穀梁》、啖助、趙匡及胡瑗等人的說法來詮解《春秋》，印諸《春秋經解》文本，其實這種說法並不完全可靠。因爲孫覺並非完全接受他們的說法。孫覺在詮解《春秋》時，對於三傳與啖助、趙匡及胡瑗等說解《春秋》的說法，是放在同一位階加以考慮的，其中並沒有誰的說法具有更高的優先性。二、從《春秋經解》中所引以爲證的內容分析，《易經》、《尙書》、《詩經》、《禮記》、《周禮》、《中庸》、《孝經》、《爾雅》、《論語》、《孟子》與荀子與董仲舒之說方才是孫覺解《春秋》的眞正基礎。三、在《春秋經解》中，孫覺雖有採用《中庸》、《孝經》、《爾雅》、荀子與董仲舒之說，但數量均極爲稀少。採《周禮》《禮記》之說雖多，但此二書與他經之說有所不同時，孫覺會更相信《易經》、《尙書》、《詩經》、《論語》與《孟子》等書。四、從「殺大夫皆有罪」的例子中，可以看出孫覺基本是以《論語》與《孟子》思想做爲褒貶的主要判斷標準。而就「貶齊桓公」的獨特立場裡，更看出孫覺是以《孟子》之說做爲其立論基礎。就這點來看，這是孫覺與在他之前其他詮解《春秋》者最不同的地方。

---

論。又並非所有《春秋》書齊侯者，孫覺均認爲是褒。如莊公三十一年「齊侯來獻戎捷」即孫覺即說：「齊威伯者，不務德以綏諸侯，而專恃兵革，遠以伐戎，已有過矣。又因過魯，以其伐戎之所得，誇示諸侯，以自矜大，因使之威服焉。春秋誅齊威矜功威魯之罪，故特書之曰齊侯來獻戎捷也。」（《春秋經解》卷6頁185）雖然《春秋》依例書爵，但孫覺仍認爲此爲譏貶齊桓公之意。由這些例子可見孫覺之所以認爲齊桓公不可褒，並非完全基於書法義例的理由。

# 第七章　結　論

　　由前文各章節的討論中，筆者認為孫覺《春秋經解》的值價與意義至少可以由兩方面來看：《春秋》解經的方法學與學術發展史。

　　從《春秋》解經的方法學來看：因為《春秋》內容極為簡短，文字表面除了一條條的事件記錄外，幾乎不提供其他內容，更別說有何明顯的「大義」。但用心研究《春秋》的學者，大都願意相信《春秋》是有「大義」的，只是在特殊的歷史因緣中，這「大義」並不容易被解讀出來。於是如何探取出《春秋》大義便成為研究《春秋》的儒者首要之務。孟子僅將《春秋》定位，並指出大略的方向，並沒有一字一句的詮解。三傳則是歷史上最早從事這項任務的解經者。三傳取得解經正當性的方式很直接，其均直接說明與《春秋》作者——孔子的關係，希望從中直接取得對《春秋》解釋的正當性。也就是說，三傳均自認承繼了孔子這個作者對《春秋》的解釋權。我們可以想像，若三傳中任何一說可以清楚的交待其與孔子的傳承關係，則三傳的解經內容即不可加以懷疑的，因為那即是「孔子之義」。或有人可以不贊成「大義」的內容，但對那是「孔子之大義」的說法則是不容懷疑的。但事實上並非如此，三傳的來源一直引發不同的懷疑，於是三傳學者從東漢開始除了強調本身解經的來源之外，又另強調本身所特長的解經方式，強調如此才能真正詮解出《春秋》大義。這種解經方式大略又可區分為即為「以事解經」與「以義解經」兩種方式。但是不管是強調「以事解經」抑或是「以義解經」，這兩種方式都認為可以由《春秋》一書的內容，進而詮解出《春秋》大義的解經方法，這與三傳原始強調直聞孔子本義的解經方法，在方向上有極大的不同。因為若重視《春秋》之義例、事由，則《春秋》經之大義便可進行客

觀的文獻中討論，而不必受制於其來源是否親聞於孔子。另一方面，也正因為如此，所以三傳學者除了來源問題外，尚且在文意上彼此不斷的問難，而三傳的解經權威也因此逐漸崩解。於是在三傳異說中取捨抑或「不依三傳」，進而重新詮解《春秋》的要求，便成為日後在詮解《春秋》時一個必須面對的問題。

「不依三傳」其實是個容易令人產生誤會的說法，因為在實際的《春秋》解釋史上，幾乎沒有出現完全不理會三傳而能獨立詮解《春秋》者，尤其《左傳》中所載春秋時之史事，在史料上幾乎擁有獨佔性，後來詮解《春秋》的學者，很少能完全不參閱《左傳》所載史事而對《春秋》做出解釋。所以一般而言，「不依三傳」指的意思應是：不完全相信三傳中的說法，而不是完全不相信三傳之說。「不依三傳」所指的重點應在於不完全接受三傳對《春秋》褒貶的詮解。事實上，後代學者亦罕有完全接受三傳之說，因為那幾乎是不可能的，主要的理由是三傳本身對《春秋》的說解就有許多不同的差異，在漢代時即已如此，在漢代之後更是如此。於是《春秋》詮解者面對三傳大約只有兩種選擇：一是純粹地相信三傳中的任何一傳，二則是在三傳之異說中擇要相信。純粹相信三傳中的任何一傳，即成為《左傳》學派、《公羊》學派與《穀梁》學派，他們只要秉持師說即可，因為他們相信師說有個穩固的來源基礎：《春秋》作者孔子的口傳。但對要在三傳中擇要相信的學者，就必須發展出一套經解方法，可以用以在三傳之說中「擇要」的方法。啖助等人是現存最早試圖找出這套方法的學者：他們用「纂例」的方式，也就是從《春秋》經文中尋求內在的書寫規律，進而利用這個書寫規律來檢視三傳之說的對錯。其實以書法、義例等方式解經在三傳中即已被用為輔助說明之用，但在啖助的手中則有了更進一步的發展，其解經的有效性甚至可以超越三傳之說。於是三傳褒貶之說對詮解《春秋》來說，似乎變的不是那麼權威了。換句話說，詮解《春秋》的彼此爭議的重點從「何人之說親傳於孔子？」逐漸地轉變成「何人之說可從《春秋》文本中找到佐證？」從何人直接承續作者口說大義一變而為誰能在文本中找到更多的解讀證據？

但啖助等人似乎也面臨另一個困境：義例到底能表達什麼？例如《春秋》記載諸侯通常有兩種記錄方式：「書人」或「書爵」，從《春秋》中經文中，可以大約可以歸納出這兩種不同的記錄方式，但這又表示什麼呢？《春秋》並沒有明確的說明。最多只能推測：若諸侯書爵為正常的記錄方式，則《春

秋》書人應該是其他有特別的意思才是。至於這個「特別意思」的內容到底是什麼？這是《春秋》大義的核心問題，但《春秋》經文本身卻不提供，於是啖助就以個人對事理與情理的判斷來說解「《春秋》大義」，但這同時也是讓啖助等人的解經說法，日後被批評爲「憑私臆決」的最主要原因。

《春秋》中雖被視爲含有孔子對世事的評價的一本典籍，但問題是《春秋》一書本身並沒有明確提供評價的標準，所以三傳及後儒對同一件事的褒貶判定往往不一，自然對《春秋》的說解也就人言人殊了。反過來說，如何建構一套合理及可信的價值標準，用以說明《春秋》的褒貶依據，這對詮解《春秋》的方法學來說應該是非常核心的問題。孫覺的《春秋經解》即在這個解經方法問題裡往前拓展了一大步。〔註1〕

孫覺在《春秋經解》中，不但依循啖助的方法，非常自覺的從《春秋》經文內部建立一套「書法」、「義例」的說法，而且對於無法符合「書法」、「義例」的部份亦有詳細且主動的說明。〔註2〕這種做法可以說是從《春秋》的「內部文本」中來找尋《春秋》之義。更重要的是，孫覺還大量引用了儒學的核心典籍《詩》、《書》、《易》、《論語》與《孟子》之說，來支持他對《春秋》褒貶的說法。也就是說在詮解《春秋》時，必須要先對所謂的「儒學」核心典籍及思想內容進行建構。孫覺以這五部經典確認並建構了儒學的核心價值，再用此來支持其對《春秋》褒貶的論述。這是從《春秋》的「外部文本」來找尋《春秋》大義。若孫覺用以詮解《春秋》的這兩種方法得以確定，其在《春秋》解經方法學上，至少有兩點意義：一、對詮解《春秋》來說，三傳的權威陡降，雖不能說完全不用三傳，但三傳的地位卻可能僅只有史料上的價值，對於《春秋》最重要的「大義」的闡發來說，其不再具有完全可信

---

〔註 1〕 以筆者所見，稍早於孫覺的劉敞（西元 1019～1085）所發展出的解經方式與孫覺有類似之處。馮曉庭說劉敞解經方式有三：「一是《經》《傳》連書」、「刪合擇取《三傳》，以成己說」與「以己意說《春秋》」（頁 123）雖其中沒有提到如孫覺的兩種解經方式。但馮曉庭亦說劉敞有「依據禮制檢視《春秋》」（頁143）的做法。加上劉敞本著有《春秋說例》一書，是以例說《春秋》。雖《春秋說例》現僅存 25 則，且多殘缺不全，但亦可大略看出其方式。但孫覺與劉敞在現存文獻上似乎沒有彼此交換對《春秋》的看法，而是各自獨立發展出來。馮曉庭之說見「宋人劉敞的經學述論」（臺北：東吳大學中國文學研究所博士論文，1999 年）。

〔註 2〕 以宋初孫復、劉敞與孫覺三人於《春秋》之例的說解，相較而言，似乎以孫覺來的較爲細密。參見筆者〈論北宋孫復、劉敞與孫覺對《春秋》中「諸侯奔」的詮解〉，《漢學研究》50（2007 年 6 月），頁 241～244。

的地位。因為在這個思路下，三傳之說若可以被接受，其理由不是因其為孔子「口傳」，而是因「其說合理」。這個「合理」或是基於文獻上或是因為思想上的理由。二、可以對詮解《春秋》之說是否合宜做較客觀的討論，因為對「義例」、「書法」的說解是有《春秋》本文做為是否符驗的標準，而對儒學思想的理解也必須由《詩》、《書》、《易》、《論語》與《孟子》等書做為依據。詮解《春秋》的褒貶不是可以任意猜測，而是至少必須同時滿足這兩個條件，這對客觀詮解、討論《春秋》大義來說無疑的是一個重要的發展。孫覺這種主張以儒家的核心經典來詮解《春秋》的做法，在與同樣師承於胡瑗的程頤上也可以看到，如伊川曾說：「且先讀《論語》、《孟子》，更讀一經，然後看《春秋》。先識得箇義理，方可看《春秋》。」〔註3〕又說：「《春秋》以何為準？無如《中庸》。欲知《中庸》，無如權。」〔註4〕孫覺與伊川大約都意識到《春秋》本身並沒有明顯的提供一套價值標準，所以必須以儒家其他經典文本所建構出來的價值系統來發揮《春秋》中的褒貶。對孫覺而言，《論語》、《孟子》即是儒家價值核心的代表經典。〔註5〕孫覺與伊川的這種詮解《春秋》的方式也深深引影響到胡安國詮解《春秋》的方式，宋鼎宗說：

> 所謂「窮理義精」者，蓋源於程門。……今攷胡傳，述綱領一節，嘗載孟軻、莊周、董仲舒、王通、邵雍、張載、程頤等七子論《春秋》之語，以為「即詞以觀義，則思過半矣。」今讀胡傳，全書之斷案，要皆本諸《論語》、《孟子》、《中庸》、及先正昔賢之佳言也。……文定之治《春秋》，以昔聖先賢之理，默識《春秋》之義，兩相會通。若求諸正例，理有所不通，遂濟之以變例，或特書。於是、得於「例中見法，例外通類」（明類例）也。〔註6〕

胡安國的《春秋傳》影響宋、明兩代《春秋》學甚鉅，但依宋鼎宗對胡安國《春秋》學的敘述，胡安國詮解《春秋》方法，不單是承自程頤，而是直承孫覺而來，〔註7〕以對例的處理及援引儒家核心經典及義理來解《春秋》兩種

---

〔註3〕 （宋）程顥、程頤，《二程集》（臺北：漢京文化出版社，1983年），卷15，〈河南程氏遺書〉，頁164。

〔註4〕 （宋）程顥、程頤，《二程集》，卷15，〈河南程氏遺書〉，頁165。

〔註5〕 若從第六章中關於「齊桓公評價」的相關討論來看，孫覺其實更傾向以《孟子》代表儒家的價值標準。

〔註6〕 宋鼎宗：《春秋胡氏學》，頁44～45。

〔註7〕 由於程頤的《春秋傳》並未完稿，所以其詮解《春秋》的方法呈顯的也並不如孫覺完整，請參閱筆者〈程伊川春秋傳初探〉，《人文學報》23（2001年6

解釋方法來看，胡安國確實是受到孫覺很大的影響。

　　此外從學術史的角度來看，孫覺之所以將《詩》、《書》、《易》、《論語》
與《孟子》目爲儒學的核心，尤其對《論語》、《孟子》兩書的重視，其實與
整個學術發展史是息息相關的。尤其是孫覺大量地引用《孟子》來註解《春
秋》，這不論在《春秋》詮釋史上或學術發展史上都有特殊的意義。因《孟子》
一書在儒學取得核心地位的時間並不早，從漢至唐，幾乎沒有人將「孔孟」
並稱，在司馬遷的《史記》中有〈孟子荀卿列傳〉，是將孟子、荀子視爲同一
等級的儒者。《漢書・藝文志》則僅將《孟子》列爲「諸子略」，而《論語》
則收入「六藝略」中，所以《孟子》一書並沒有受到特別的重視。一直到《宋
史・藝文志》都還是將《孟子》列在「子部儒家類」。可見至少在宋代以前，
普遍將《孟子》視爲儒者之一，地位並不特別尊崇。一直到南宋陳振孫的《齊
齋書錄解題》中方才首先將《孟子》與《論語》並列，開立了「《語》《孟》
類」，這才眞正使《孟子》眞正被視爲儒學的核心典籍。〔註 8〕但孫覺早在北
宋時即將《孟子》目爲可以與《詩》、《書》、《易》、《論語》相提並論的經典，
而且將其實際運用在詮解《春秋》之中，這在學術史上無疑是一個非常重要
的發展。如稍長於孫覺的劉敞說《春秋》時亦常引用《孟子》，但其對孟子學
說的信任卻不及孫覺。劉敞雖在齊桓公「城楚丘」時有引孟子「五伯、三王
之罪人。」之說，〔註9〕但其並不像孫覺對桓公的評價主要是依循孟子而來。
再看劉敞對《春秋》殺大夫的說解：

> 稱國殺而名大夫者，罪累上也；稱人殺而名大夫者，大夫罪也；稱
> 人而不名大夫者，大夫無罪由眾殺之也；稱國而不名大夫者，大夫
> 無罪由君殺之也；稱人殺而不以大夫道者，非其大夫也；〔註10〕

---

月），頁 41～68。而周麟之言：「文定胡公著《春秋傳》以進于上，學者皆傳
之，而先君不及見也。予近得之，嘗反覆其義，蓋與莘老之說合者，十常六
七。」（〈春秋經解跋〉）已指出胡安國的《春秋》學源自孫覺《春秋經解》。
至於胡安國之說與孫覺相互的差異與比較問題，因與孫覺解經方法相關性較
低且內容頗爲煩雜，筆者擬日後專文予以論述。
〔註 8〕　關於《孟子》在宋之前地位的概述請參見夏長樸〈尊孟與非孟〉一文，收入
　　　　　《經學今詮》三編（遼寧：遼寧教育出版社，2002 年），頁 559～560。
〔註 9〕　（宋）劉敞：《劉氏春秋意林》（臺北：臺灣商務印書館，影印清高宗乾隆三
　　　　　十八至四十七年寫文淵閣四庫全書本，1983 年），卷上，頁 38。
〔註10〕　（宋）劉敞：《春秋傳說例》（臺北：臺灣商務印書館，影印清高宗乾隆三十
　　　　　八至四十七年寫文淵閣四庫全書本，1983 年），頁 11。

也與孫覺之說差異極大，劉敞之說反而近於三傳的看法。所以就《論語》、《孟子》價值系統的理解用來說解《春秋》此一方法而言，孫覺實較劉敞更爲精醇。更進一步來說，宋儒對《孟子》展開了普遍的研究，當然對孟子的主張亦有贊成與反對的兩種截然不同的看法，其主要討論的核心則是圍繞著「尊周」、「王霸之辨」與「君臣關係是相對或絕對」三個問題而發展。〔註 11〕孫覺至少在「王霸之辨」與「君臣關係」上的態度都是與孟子相同，尤其是以孟子的「王霸之辨」做爲思想主軸來詮解《春秋》，這對宋代的《春秋》學實有深遠的影響。如章太炎即說：「孟子論人，好論人心，以五霸爲假。然假與不假，《春秋》所不論也。貴王賤霸之說，三傳俱無，漢人偶一及之，宋儒乃極言之耳。」〔註 12〕宋鼎宗亦言：

> 洎孟子之論人，善推治人心，遂以霸者爲假，而王者性之。其後，荀卿處嬴政混一區宇之際，乃有「仲尼之門人，五尺豎子，言羞稱乎五伯」之讜論。而董仲舒者，卿之流亞也。沿波不還，故宋儒之治《春秋》學者，遂極言貴王賤霸矣。〔註 13〕

論王霸的區別是孟子學的一個重要特色，三傳則很少用這個觀點去詮解《春秋》。但是以孟子的貴王賤霸看法來詮解《春秋》中的褒貶，卻是宋儒《春秋》學所發展出來的一項重要特點。可見以學術的發展史來說，孫覺實是一位具有非常眼光的先行者。〔註 14〕例如在清代非常著名的《公羊》學者孔廣森，亦即十分強調《公羊》之說與《孟子》相通，並言《孟子》最善言《春秋》。〔註 15〕以孟子之說來詮解《春秋》的做法而言，孫覺無疑是最早具有此一開創性做法的儒者。

孫覺在歷史上並沒有受到應有的重視，《春秋經解》一書亦不普爲世人所見，所以孫覺的名聲不顯。但由《春秋經解》來看，其不論在《春秋》解釋方法與學術發展史上均有獨特的見解與貢獻。雖然現在所見關於孫覺的文獻

---

〔註 11〕 關於宋代對《孟子》主張的討論，請參見黃俊傑《孟學思想史論卷二・宋儒對孟子政治思想的爭辯及其蘊涵的問題》，頁 130～171。

〔註 12〕 章太炎：《國學略說・經學略說》（臺北：河洛出版社，1974 年），頁 91。

〔註 13〕 宋鼎宗：《春秋宋學發微》，頁 129。

〔註 14〕 宋鼎宗先生另舉一例：「孫覺《春秋經解》，謂『伯者雖盛，皆王道之罪人。』胡安國《春秋傳》謂『楚雖橫暴，憑陵上國，齊不請命，擅合諸侯，豈所謂天吏以伐之乎？』於是，攘夷之功微，而無王之罪大矣。」見《春秋宋學發微》，頁 145。用以說明胡安國貴王賤霸的說法實是由孫覺之說而來，可參看。

〔註 15〕 楊向奎：《繹史齋學術文集》，頁 337～338。

極少，其所發煌的《春秋》大義在文獻上亦不足與孫覺的政治看法相互詮說，但是本文仍希望能盡量闡釋出孫覺解經的獨特之處，以期能稍顯前賢之功。

# 附錄：《春秋經解》各版本闕文對照表

| 卷／年／經文 | 聚珍本／王鈔本 | 通志堂本／正誼齋本 | 舊　鈔　本 | 四　庫　本 |
|---|---|---|---|---|
| 卷二／隱公十有一年／春，滕侯、薛侯來朝 | 穀梁之說曰：諸侯相朝，正也。考禮修德，以尊天子也。若如三家之說，闕諸侯相朝爲，闕禮也。同列相見曰朝見天子亦曰闕曰崩曰薨曰闕如朝事之禮，用之于同列乎朝闕也闕故詩曰：邦君諸侯，莫肯朝夕，言朝禮之行于朝也。故天子則有三朝，大昕視朝，皆以臣見君，以朝入朝之義也。左氏以爲古制，古無有也。有之，當見于經。 | 穀梁之說曰：諸侯相朝，正也。考禮修德，以尊天子也。若如三家之說闕諸侯相朝，爲禮也。同列相見曰朝見天子亦曰闕曰崩曰薨曰闕如朝事之禮，用之于同列乎朝闕也闕故詩曰：邦君諸侯，莫肯朝夕，言朝禮之行于朝也。故天子則有二朝，大昕視朝，皆以臣見君，以朝入朝之義也。左氏以爲古制，古無有也。有之，當見于經。 | 穀梁之說曰：諸侯相朝，正也。考禮修德，以尊天子也。若如三家之說，□諸侯相朝，爲□禮也。同列相見曰朝見天子亦曰□曰崩曰薨曰□如朝事之禮，用之于同列乎朝□也□故書曰：邦君諸侯，莫肯朝夕，言朝禮之行于朝也。故天子則有三朝，大昕視朝，皆以臣見君，以朝入朝之義也。左氏以爲古制，古無有也。有之，當見于經。 | 誤 |
| 卷三／桓公二年／蔡侯鄭伯會于鄧 | 鄧、楚之近國。是時楚方僭號，欲伯中國。蔡鄭二國以下闕。 | 鄧、楚之近國。是時楚方僭號，欲伯中國。蔡鄭二國小而偪於楚，始懼而謀自安之。計孔子書之所以見中國甚衰，而狄戎方盛，小國恐懼而會盟不暇也。公羊曰：離不言會。案：《春秋》書離會者，眾謂之不言，非也。 | 鄧、楚之近國。是時楚方僭號，欲伯中國。蔡鄭二國小而偪於楚，始懼而謀自安之。計孔子書之所以見中國甚衰，而狄戎方盛，小國恐懼而會盟不暇也。公羊曰：離不言會。案：《春秋》書離會者，眾謂之不言，非也。 | 誤 |
| 卷三／桓公二年／九月入杞。 | 闕 | 入者，我入之也，不曰公及大大帥師者，微者入也。入者得而不居也。左氏曰：討不恭也。案：小國畏懼而來朝矣。其敢不恭乎？左氏承上文來朝而後書入杞故成此說也。殊不知春秋之時，彊陵弱、眾暴寡，侵伐取入，何得皆有罪乎？ | 入者，我入之也，不曰公及大大帥師者，微者入也。入者得而不居也。左氏曰：討不恭也。案：小國畏懼而來朝矣。其敢不恭乎？左氏承上文來朝而後書入杞故成此說也。殊不知春秋之時，彊陵弱、眾暴寡，侵伐取入，何得皆有罪乎？ | 誤 |

| | | | | |
|---|---|---|---|---|
| 卷三／桓公三年／夏，齊侯、衛侯，胥命于蒲。 | 以上闕之日，偶爾相遇，匹夫之行、非諸侯之事，以志其非，此若以禮相見，當書會書遇也。 | 胥命之說，三傳皆是也。春秋之時，天下無王，諸侯放恣，彊者暴弱眾者逼寡，至其不能自存，則去社稷之守，以相從於會遇而苟且夕之安。會遇不信，又至於割牲歃血，釁咀而相盟，然猶有朝盟而暮叛之者，侵伐圍入殆無虛月。聖人疾之而一志於《春秋》會盟侵伐各從其罪而重輕之。聖人方疾會盟之不信，侵伐之無已也。當是之時，齊衛二國，相期于蒲，約言而信諭不盟而好成，終二君之身未嘗渝言而侵伐，是由胥命之言而二國和好十數年之間也。孔子安得不少進之，以見屢盟數會而侵伐隨之者之罪乎？故荀子曰：詩非屢盟，數春秋是胥命其心一也。趙子不達孔子是胥命之意而非之曰，偶爾相遇，匹夫之行、非諸侯之事，以志其非，此若以禮相見，當書會書遇也。 | 胥命之說，三傳皆是也。春秋之時，天下無王，諸侯放恣，彊者暴弱眾者逼寡，至其不能自存，則去社稷之守，以相從於會遇而苟且夕之安。會遇不信，又至於割牲歃血，釁咀而相盟，然後有朝盟而暮叛之者，侵伐圍入殆無虛月。聖人疾之而一志於《春秋》會盟侵伐各從其罪而重輕之。聖人方疾會盟之不信，侵伐之無已也。當是之時，齊衛二國，相期于蒲，約言而信諭不盟而好成，終二君之身未嘗渝言而侵伐，是由胥命之言而二國和好十數年之間也。孔子安得不少進之，以見屢盟數會而侵伐隨之者之罪乎？故荀子曰：詩非屢盟，數春秋是胥命其心一也。趙子不達孔子是胥命之意而非之曰，偶爾相遇，匹夫之行、非諸侯之事，以志其非，此若以禮相見，當書會書遇也。 | 誤 |
| 卷三／桓公五年／秋，蔡人、衛人、陳人，從王伐鄭。 | 王者之法，賜諸侯弓矢，使之征；賜諸侯鈇鉞，使之殺。天下諸侯，有敢逆王之命，叛上之闕而不朝不貢，則天子修德于內，方伯專征于外。 | 王者之法，賜諸侯弓矢，使之征；賜諸侯鈇鉞，使之殺。天下諸侯，有敢逆王之命、叛上之政（按：正誼齋本有此字，而通志堂本則缺此字）而不朝不貢，則天子修德于內，方伯專征于外。 | 王者之法，賜諸侯弓矢，使之征；賜諸侯鈇鉞，使之殺。天下諸侯，有敢逆王之命、叛上之朝而不朝不貢，則天子修德于內，方伯專征于外。 | 誤 |
| 卷五／莊公二年冬十有二月／夫人姜氏會齊侯于禚。乙酉，宋公馮卒： | 文王三分天下有其二，而服事殷之心不懈也。庇民之德日大，而事君之心日小，卒自免于禍。後世之爲人子者，父之頑苟不甚于瞽瞍者，皆可以爲孝子也；爲人臣者，君之惡苟不甚于商紂，皆可以爲忠臣也。 | 文王三分天下有其二，而服事殷之心不懈也。庇民之德日大，而事君之心日小，卒自免于禍。後世之爲人子者，父之頑苟不甚于瞽瞍者，皆可以爲孝也；後世之爲人臣者，君之惡苟不甚于商紂，皆可以爲忠臣也。 | 文王三分天下有其二，而服事商之心不懈也。庇民之德日大，而事君之心日小，卒自免于禍。後世之爲人子者，父之頑苟不甚于瞽瞍者，皆可以爲孝也；□□□□君之惡苟不甚于商紂，皆可以爲忠臣也。 | 文王三分天下有其二，而服事商之心不懈也。庇民之德日大，而事君之心日小，卒自免於禍。後世之爲人子者，父之頑苟不甚於瞽瞍者，皆可以爲孝也；爲人臣者，君之惡苟不甚於商紂，皆可以爲忠臣也。 |

| | | | | |
|---|---|---|---|---|
| 卷六／莊公二十三年／祭叔來聘。 | 蓋祭叔自以私事來魯，故假王命以來聘。聘事雖命於天王，而祭叔私之，不專爲聘，《春秋》原情定罪，若書天王使之，則不見其私也。若書祭叔來，又不見其來行聘事，非如祭伯之自來也，以爲專聘乎，則實爲己私，非如凡伯之受命。聖人罪其挾公以行私，故特沒去天王之使，以著其罪。祭叔有罪，而《春秋》書之與王臣者等，無貶辭焉。蓋《春秋》之法：一事無再貶之道。宰渠伯糾下聘桓公弒君之人，不書其名，則無以見獎惡之罪。祭叔聘魯行己私，不書天王使之，其罪已著，又書其名，則若王臣微者，如宰咺之徒焉。《春秋》避其不明，故但沒天王，以見其。穀梁曰：不正其外交，故不與使。按：若但來交魯，不得書聘。書聘，則是挾天子之命而來，不獨外交也。不書使，所以見其行私。譏外交，當去聘，不當去使，此亦非也。 | 蓋祭叔自以私事來魯，故假王命以來聘。聘事雖命于天王，而祭叔私之，不專爲聘，《春秋》原情定罪，若書天王使之，則不見其私也。若書祭叔來，又不見其來行聘事，非如祭伯之自來也，以爲專聘乎，則實爲己私，非如凡伯之受命也。聖人罪其挾公以行私，故特沒去天王之使，以著其罪。祭叔有罪，而《春秋》書之與王臣者等，無貶辭焉。蓋《春秋》之法：一事無再貶之道。宰渠伯糾下聘桓公弒君之人，不書其名，則無以見獎惡之罪。祭叔聘魯行己私，不書天王使之，其罪已著，又書其名，則若王臣微者，如宰咺之徒焉。《春秋》避其不明，故但沒天王，以見其罪。穀梁曰：不正其外交，故不與使。按：若但來交魯，不得書聘。書聘，則是挾天子之命而來，不獨外交也。不書使，所以見其行私。譏外交，當去聘，不當去使，此亦非也。 | 蓋祭叔自以私事來魯，故假王命以來聘。□事雖命于天王，而祭叔之私，不專爲聘，《春秋》原情定罪，若□天王使之，則不見其私也。若書祭叔來，人不見其來行聘事，非如祭伯之自來也，以爲專聘乎，則實爲己私，非如凡伯之受命也。聖人罪其挾公以行私，故特沒去天王之使，以著其罪。祭叔有罪，而《春秋》書之與王臣者等，無貶辭焉。蓋《春秋》之法：一事無再貶之道。宰渠伯糾下聘威公弒君之人，不□名，則無以見獎惡之罪。祭叔聘魯行己私，不書天王使之，其罪已著，又書其名，則若王臣微者，如宰咺之徒焉。《春秋》避其不明，故但沒天王，以見其罪。穀梁曰：不正其外交，故不與使。按：若但來交魯，不得書聘。書聘，則是挾天子之命而來，不獨外交也。不書使，所以見其行私。□外交，當去聘，不當法使，此亦非也。 | 蓋以祭叔自以私事來魯，故假王命以來聘。聘事雖命於天王，而祭叔之私，不專爲聘，《春秋》原情定罪，若書天王使之，則不見其私也。若書祭叔來，又不見其來行聘事，非如祭伯之自來也，以爲專聘乎，則實爲已私，非如凡伯之受命也。聖人罪其挾公以行私，故特沒去天王之使，以著其罪。祭叔有罪，而《春秋》書之與王臣者等，無貶辭焉。蓋《春秋》之法：一事無再貶之道。宰渠伯糾下聘威公弒君之人，不書其名，則無以見獎惡之罪。祭叔聘魯行已私，不書天王使之，其罪已著，又書其名，則若王臣微者，如宰咺之徒焉。《春秋》避其不明，故但沒天王，以見罪也。穀梁曰：不正其外交，故不與使。按：若但來交魯，不得書聘書。聘則是挾天子之命而來，不獨外交也。不書使，所以見其行私。譏外交，當去聘，不當去使，此亦非也 |
| 卷六／莊公三十二年／冬，十月，己未，子般卒。 | 《春秋》之法：君薨未逾年，嗣君稱子。承祖之國，繼父之業，不忍有變也。自稱曰子，人子之心，不忍其父之亡。于未逾年，猶曰父在云爾。稱名，君之殯猶在焉，尸柩之前，則君父之前也，臣子不可不名焉。此《春秋》之法，忠孝之道也。子般，繼莊公而立，立未逾年，而莊公未葬也。乃遽見殺于公子慶父，故 | 《春秋》之法：君薨未逾年，君稱子。承繼父之業，不忍有變也。自稱曰子，人子之心，不忍其父之亡。于未逾年，猶曰父在云爾。稱名，君之殯猶在，尸柩之前，則君父之前也，臣子不可不名焉。此《春秋》之法，忠孝之道也。子般，繼莊公而立者，立未逾年，而莊公未葬也。乃遽見殺于公子慶父，故稱子稱名 | 《春秋》之法：君薨未逾年，君稱子。□□□繼父之業，不忍有變也。自稱曰子，人子之心，不忍其□之亡。于未逾年，猶曰及在云爾。稱名，君之殯猶在□□□，尸柩之前，則君父之前也，臣子不可不在焉。此《春秋》之法，忠孝之道也。子般，繼莊公而立者，立未逾年，而莊公未葬也。乃遽見殺于公子慶 | 《春秋》之法：君薨未逾年，君稱子。承祖之澤，繼父之業，不忍有變也。自稱曰子，人子之心，不忍其父之亡，於未逾年，猶曰父在云爾。稱名，君之殯猶在，尸柩之前，則君父之前也，臣子不可不名，此《春秋》之法，忠孝之道也。子般，繼莊公而立者，立未逾年，而未葬也。乃 |

| | | | | |
|---|---|---|---|---|
| | 稱子稱名而不地。《春秋》未逾年之君，書卒者三：子般以弒不地，而子野正卒亦不地。趙子疑經闕之，恐爾也。 | 而不地。□《春秋》未逾年之君，書卒者三：子般以弒不地，而子野正卒亦不地。趙子疑經闕之，恐爾也。 | 父，故稱子稱名而不見地。而《春秋》未逾年之君，書卒者三：子般以弒不地，而子野正卒亦不地。趙子疑經闕之，恐爾也。 | 遽見殺於公子慶父，故稱子稱名而不地。《春秋》未逾年之君，書卒者三：子般亦以弒不地，而子野正卒亦不地。趙子疑經闕之，恐爾也。 |
| 卷八／僖公七年夏／小邾子來朝。 | 郳黎來自莊公五年來朝以後，久不見經，于是來朝稱小邾子者，蓋其隨從齊桓伯主，而齊桓稱王命爵之，故書子也。言小者，有大之辭，所以自伯者之興，而附庸小國，類多稱爵，《春秋》因而書之，所以見當時之爵或降或升，惟伯者之所欲為爾。其罪蓋不可勝誅之也。 | 郳黎來自莊公五年來朝，不見經，于是來朝稱小邾子者，蓋其隨從齊威伯稱王命爵之，故書子也。言小者，有大之辭，所以之興，而附庸小國，類多稱爵，春秋因而書之，以見當時之爵或降或升，惟伯者之所欲為爾。其罪不可勝誅之也。 | 郳黎來自莊公五年來朝□□□不見經，于是來朝稱小邾子者，蓋其隨從齊威伯□□□□稱王命爵之，故書子也。言小者，有大之辭，所以□□□之興，而附庸小國，類多稱爵，《春秋》因而書之，□以見當時之爵或降或升，惟伯者之所欲為爾。其罪□不可勝誅之也。 | 郳黎來自莊公五年來朝以後，不見于經，於是來朝稱小邾子者，蓋其隨從齊威伯主征伐，假稱王命爵之，故書子也。言小者，有大之辭，所以著齊威伯主之興，而附庸小國，類多稱爵，《春秋》因而書之，益以見當時之爵或降或升，惟伯者之所欲為爾。其罪蓋不可勝誅之也 |
| 卷八／僖公7年夏／鄭殺其大夫申侯。 | 《春秋》之法：殺大夫稱國者，罪諸侯也。惡專殺也不言其爵，不與其專殺也；著大夫之名，所以見其罪，且有以別之也。其不名者，皆闕之爾，非美之也。穀梁曰：稱國以殺大夫，殺無罪也。案：大夫無專殺之禮，雖有罪，不得殺。《春秋》不與其專殺也，故奪其爵以見之，謂之殺無罪大夫，非也。 | 《春秋》之法：殺大夫稱國者，罪諸侯也。也不言其爵，不與其專殺也；著大夫之名，所以見其罪，且有以別之也。其不名者，皆闕之爾，非美之也。穀梁曰：稱國以殺大夫，殺無罪也。案：大夫無專殺之禮，雖有罪，不得殺。《春秋》不與其專殺也，故奪其爵以見之，謂之殺無罪大夫，非也。 | 《春秋》之法：殺大夫稱國者，罪諸侯也。□□□也不言其爵，不與其專殺也；著大夫之名，所以見其罪，且有以別之也。其不名者，皆闕之爾，非美之也。穀梁□□□以殺大夫，殺無罪也。案：大夫無專殺之禮，雖有罪，不可勝誅也。《春秋》不專殺也，故奪其爵以見之，謂之殺無罪大夫，非也。 | 《春秋》之法：殺大夫稱國者，罪諸侯也。不言其爵，不與其專殺也著；大夫之名，所以見其罪，且有以別之也。其不名者，皆闕之爾，非美之也。穀梁曰：稱國以殺大夫，殺無罪也。按：大夫無專殺之禮，雖有罪，不得殺焉。《春秋》不與其專殺也，故奪其爵以見之，謂之殺無罪大夫，非也。 |
| 卷八／僖公7年／秋，七月，公會齊侯、宋公、陳世子款、鄭世子華，盟于寧母。 | 寧母之盟，蓋鄭屢為齊所伐，勢不自安，故遣其世子盟齊桓，以紓一時之難。然鄭伯知附楚之罪，以求伯者，又不能以身下之，而徒遣其子卒之齊人不悅，故洮之盟，鄭伯不與，而至于乞也。禮之為道，自敵以下，不容失也，況天下之盟主哉！故陳鄭世子與盟，而《春秋》書之，以見其罪也。 | 寧母之盟，蓋鄭屢為齊所伐，勢不自安，故遣其世子盟齊威，以紓一時之難。然鄭伯知附楚之罪，以求伯者，又不能以身下之，而徒遣其子卒之齊，故洮之盟，鄭伯不與，而至于乞也。禮之道，自敵失也，況天下之盟主哉！故陳鄭世子與盟，而《春秋》書之，以見其罪也。 | 寧母之盟，蓋鄭屢為齊所伐，勢不自安，故遣其毋子盟齊威，以紓一時之難。然鄭伯知附楚之求伯者，又不能以身下之，而徒遣其子，卒之齊□□□，故洮之盟，鄭伯不與，而至于乞也。禮之道，自敵□□□失也，況天下之盟主哉！故陳鄭世子與盟，而《春秋》書之，以見其罪也。 | 寧母之盟，蓋鄭屢為齊所伐，勢不自安，故遣其世子盟齊威，以紓一時之難。然鄭伯知附楚之罪，以求伯者，又不能以身下之，而徒遣其子卒以其，故洮之盟，鄭伯不與，而至于乞也。禮之道，自敵體皆不可失也，況天下之盟主哉！故陳鄭世子與盟，而《春秋》書之，以見其罪也。 |

# 引用書目

說明：

1. 爲避免過度煩瑣，故本書目僅列本文所引用資料出處，以便查索。至於參考資料繁多，故不列於下。

2. 本書目分爲四類：第一類爲孫覺《春秋經解》版本。第二類爲民國前之古籍。第三類爲民國後今人之著作。第四類爲未成專書之學位及單篇論文。

3. 爲求查索方便，古籍部份依經史子集四部分類筆劃排序，今人著作則僅依筆劃多寡排序。

## 一、《春秋經解》各版本

1. 《龍學孫公春秋經解》，孫覺著，舊鈔本 15 卷，現藏於臺北故宮博物院，臺北國家圖書館有微捲、微片、精裝複製本。

2. 《春秋經解》，孫覺著，通志堂經解本 15 卷，清聖祖康熙十九年（1680）刊（〔清〕徐乾學等輯、納蘭成德刊），現藏於臺灣大學圖書館善本室。

3. 《春秋經解》，孫覺著，四庫全書本 13 卷，臺灣商務印書館，影印清高宗乾隆三十八（1773）至四十七年（1782）寫文淵閣四庫全書本，1983 年。

4. 《春秋經解》，孫覺著，王瑞履鈔本 15 卷，山東：山東友誼出版社，影印乾隆六十年（1795）年抄本，1991 年。

5. 《春秋經解》，孫覺著，正誼齋叢書本 15 卷，道光二十年（1840），汪氏《正誼齋叢書》的重刊本，現藏於臺灣大學圖書館善本室。

6. 《春秋經解》，孫覺著，武英殿聚珍版 15 卷，清道光戊子福建重刊同治間至光緒甲午續修增刊本。

7. 《春秋經解》，孫覺著，聚珍排印本 15 卷，收於叢書集成簡編，依武英殿聚珍版排印，臺北：臺灣商務印書館 1966 年。

## 二、古　籍

### （一）經　部

1. 《毛詩正義》，（漢）鄭氏箋，（唐）孔穎達疏，臺北：藝文印書館，影印清仁宗嘉慶二十年（1815）江西南昌府學刊《十三經注疏》本，1985 年。

2. 《古學考》，（清）廖平著，臺北：華聯出版社，1968 年。

3. 《周禮注疏》，（漢）鄭玄注，（唐）賈公彥疏，臺北：藝文印書館，影印清仁宗嘉慶二十年（1815）江西南昌府學刊《十三經注疏》本，1985 年。

4. 《孟子正義》，（清）焦循著，臺灣：文津出版社，1988 年。

5. 《尚書疏衍》，（明）陳第著，臺北：臺灣商務印書館，影印清高宗乾隆三十八（1773）至四十七年（1782）寫文淵閣四庫全書本，1983 年。

6. 《尚書廣聽錄》，（清）毛奇齡著，臺北：臺灣商務印書館，影印清高宗乾隆三十八（1773）至四十七年（1782）寫文淵閣四庫全書本，1983 年。

7. 《春秋大事表》，（清）顧棟高輯，吳樹平李解民點校，北京：中華書局，1993 年。

8. 《春秋公羊傳注疏》，（漢）何休解詁，（唐）徐彥疏，臺北：藝文印書館，影印清仁宗嘉慶二十年（1815）江西南昌府學刊《十三經注疏》本，1985 年。

9. 《春秋左氏傳注疏》，（晉）杜預注，（唐）孔穎達疏，臺北：藝文印書館，影印清仁宗嘉慶二十年（1815）江西南昌府學刊《十三經注疏》本，1985 年。

10. 《春秋穀梁經傳補注》，（清）鍾文烝著，北京：中華書局，1996 年。

11. 《春秋恆解，（清）劉沅著，收於《槐軒全書》第 39～46 冊，西充鮮于氏特園藏本，1931 辛未年 2 月刊。

12. 《春秋尊王發微》，（宋）孫復著，臺北：大通書局，影印清聖祖康熙十九年（1680）刊通志堂經解本（〔清〕徐乾學等輯、納蘭成德刊），1970 年。

13. 《春秋集傳辨疑》，（唐）陸淳著，臺北：臺灣商務印書館，影印清高宗乾隆三十八（1773）至四十七年（1782）寫文淵閣四庫全書本，1983 年。

14. 《春秋集傳纂例》，（唐）陸淳纂，臺北：臺灣商務印書館，影印清高宗乾隆三十八（1773）至四十七年（1782）寫文淵閣四庫全書本，1983 年。

15. 《春秋集解》，（宋）蘇轍著，臺北：臺灣商務印書館，影印清高宗乾隆三十八（1773）至四十七年（1782）寫文淵閣四庫全書本，1983 年。

16. 《春秋傳說例》，（宋）劉敞著，臺北：臺灣商務印書館，影印清高宗乾隆三十八（1773）至四十七年（1782）寫文淵閣四庫全書本，1983 年。

17. 《春秋微旨》，（唐）陸淳著，臺北：臺灣商務印書館，影印清高宗乾隆三

十八（1773）至四十七年（1782）寫文淵閣四庫全書本，1983 年。

18. 《春秋經筌》，（宋）趙鵬飛著，臺北：臺灣商務印書館滿影印清高宗乾隆三十八（1773）至四十七年（1782）寫文淵閣四庫全書本，1983 年。

19. 《春秋穀梁傳注疏》，（晉）范寧集解，（唐）楊士勛疏，臺北：藝文印書館，影印清仁宗嘉慶二十年（1815）江西南昌府學刊《十三經注疏》本，1985 年。

20. 《春秋釋例》，（晉）杜預著，台北：臺灣中華書局，1980 年。

21. 《新學僞經考》，（清）康有爲著，收於康南海先生遺著彙刊第一冊，臺北：宏業書局，1976 年。

22. 《經史避名彙考》，周廣業著，臺北：明文書局，1981 年。

23. 《經義考》，（清）朱彝尊著，東京：日本東京中文書局，1978 年。

24. 《經學通論》，（清）皮錫瑞著，臺北：臺灣商務印書館，1989 年。

25. 《經學歷史》，（清）皮錫瑞著，周予同注釋，臺北：漢京文化事業有限公司，1983 年。

26. 《爾雅注疏》，（晉）郭璞（唐）邢昺疏，臺北：藝文印書館，影印清仁宗嘉慶二十年（1815）江西南昌府學刊《十三經注疏》本，1985 年。

27. 《劉氏春秋意林》，臺北：臺灣商務印書館，影印清高宗乾隆三十八（1773）至四十七年（1782）寫文淵閣四庫全書本，1983 年。

28. 《禮記注疏》，（漢）鄭玄注（唐）孔穎達疏，臺北：藝文印書館，影印清仁宗嘉慶二十年（1815）江西南昌府學刊《十三經注疏》本，1985 年。

29. 《劉氏春秋意林》，（宋）劉敞著，臺北：臺灣商務印書館，影印清高宗乾隆三十八（1773）至四十七年（1782）寫文淵閣四庫全書本，1983 年。

## （二）史　部

1. 《四庫全書總目》，（清）永瑢、紀昀等纂修，臺北：臺灣商務印書館，影印清高宗乾隆三十八（1773）至四十七年（1782）寫文淵閣四庫全書本，1983 年。

2. 《文史通義新編》，（清）章學誠著，倉修良編，上海：上海古籍出版社，1993 年。

3. 《北史》，（唐）李延壽著，臺北：洪氏出版社，1975 年。

4. 《史記》，（西漢）司馬遷著，臺北：大申書局，1977 年。

5. 《史通通釋》，（唐）劉知幾著，（清）浦起龍釋，臺北：里仁書局，1980 年。

6. 《宋史》，（元）脫脫等著，臺北：洪氏出版社，1975 年。

7. 《宋論》，（清）王夫之著，臺北：里仁書局，1981 年。

8. 《宋孫莘老先生年譜》，（清）茆泮林著，收入北京圖書館藏珍本年譜叢刊第 18 冊，北京：北京圖書館出版社，1999 年。

9. 《直齋書錄解題》，（宋）陳振孫著，《國學基本叢書四百種》本，臺北：臺灣商務印書館，1968 年。

10. 《後漢書》，（劉宋）范曄等著，臺北：洪氏出版社，1978 年。

11. 《晉書》，（唐）房玄齡等著，臺北洪氏出版社，1975 年。

12. 《郡齋讀書志》，（宋）晁公武著，（清）王先謙校補，長沙王氏刊本，臺北：廣文書局，1967 年。

13. 《通志》，（宋）鄭樵著，臺北：臺灣商務印書館，影印清高宗乾隆三十八（1773）至四十七年（1782）寫文淵閣四庫全書本，1983 年。

14. 《通典》，（唐）杜佑著，臺北：大化書局，1978 年。

15. 《陳書》，（唐）姚思廉等著，臺北：洪氏出版社，1974 年。

16. 《隋書》，（唐）魏徵等著，臺北：洪氏出版社，1974 年。

17. 《新唐書》，（宋）歐陽修、宋祁等著，臺北：洪氏出版社，1977 年。

18. 《欽訂武英殿聚珍版程式》，（清）金簡著，叢書集成新編，臺北：新文豐出版公司，1985 年。

19. 《資治通鑑》，（宋）司馬光，編著，胡三省，註，臺北：宏業書局，1978 年。

20. 《漢書》，（東漢）班固等著，臺北：洪氏出版社，1975 年。

21. 《舊唐書》，（後晉）劉昫等著，臺北：洪氏出版社，1977 年。

22. 《續資治通鑑長編》，（宋）李燾等著，臺北：臺灣商務印書館，影印清高宗乾隆三十八（1773）至四十七年（1782）寫文淵閣四庫全書本，1983 年。

23. 《鐵琴銅劍樓藏書目錄》，（清）瞿鏞著，瞿氏訂正堂印本，臺北：廣文書局，1967 年影印。

## （三）子 部

1. 《二程集》，（宋）程顥、程頤同著，王孝魚點校，臺北：里仁書局，1982 年。

2. 《中說》，（隋）王通著，漢魏叢書，臺北：藝文印書館，1966 年重印。

3. 《日知錄集釋》，（清）顧炎武著，（清）黃汝成集釋，（今）秦克誠點校，湖南：岳麓書社 1994 年。

4. 《玉海》，（宋）王應麟著，臺北：臺灣商務印書館，影印清高宗乾隆三十八（1773）至四十七年（1782）寫文淵閣四庫全書本，1983 年。

5. 《四書章句集註》，（宋）朱熹著，臺北：大安書局，1986 年。

6. 《朱子語類》，（宋）黎靖德編，臺灣：文津出版社，1986 年。

7. 《宋元學案》，（清）黃宗羲著，臺北：河洛出版社，1975 年。

8. 《東塾讀書記》，（清）陳澧著，臺北：臺灣商務印書館，1968 年。

9. 《春秋繁露義證》，（漢）董仲舒著，蘇輿義證，北京：中華書局，1992 年。

10. 《荀子集釋》，（東周）荀子著，王先謙集釋，臺灣：華正書局，1988 年。

11. 《莊子集釋》，（東周）莊周著，郭慶藩輯，，臺灣：華正書局，1989 年。

12. 《論衡校釋》，（東漢）王充著，黃暉校釋，臺北：台灣商務印書館，1978 年。

13. 《墨子》，（東周）墨翟著，臺北：台灣商務印書館，1983 年。

## （四）集　部

1. 《全上古三代秦漢三國六朝文》，（清）嚴可均校輯，京都：中文出版社，1972 年。

2. 《全宋文》，曾棗莊，劉琳主編，成都：巴蜀書社，1989 年。

3. 《全宋詩》，北京大學古文獻研究所編，北京：北京大學出版社，1993 年。

4. 《竹葉亭雜記》，（清）姚元之著，收入史料三編，臺北廣文書局，1969 年。

5. 《冷齋夜話》（宋）釋惠洪著，臺北：新文豐出版公司，1985 年。

6. 《柳河東全集》，（唐）柳宗元著，臺北：臺灣中華書局，1992 年。

7. 《儀顧堂題跋》，（清）陸心源著，臺北：廣文書局 1968 年。

8. 《歐陽文忠公集》，（宋）歐陽修著，臺北：臺灣商務印書館，影印清高宗乾隆三十八（1773）至四十七年（1782）寫文淵閣四庫全書本，1983 年。

9. 《韓昌黎全集》，（唐）韓愈著，（宋）廖瑩中輯註，臺北：新興書局，1970 年。

10. 《蘇軾文集》，（宋）蘇軾著，孔凡禮點校，北京：中華書局，1986 年。

## 三、今人著作

1. 《中國史學名著》，錢穆著，臺北：聯經出版事業公司，1997 年。

2. 《中國近三百年學術史》，梁啓超著，臺北：臺灣中華書局，1987 年。

3. 《中國善本書提要》，王重民著，臺北：明文書局，1984 年。

4. 《中國經學史》，馬宗霍著，臺北：臺灣商務印書館，1992 年。

5. 《中國經學發展史論（上）》，李威熊著，臺北：文史哲出版社，1988 年。

6. 《中國經學史研究論文選集上下冊》，林慶彰編，陳植鍔等著，臺北：文

史哲出版社，1993 年。

7. 《中國歷史研究法》，梁啓超著，臺北：台灣商務印書館，1966 年。

8. 《中國叢書綜錄》，上海圖書館編，北京：中華書局，1959 年。

9. 《中國經學史論文選集》，林慶彰編，臺北：文史哲出版社，1992 年。

10. 《公羊家哲學》，陳柱著，臺北：臺灣中華書局，1980 年。

11. 《公羊學引論》，蔣慶著，遼寧：遼寧教育出版社，1995 年。

12. 《古史考辨》，趙光賢著，北京：北京師範大學出版社，1987 年。

13. 《古史辨》，顧頡剛等著，臺灣：藍燈文化事業公司，1987 年。

14. 《古本竹書紀年輯證》，方詩銘，王修齡著，臺北：華世出版社，1983 年。

15. 《史記與今古文經學》，陳桐生著，陝西：人民教育出版社，1995 年。

16. 《史諱舉例》，陳桓著，臺北：文史哲出版社，1997 年。

17. 《四庫大辭典》，李學勤，呂文郁主編，吉林：吉林大學出版社，1996 年。

18. 《四庫目略》，楊立誠編，臺北：臺灣中華書局，1960 年。

19. 《四庫全書纂修之研究》，吳哲夫著，臺北：國立故宮博物館，1990 年。

20. 《四庫提要補正》，胡玉縉著，臺北：中國辭典館復館籌備處，1967 年。

21. 《四庫提要補正》，崔富章著，杭州：杭州大學出版社，1990 年。

22. 《左氏春秋義例辨例》，陳槃著，國立中央研究院歷史語言研究所專刊，臺北：臺灣商務印書館，1947 年。

23. 《左海鈎沈》，劉正浩著，臺北：東大圖書公司，1997 年。

24. 《左傳導讀》，張高評著，臺北：文史哲出版社，1982 年。

25. 《先秦諸子繫年》，錢穆著，臺北：聯經出版事業公司，1997 年。

26. 《老子的哲學》，王邦雄著，臺北：東大圖書公司，1980 年。

27. 《西漢經學源流》，王葆玹著，臺北：東大圖書公司，1994 年。

28. 《宋代經學之研究》，汪惠敏著，臺北：師大書苑，1989 年。

29. 《宋代學術思想研究》，金中樞著，臺北：幼獅文化事業公司，1989 年。

30. 《宋初經學發展述論》，馮曉庭著，臺北：萬卷樓圖書，2001 年。

31. 《宋明經學史》，章權才著，廣州：廣東人民出版社，1999 年。

32. 《杜預及其春秋左氏學》，葉政欣著，臺北：文津出版社，1989 年。

33. 《兩漢經學今古文平議》，錢穆著，臺北：東大圖書公司，1983 年。

34. 《兩漢思想史》，徐復觀著，臺北：臺灣學生書局，1982 年。

35. 《周予同經學史論著選集》，朱維錚編，上海：上海人民出版社，1983 年。

36. 《孟子三辨之學的歷史省察與現代詮釋》，袁保新著，臺北：文津書局，1992 年。

37. 《孟學思想史論・卷二》，黃俊傑著，臺北：中央研究院中國文哲研究所籌備處，1997 年。

38. 《注史齋叢稿》，牟潤孫著，臺北：臺灣商務印書館，1990 年。

39. 《金毓黻手定本文溯閣四庫全書提要》，金毓黻輯，臺北：中華全國圖書館文獻縮微複製中心，1999 年。

40. 《春秋三傳及國語之綜合研究》，顧頡剛講授，劉起釪筆記，香港：中華書局香港分局，1988 年。

41. 《春秋三傳比義》，傅隸樸著，中國友誼出版公司，1984 年。

42. 《春秋三傳研究論集》，戴君仁等著，臺北：黎明文化事業公司，1989 年。

43. 《春秋三傳綜合研究》，浦衛忠著，臺北：文津出版社，1995 年。

44. 《春秋公羊傳要義》，李新霖著，臺北：文津出版社，1989 年。

45. 《春秋史論集》，張以仁著，臺北：聯經出版事業公司，1990 年。

46. 《春秋左氏疑義答問》，章炳麟著，章太炎全集第六冊，上海：上海人民出版社，1986 年。

47. 《春秋左傳注》，楊伯峻著，臺北：源流出版社，1982 年。

48. 《春秋左傳研究》，童書業著，上海：上海人民出版社，1980 年。

49. 《春秋左傳學史稿》，沈玉成、劉寧著，南京：江蘇古籍出版社，1992 年。

50. 《春秋宋學發微》，宋鼎宗著，臺北：文史哲出版社，1986 年。

51. 《春秋胡氏學》，宋鼎宗著，臺南：友寧出版公司，1979 年。

52. 《春秋要領》，程發軔著，臺北：三民書局，1991 年。

53. 《春秋書法與左傳學史》，張高評著，台北：五南圖書出版公司，2002 年。

54. 《春秋異文考》，陳新雄著，臺北：嘉新水泥公司文化基金會，1964 年。

55. 《春秋經傳研究》，趙生群著，上海：上海古籍出版社，2000 年。

56. 《春秋穀梁傳傳授源流考》，周何著，臺北：國立編譯館，2002 年。

57. 《春秋辨例》，戴君仁著，臺北：國立編譯館，1978 年。

58. 《書林清話》，葉德輝著，臺北：文史哲出版社，1973 年。

59. 《書傭論學集》，屈萬里著，臺北：聯經出版事業公司，1984 年。

60. 《啖助新春秋學派研究論集》，林慶彰，蔣秋華主編，台北：中央研究院中國文哲研究所，2002 年。

61. 《國立中央圖書館善本書目》，國立中央圖書館特藏組編輯，台北：國立中央圖書館，1986 年。

62. 《國學略說》，章太炎著，臺灣：河洛出版社，1974 年。

63. 《敘事與解釋——《左傳》經解研究》，張素卿著，臺北：書林出版社 1998年。

64. 《通志堂經解提要》，關文瑛著，《書目類編》據 1934 年排印本影印，臺北：成文出版社，1978 年。

65. 《經史抉原》，蒙文通著，收於《蒙文通文集》第 3 卷，成都：巴蜀書社，1995 年。

66. 《經學今詮初編》，姜廣輝主編，遼寧：遼寧教育出版社，2000 年。

67. 《經學今詮三編》，姜廣輝主編，遼寧：遼寧教育出版社，2002 年。

68. 《經學史論集》，湯志鈞著，臺北：大安出版社，1995 年。

69. 《經學研究論集》，胡楚生著，臺北：臺灣學生書局，2002 年。

70. 《經學通志》，錢基博著，臺北：臺灣中華書局 1963 年。

71. 《群經述要》，高明主編，臺北：黎明文化事業公司，1979 年

72. 《穀梁范注發微》，王熙元著，臺北：嘉新水泥公司文化基金會，1972 年。

73. 《穀梁眞僞考》，張西堂著，臺北：明文書局，1994 年。

74. 《穀梁傳思想析論》，吳智雄著，臺北：文津出版社，2000 年。

75. 《繹史齋學術文集》，楊向奎著，上海：上海人民出版社，1983 年。

## 四、學位及單篇論文

1. 八世紀中葉至十二世紀初的『新《春秋》學，葛煥禮，山東大學博士論文，2003 年。

2. 公羊傳的政治思想，簡松興著，國立臺灣師範大學國文研究所，1979 年。

3. 宋人疑經改經考，葉國良著，臺北國立臺灣大學文學院，1980 年 6 月。

4. 宋人劉敞的經學述論，馮曉庭著，東吳大學中國文學研究所博士論文，1999年。

5. 宋儒春秋尊王思想研究，倪天蕙著，國立政治大學中國文學研究所碩士論文，1982 年 5 月。

6. 東漢時代之春秋左氏學，程南洲著，國立政治大學中國文學研究所博士論文，1978 年。

7. 春秋三傳性質之研究及其義例方法之商榷，陳銘煌著，臺灣大學中國文學研究所碩士論文，1991 年 6 月。

8. 胡安國春秋傳研究，汪嘉玲著，東吳大學中國文學研究所碩士論文，1998年 5 月。

9. 孫覺生平及其與黃庭堅之交遊，林宜陵著，臺北科技大學學報 32 卷 2 期，1999 年 9 月。

10. 孫覺《春秋經解》四庫本訛誤考析，葛煥禮，《史學月刊》第 7 期，2005年。

11. 從公羊學論春秋性質，阮芝生著，臺灣大學歷史研究所碩士論文，1968年。

12. 啖、趙、陸三家之《春秋》學研究，張穩蘋著，東吳大學中國文學研究所碩士論文，1999 年。

13. 通志堂經解輯、刻者述辨，黃志祥著，孔孟月刊，30 卷 7 期，1992 年 3月。

14. 程伊川「春秋傳」初探，劉德明著，中央大學人文學報 23 期，2001 年 6月。

15. 試論《春秋公羊傳》中「借事明義」之思維模式與表現方法，胡楚生著，中興大學文史學報第 30 期，2000 年 6 月。

16. 論《通志堂經解》刊行之經過及其影響，鄧愛貞著，香港新亞研究所中國文學組碩士論文，1992 年。

17. 論漢代公羊穀梁之爭，郜積意著，孔孟學報 80 期，2002 年 9 月。

# 後　記

　　本書是由筆者的博士論文修訂而成，是個歷時許久的作品。筆者自 1995
年進入中央大學中文博士班就讀開始，歷經了九年才勉強完成此書的初稿。
之後又延宕了四年，才將此書正式付印。時間長到連自己都可能不太記得當
初爲何會選擇以孫覺的《春秋經解》爲題進行研究，那也許是個特殊的機緣。

　　筆者以焦循《孟子正義》之義理學爲題，取得碩士學位後，即繼續攻讀
博士。當時單純的想要增加自己的眼界，於是就設定宋代的《春秋》學，做
爲主要的研究領域。但宋代《春秋》學名家輩出，而且研究者頗眾，一時之
間並無法擇定明確的主題。在偶然間讀到了孫覺的《春秋經解》，覺得其對《春
秋》的解釋都是一篇篇絕佳的論述文章，於是興起了以研究《春秋經解》爲
題的念頭。

　　回想初始入手時，常被《春秋》學中一個扣著一個的複雜問題困住，自
己如在迷魂陣裡不斷徘徊的尋路者，如何能妙手解連環便成了極大的挑戰。
但幸運的是，也許是在黑暗的房間中摸久了，雖未能眞的得見光亮，但總是
比較熟悉屋內的擺設，漸漸的自以爲了解這是一間怎麼樣的屋子，亦彷彿可
以想見當初設計者的巧思。

　　本書之所以可以順利完成，最應感謝的是筆者碩士及博士的指導教授岑
溢成教授。岑教授不僅擁有遍及中西的廣博學問，而且思慮敏捷精密，是我
們學生輩最大的壓力與動力，自然也對筆者產生了莫大的影響。在本文撰寫
期間，岑教授對筆者提供了許多精闢的看法，都讓自己在許多問題上有了較
周延的論述。當然，若由岑授教親自處理此議題，一定能讓讀者所獲更多。
除此之外，在漫長的學習歷程裡，諸多師友不吝以各種方式給予我的教導與

－231－

砥勵，亦是筆者不斷前行的助力。

在就讀博士期間，筆者一方面工作，一方面也完成了結婚、生女。妻子錦婷對我的幫助自無庸多言，她放棄及延遲了許多可貴的機會；亦猶記小女若鏡在我寫論文時被隔在書房外，從門縫中偶見她殷殷期盼的稚氣臉龐。若沒有父母及家人的支持，也許筆者永遠沒有完成此書的機會。

我們永遠在尋求一個平衡點：親情與工作、速度與品質、想像與求真，也許當自以為這些都已取得平衡了，作品也方才會問世。但舊作亦往往如羅得之妻所化成的鹽柱般，它也總只是人們回頭遠望過往時所擁有的一個標記。

本書曾獲國科會人文及社會科學學術性專書寫作計畫補助（計畫編號：NSC 95-2420-H-166-001），一并在此致謝。